A History
of Middle Eastern Countries

中东国家史
610—2000

哈全安 ◎ 著

伊朗史

天津出版传媒集团

天津人民出版社

图书在版编目(CIP)数据

伊朗史 / 哈全安著. -- 天津:天津人民出版社,
2016.3(2022.4 重印)
(中东国家史:610~2000)
ISBN 978-7-201-10116-3

Ⅰ.①伊… Ⅱ.①哈… Ⅲ.①伊朗–历史–610~
2000 Ⅳ.①K373

中国版本图书馆 CIP 数据核字(2016)第 022951 号

伊朗史
YILANG SHI

出　　版	天津人民出版社	
出 版 人	刘　庆	
地　　址	天津市和平区西康路 35 号康岳大厦	
邮政编码	300051	
邮购电话	(022)23332469	
电子信箱	reader@tjrmcbs.com	

策　　划	任　洁
责任编辑	康悦怡
装帧设计	卢炀炀

印　　刷	高教社(天津)印务有限公司
经　　销	新华书店
开　　本	787 毫米×1092 毫米　1/16
印　　张	15
字　　数	195 千字
版次印次	2016 年 3 月第 1 版　2022 年 4 月第 4 次印刷
定　　价	39.00 元

目　录

中东国家史概述

  中东地处欧亚非大陆的中央地带,自古以来便是东西方交往的重要通道。四通八达的地理位置导致中东人口分布的复合结构和多元色彩,闪含语系、印欧语系和阿尔泰语系的诸多分支在中东漫长的历史进程中留下了各自的印记。不同文明的汇聚与冲突,构成中东历史的鲜明特征。

  中东地区的古代文明可以上溯到公元前 3500 年,两河流域南部的苏美尔人在美索不达米亚建立了最初的城邦文明。继苏美尔人之后,闪含语系的阿卡德人、阿摩利人、亚述人和迦勒底人先后征服诸多的敌对势力,在美索不达米亚及其周边地带建立起具有相当规模的统一国家。与此同时,闪含语系的古埃及人崛起于尼罗河流域,吉萨的金字塔和卢克索的神庙群构成古埃及文明的集中体现。埃兰人、克塞人、喜克索斯人、腓力斯丁人、腓尼基人、希伯莱人、赫梯人亦曾粉墨登场,角逐于中东的历史舞台。至公元前6世纪,称雄中东的闪含语系诸多分支日渐衰微,印欧语系的重要分支波斯人异军突起,成为主宰中东命运的统治民族;在阿黑门尼德王朝的鼎盛阶段,波斯人一度控制西起尼罗河、东至阿姆河的辽阔疆域。公元前3世纪,马其顿国王亚历山大自希腊起兵,东征波斯帝国,阿黑门尼德王朝寿终正寝。此后数百年间,波斯帝国的安息王朝和萨珊王朝领有伊朗高原和美索不达米亚大部,同为印欧语系分支的希腊人和罗马人相继控制东地中海沿岸,进而在中东地区形成东西对峙的态势。

阿拉伯半岛由于特定的地理环境,虽为三大古代文明发源地所环绕,却在相当长时期内仿佛被喧嚣的文明社会所遗忘。伊斯兰教诞生前的百余年间,为了夺取有限的生活资源和必要的生存空间,阿拉伯人之间的相互劫掠连绵不断,血族厮杀旷日持久,部落战争遍及整个半岛。公元7世纪初,地处阿拉伯半岛西部荒漠的麦加和麦地那犹如两颗冉冉升起的新星,照耀着"两洋三洲五海"世界的古老大地。610年至622年间,先知穆罕默德在麦加以安拉的名义传布启示,遭到古莱西人的抵制,初兴的伊斯兰教面临夭折的危险。622年,先知穆罕默德及其追随者离开麦加前往麦地那。先知穆罕默德与麦地那的居民订立一系列协议,政教合一的穆斯林公社"温麦"在麦地那建立。徙志标志着伊斯兰国家的起点,温麦构成伊斯兰国家的最初形态。徙志是早期伊斯兰教历史上的重大转折,它开启了伊斯兰教历史的新纪元。伊斯兰教摆脱了濒临夭折的境地,文明的萌芽开始植根于麦地那绿洲的沃土之中。先知穆罕默德作为伊斯兰文明的缔造者,成为伊斯兰国家无可替代的唯一领袖。先知穆罕默德发动对麦加古莱西人、阿拉伯半岛的犹太人以及贝都因人的圣战,伊斯兰文明在阿拉伯半岛初步确立。

632年,先知穆罕默德在麦地那与世长辞。经过穆斯林核心人物的协商,麦地那的穆斯林共同拥戴阿布·伯克尔作为先知穆罕默德的继承人"哈里发",担任教俗合一伊斯兰国家的领袖,伊斯兰世界从此进入哈里发国家的时代。哈里发国家历经麦地那哈里发国家、倭马亚王朝和阿拔斯王朝三个发展阶段。

麦地那哈里发国家(632—661年)以麦地那为首都,阿拉伯半岛西部的希贾兹地区是国家的政治中心。麦地那哈里发国家采用共和政体,四位哈里发均由选举或协商产生,新兴伊斯兰贵族的统治是共和政体的实质所在。阿布·伯克尔当政时期,"里达"风波得以平息,整个阿拉伯半岛的政治统一遂成定局。新兴的伊斯兰文明一旦在阿拉伯半岛取得胜利,便开始以不可阻挡的迅猛势头冲击半岛周围的广大地区。阿布·伯克尔于633年正式发动了震撼世界的军事扩张运动,将圣战的矛头首先指向富庶的叙利亚地区。穆斯林战士兵分数路向东西两个方向进军,分别攻入叙利亚和伊拉克地区,与拜占廷帝国和波斯帝国的军队展开激烈的战争。

麦地那哈里发国家的第二任哈里发欧默尔是继先知穆罕默德之后伊斯兰国家的第二位奠基人,他继续推行军事扩张政策,并为哈里发国家确定了基本的政治制度,即伊斯兰教神权统治与阿拉伯人的民族统治合而为一。欧默尔在麦地那设立称作"迪万"的财政机构,统一管理国库收支,并且根据与先知穆罕默德的亲缘关系和宗教资历,实行年金的差额分配。他还颁布法令,将先知穆罕默德徙志之年作为伊斯兰教历的纪元,以阿拉伯传统历法的该年岁首(即公元622年7月16日)作为伊斯兰教历元年的开端。

麦地那哈里发国家的第三任哈里发奥斯曼统治前期,哈里发国家的征服和扩张运动达到高潮。阿拉伯军队在西部攻入马格里布和努比亚,东部横扫伊朗高原直至河中地区。奥斯曼当政后期,哈里发国家的攻势逐渐减弱,阿拉伯社会内部的矛盾对立开始出现。奥斯曼成为圣门弟子和部族势力的共同敌人,全国范围内都出现了反对奥斯曼统治的浪潮,阿拉伯战士发动叛乱并进入麦地那围攻哈里发奥斯曼。哈里发奥斯曼的死亡揭开了穆斯林内战的序幕,他的坟墓埋葬了穆斯林国家内部的和平。

　　麦地那哈里发国家的第四任哈里发阿里即位之初,哈里发国家核心政治集团之间发生了激烈的权力争夺,原本统一的伊斯兰国家政权一度三分天下。一些伊斯兰教贵族不承认阿里出任哈里发的合法地位,于是聚集到巴士拉与阿里分庭抗礼。"骆驼之战"在伊斯兰历史上首开穆斯林内战之先河,近万名阿拉伯战士和众多圣门弟子阵亡。此外,倭马亚氏族领导人穆阿威叶拥兵自立,并以为奥斯曼复仇的名义,与阿里抗衡。661年阿里在库法遭到暗杀,标志着麦地那哈里发时代的结束。麦地那哈里发时代是一个充满虔敬安拉之宗教激情的时代,浓厚的平等色彩和强烈的民主倾向是这个时代的突出特征。信仰伊斯兰教的阿拉伯人在圣战的旗帜下走出贫瘠的家园,作为崭新的统治民族登上中东的历史舞台,以武力征服建立了一个地域广阔的阿拉伯帝国。

　　大约在阿里遇难的同时,穆阿威叶出任哈里发并定都大马士革,开始了倭马亚王朝(661—750年)的统治,叙利亚地区是倭马亚哈里发国家的政治中心。阿里的长子哈桑放弃争夺哈里发权位,穆斯林内战结束,伊斯兰世界恢复了统一。穆阿威叶即位以后,适应哈里发国家大多数臣民尚未皈依伊斯兰教的社会现实,改变麦地那时代信仰至上和神权统治的原则,着力淡化穆斯林与非穆斯林之间的差异和对立,实行非伊斯兰教化色彩的世俗统治。穆阿威叶统治时期,哈里发国家的内部恢复了和平和秩序,阿拉伯帝国的疆域得到进一步的扩展。679年,穆阿威叶宣布废除哈里发选举产生的传统原则,指定其子叶齐德作为继承人,从而开创哈里发家族世袭的政治制度,穆阿威叶因此区别于麦地那时代诸哈里发,成为伊斯兰历史上的第一位君王。680年,穆阿威叶病逝于大马士革,其子叶齐德承袭父职,出任哈里发。叶齐德即位后,反对倭马亚人的社会势力拒绝承认叶齐德出任哈里发的合法地位,并迎请先知穆罕默德的外孙,阿里的次子侯赛因前往库法出任哈里发。侯赛因在卡尔巴拉遇难导致伊斯兰世界内战再起。希贾兹传统势力的代表阿卜杜拉·祖拜尔以"圣族保护者"的名义在麦加被拥立为哈里发,公开反对倭马亚王朝,阿拉伯帝国出现两个哈里发并存的局面,伊斯兰世界处于分裂的状态,倭马亚王朝面临严重的政治危机。692年,倭马亚王朝哈里发马立克派遣军队攻击麦加,双方对抗达半年之久,最终阿卜杜拉·祖拜尔战败被杀,穆斯林内战得以平息。阿卜杜拉·祖拜尔的失败,意味着圣门弟子政治势力的衰落和共和政体的彻底崩溃。马立克的胜利,不仅重建了伊斯兰世界的政治统一,而且标志着君主制排斥和否定共和制之历史进程的最终完成。君主制明确了权位的继承,避免了内战的隐患,有助于和平的实现,有助于社会的稳定和社会的发展。倭马亚时代的君主制取代麦地那时代的共和制,在当时的历史条件下,是一场政治革命,是历史的巨大进步。马立克统治时期,完善国家的官僚体制,强化哈里发对行省的控制,组建了哈里发国家的常备军。马立克还实施语言改革和币制改革,有力地推动了伊斯兰世界的阿拉伯语化进程,为伊斯兰世界各地的交往提供了必要的条件。马立克当政期间,穆斯林内战平息,伊斯兰世界重新统一,哈里发国家随之开始发动新的扩张。至韦里德和苏莱曼当政期间,倭马亚王朝的军事征服达到顶峰。穆斯林军队向东攻入中亚和印度,向西征服西班牙并挥戈进入法国。倭马亚王朝进入鼎盛的时期,大马士革的哈里发统治着西起马格里布和伊比利亚半岛、东至锡尔河流域和印度河流域的广大地区。

伴随着倭马亚王朝疆域的拓展,伊斯兰教的传播范围不断扩大。至倭马亚王朝后期,波斯人和柏柏尔人等被征服民族中的伊斯兰教皈依者在数量上已经超过阿拉伯血统的穆斯林。倭马亚王朝沿袭麦地那哈里发国家的历史传统,强调阿拉伯人与伊斯兰教合而为一的政治原则,实行阿拉伯穆斯林对于非阿拉伯血统异教人口的统治。非阿拉伯血统的异教臣民改宗伊斯兰教以后,却得不到相应的权利和地位。他们不肯长期屈居阿拉伯人之下,柏柏尔人和突厥人屡屡反叛。此外,与先知穆罕默德具有亲缘关系的阿拔斯人指责倭马亚哈里发抛弃先知穆罕默德的教诲和背离伊斯兰教的准则,否定倭马亚人出任哈里发的合法地位,要求重新确立先知穆罕默德的家族在伊斯兰世界中的核心地位和神圣权力。743年哈里发希沙姆死后,倭马亚哈里发国家进入动荡时期。倭马亚人相互倾轧,哈里发频繁更替。倭马亚王朝众叛亲离,四面楚歌,往日辉煌的基业只剩下断壁残垣。同时,阿拔斯家族在呼罗珊建立了反对倭马亚王朝的根据地,发动了以"归权先知家族"和实现穆斯林平等为宗旨的大规模起义。750年,倭马亚王朝哈里发麦尔旺二世在埃及被阿拔斯人杀死,倭马亚王朝灭亡。倭马亚王朝的覆灭,标志着伊斯兰历史上阿拉伯人统治时代的结束。

阿拔斯王朝(750—1258年)的建立,标志着伊斯兰世界的历史进入崭新阶段。阿拔斯王朝营建新都巴格达,伊斯兰世界的政治重心逐渐东移,伊拉克成为哈里发国家的中心所在,呼罗珊地区获得举足轻重的地位。阿拉伯人垄断国家政权的时代宣告结束,非阿拉伯血统的穆斯林贵族成为伊斯兰世界的重要政治势力。信仰的差异逐渐取代民族的对立,成为哈里发国家社会矛盾的重要表现形式,进而导致伊斯兰神权政治的重建,国家制度具有浓厚的宗教色彩。阿拔斯王朝建立之初,国内局势尚不稳定,哈里发的首要任务是铲除政治隐患和排斥异己势力。倭马亚家族的80余人悉遭杀害,库法的哈希姆派首领被处死,阿里家族的成员也遭到追捕和迫害,起兵反抗的阿里家族成员全部被处死。阿布·阿拔斯在位期间,哈里发国家的政治格局表现为东西分治的倾向。格罗斯山的东西两侧分属呼罗珊总督阿布·穆斯林和哈里发阿布·阿拔斯统辖。哈里发曼苏尔击败阿卜杜拉·阿里领导的叙利亚叛军之后,又处死了阿拔斯王朝的开国元勋阿布·穆斯林,从此以后,哈里发一统天下,建立了高度集中的中央政权。曼苏尔的励精图治为阿拔斯王朝奠定了坚实的基业。哈里发马赫迪强调阿拔斯人与先知穆罕默德的血亲关系,进而奠定了阿拔斯哈里发国家权力合法性的理论基础。马赫迪还采取安抚的手段,极力缓解什叶派与阿拔斯人的对立。哈里发哈迪即位以后,以武力镇压了什叶派在哈里发国家腹地发动的最后一次起义。哈里发哈伦当政期间,哈里发国家进入伊斯兰帝国历史上的鼎盛时期。哈伦致力于征讨拜占廷的圣战,统领庞大军队远征小亚细亚,攻陷赫拉克利亚、泰阿纳、伊科纽姆和以弗所等地,迫使拜占廷皇帝尼斯福鲁斯纳贡乞和。阿拔斯王朝与欧洲西部的法兰克王国交往与合作,双方多次遣使互访,互赠礼品以示友好。哈伦还曾接待过来自印度的使团,他们向哈里发赠送了许多贵重的礼品。阿拔斯王朝前期,哈里发的集权统治借助于教俗合一的形式达到顶峰。哈里发俨然成为国家权力的化身,通过规模庞大的官僚体系和四通八达的驿政体系实现对中央和地方的控制。日益完善的税收制度为阿拔斯王朝前期的集权政治提供了重要基础,行省权力分割的制度则是哈里发集权政治的重要保障,职业化军队的建立是哈里发集权政治的重要工具。

哈伦之子艾敏与马蒙之间的战争,是阿拔斯王朝政治嬗变的重要分界线。9世纪以后,来自伊斯兰世界边缘地带的外籍势力开始涉足哈里发国家的政坛,土著政权相继割据自立,阿拔斯王朝的辖地日渐缩小,阿拔斯哈里发的集权统治日渐衰微,教俗合一的权力体制趋于废止。外籍新军的政治势力不断扩展,逐渐威胁到哈里发的地位。穆台瓦基勒是第一位被外籍将领谋杀的哈里发。穆格台迪尔是最后一位领有伊拉克、叙利亚、埃及和伊朗西部诸地的阿拔斯王朝哈里发。嘎希尔当政期间,哈里发所领有的疆域只剩下伊拉克中部一带。936年,哈里发拉迪正式赐封瓦西兑守将穆罕默德·拉伊克"总艾米尔"的称号,赐予他兼领艾米尔的军事权力与维齐尔的行政权力。总艾米尔的设置,标志着哈里发国家教俗合一权力体制的结束。此后历任哈里发仅仅被视作伊斯兰世界的宗教领袖,其原有的世俗权力丧失殆尽。

复合的政治结构和多元的政治基础,是阿拔斯哈里发国家区别于麦地那哈里发国家和倭马亚哈里发国家的重要特点。阿拔斯时代,包括波斯人、突厥人、柏柏尔人、库尔德人、塞加西亚人在内的非阿拉伯人中皈依伊斯兰教者日渐增多,尤其是波斯人和突厥人的政治势力迅速膨胀,中东伊斯兰世界随之出现群雄逐鹿的分裂局面。阿拔斯王朝从建立之初,其管辖区域与伊斯兰教区域就是不相吻合的。756年,倭马亚王朝后裔阿卜杜勒·拉赫曼在伊比利亚首创独立于阿拔斯王朝的伊斯兰教政权后倭马亚王朝(756—1031年)。后倭马亚王朝在第八位艾米尔阿卜杜勒·拉赫曼三世当政期间达到鼎盛状态,北起比利牛斯山区南至直布罗陀海峡尽属其地。909年,自称是先知穆罕默德之女法蒂玛与阿里后裔的伊斯马仪派首领赛义德·侯赛因被起义军拥立为哈里发,法蒂玛王朝(909—1171年)由此建立。法蒂玛王朝自建立伊始便公开反对作为正统穆斯林宗教领袖的巴格达哈里发,否认阿拔斯家族在伊斯兰世界的核心地位。继法蒂玛王朝的统治者采用哈里发的称号之后,西班牙的后倭马亚王朝艾米尔阿卜杜勒·拉赫曼三世亦于929年改称哈里发。法蒂玛王朝哈里发与东方的阿拔斯哈里发、西方的后倭马亚哈里发三足鼎立,分庭抗礼,标志着伊斯兰世界的进一步分裂。10世纪末至11世纪初,法蒂玛王朝处于鼎盛状态,从大西洋沿岸到幼发拉底河上游和阿拉伯半岛都是其属地。法蒂玛王朝的哈里发肩负着与拜占廷帝国作战的重任,保护着希贾兹的两座圣城,阿拔斯哈里发和后倭马亚哈里发的权威相比之下黯然失色。

穆斯林诸民族之间的对抗和伊斯兰教诸派别的差异,成为助长伊斯兰世界政治格局多元化和导致哈里发国家解体的深层社会背景。穆斯林的政治分裂,开始于伊斯兰世界的东西两端,逐渐波及哈里发国家的腹地。10世纪中期,白益家族三位王公分别据有伊拉克、法尔斯和吉巴勒,形成三足鼎立的政治格局。信仰什叶派的白益家族称雄伊斯兰世界的腹地长达一个世纪之久,巴格达的哈里发成为白益王公任意摆布的玩偶,不仅世俗权力丧失殆尽,其作为宗教领袖的威严也荡然无存。11世纪中叶,阿拔斯王朝进入塞尔柱苏丹国统治时期。塞尔柱人一度实现了西亚伊斯兰世界的政治统一,恢复了逊尼派伊斯兰教的尊严。然而,阿拔斯王朝的根基已经坍塌,只剩下断壁残垣,阿拔斯哈里发依然处于他人的摆布之下,苟且偷生。11世纪末开始,伊斯兰世界相继经历十字军东征和蒙古西征的浩劫,日趋衰落。1258年,蒙古铁骑攻陷巴格达,阿拔斯王朝灭亡。

13世纪的蒙古西征,构成中东伊斯兰世界之历史长河的重要分水岭。巴格达的陷落标志着哈里发国家的覆灭和哈里发时代的终结。定居社会的衰落、游牧群体的泛滥、部族势力的膨胀和政治局势的剧烈动荡,成为此后中东伊斯兰世界的普遍现象。自14世纪起,尊奉逊尼派伊斯兰教的奥斯曼土耳其人借助于圣战的形式在小亚细亚半岛和巴尔干半岛攻城略地,结束拜占廷帝国的千年历史,降服阿拉伯世界,成为中东地区举足轻重的政治力量。奥斯曼苏丹以麦加和麦地那两座伊斯兰教圣城的监护者自居,东南欧与西亚、北非广大地区成为奥斯曼苏丹的属地,红海和黑海俨然是奥斯曼帝国的内湖,多瑙河、尼罗河以及底格里斯河与幼发拉底河则被视作奥斯曼帝国横跨三洲之辽阔疆域的象征。然而,奥斯曼帝国对于中东诸多地区的控制,在很大的程度上取决于地方势力与伊斯坦布尔之间的关系。奥斯曼帝国的北部即安纳托利亚和巴尔干半岛构成苏丹统治的重心所在,南部阿拉伯人地区长期处于相对自治的地位。奥斯曼帝国沿袭哈里发国家的历史传统,采用教俗合一的政治制度,政治生活具有浓厚的宗教色彩。奥斯曼帝国采用君主政体,苏丹的权位遵循奥斯曼家族世袭的继承原则。奥斯曼苏丹自诩为信士的长官,俨然是阿拔斯王朝哈里发的继承人,兼有世俗与宗教的最高权力。保卫伊斯兰世界的疆域、统率穆斯林对基督教世界发动圣战和维护伊斯兰教法的神圣地位,是奥斯曼苏丹的首要职责。奥斯曼帝国鼎盛时期,甚至远在苏门达腊诸岛和伏尔加河流域的穆斯林亦将伊斯坦布尔的苏丹视作伊斯兰世界的保卫者。

16世纪初,萨法维王朝兴起于伊朗高原,尊奉什叶派伊斯兰教为官方信仰,与奥斯曼土耳其人分庭抗礼。17世纪上半叶,萨法维王朝的统治达到顶峰,其疆域北起里海,南至波斯湾,西部边境与奥斯曼帝国接壤,东部边境与莫卧尔帝国毗邻。萨法维王朝衰落以后,诸多游牧群体相继入主伊朗高原,政权更替频繁,局势动荡。恺伽王朝建立后,一定程度上遏止了部落政治的泛滥,伊朗高原由此进入相对稳定的时期。

18世纪,奥斯曼帝国面临近代欧洲崛起的巨大压力,来自基督教世界的战争威胁促使奥斯曼苏丹开始推行自上而下的新政举措。塞里姆三世和马哈茂德二世推行的新政举措以及19世纪中叶的坦泽马特运动,始终围绕着完善中央集权的鲜明主题,旨在强化奥斯曼苏丹的专制独裁和遏制地方势力的离心倾向,进而维持奥斯曼土耳其人对于诸多被征服民族的封建统治。1800年前后的奥斯曼帝国,尽管衰落征兆逐渐显现,对外战争屡遭败绩,依然统治着巴尔干半岛、安纳托利亚和阿拉伯世界的广大地区。自19世纪开始,西方的冲击挑战着伊斯兰世界的传统政治秩序,奥斯曼帝国成为西方殖民列强蚕食和瓜分的"东方遗产",伊朗则是英国与沙皇俄国的势力范围。奥斯曼帝国和恺伽王朝呈逐渐衰落的趋势,财政岁入枯竭,对外战争接连失利,地方离心倾向增长,王权日渐式微。中东伊斯兰世界逐渐丧失传统时代的自主地位,卷入资本主义的世界体系,进而成为西方列强的原料供应地和工业品市场,自给自足的封闭状态不复存在。奥斯曼帝国和恺伽王朝的衰落并非意味着中东伊斯兰世界的全面衰落,而是包含新旧经济秩序的更替、新旧社会势力的消长、新旧思想的冲突、民主与独裁的抗争等现代化进程中的特有现象,体现中东伊斯兰世界的长足进步。

进入20世纪,奥斯曼帝国的崩溃和恺伽王朝的寿终正寝构成中东伊斯兰世界现代化进程的重要历史内容,诸多新兴的民族国家崛起于奥斯曼帝国的废墟之上,标志着中东伊斯兰世界之新生的开始。中东伊斯兰世界的现代化进程发端于奥斯曼帝国统治下的小亚细亚半岛和埃及,继而向新月地带和伊朗高原逐步扩展,直至延伸到阿拉伯半岛。民族矛盾与宗教矛盾的错综交织、世俗主义与伊斯兰主义的此消彼长、民主与专制的激烈抗争、农本社会的衰落、工业化与城市化的长足发展以及国有化改革与非国有化运动,构成中东现代化进程的基本内容。政治的动荡和经济社会领域的深刻变革,贯穿 20 世纪的中东历史。

伊朗高原是波斯人世世代代生活的家园。伊斯兰教兴起后,阿拉伯人长驱东进,延续千年的波斯帝国寿终正寝,伊朗高原被纳入哈里发国家的版图。9 世纪后期,萨法尔王朝(867—900 年)崛起于伊朗高原东南部的锡斯坦,波斯人称雄一时。萨曼王朝(874—999 年)统治的极盛时期,疆域北起咸海、南至波斯湾、西起里海南岸、东至怛罗斯,波斯文化在历经 3 个世纪的衰落之后渐趋复兴。白益家族统治时期,法尔斯进入历史上的黄金时代。此后数百年间,伊朗历经突厥人迁徙浪潮的冲击和蒙古铁骑的践踏,游牧势力膨胀,部落政治泛滥,经济凋敝,社会动荡。16 世纪初,萨法维王朝实行教俗合一的政治制度,国王兼有什叶派宗教领袖与世俗君主的双重权力。萨法维王朝实行强制皈依的宗教政策,迫使伊朗高原的土著居民放弃逊尼派伊斯兰教的传统信仰,改宗什叶派伊斯兰教。萨法维王朝衰落以后,伊朗相继处于阿富汗人、阿夫沙尔王朝、桑德王朝的统治之下。游牧群体的扩张和定居区域的萎缩以及部落政治的膨胀和官僚政治的衰微, 构成 18 世纪伊朗历史的突出现象。

1796 年建立的恺伽王朝沿袭萨法维王朝教俗合一的统治模式, 却始终未能建立起强有力的集权政治。恺伽王朝诸多省区的长官和游牧部落的首领各自为政,号令一方。德黑兰是宫廷的所在和世俗政治的标志,库姆则是什叶派欧莱玛的精神家园和宗教政治的象征。恺伽王朝时期,资本主义世界体系的扩张和西方的冲击导致伊朗传统秩序的解体,进而揭开了伊朗现代化进程的序幕。伊朗的现代化改革,开始于 19 世纪 20 年代,最初涉及的领域主要是军事层面,表现为自上而下的形式。19 世纪下半叶,模仿西方成为伊朗社会的时尚,器物层面、制度层面和思想层面的西化倾向则是此间伊朗现代化的重要内容。知识分子作为新兴的社会阶层在伊朗初露端倪,宪政主义、世俗主义和民族主义思想在伊朗社会广泛传播,贾马伦丁·阿富汗尼(1839—1897 年)和米尔扎·马尔库姆汗(1834—1898 年)是新知识分子的主要代表。反对国王出让烟草专卖权的民众运动(1890—1892 年)和宪政运动(1905—1911 年)根源于伊朗传统社会的深刻危机,表现为现代模式的政治运动。民族主义和民主主义的共同目标,促使伊朗诸多的社会群体走向政治联合,预示着伊朗作为现代民族国家的整合与新生。宪政运动将议会和宪法首次引入伊朗政治舞台,赋予民众以选举的权利,对于国王至高无上的统治地位加以限制,规定自由和平等的政治原则,标志着伊朗政治现代化进程的启动。

宪政运动结束以后,错综交织的内忧外患,使伊朗陷入民族危亡的生死关头。1925 年 12 月,伊朗第五届议会投票表决,废黜恺伽王朝的末代君主,建立巴列维王朝(1925—1979 年)。巴列维王朝的建立,标志着西方君主立宪的政治形式与伊朗专制主义的历史传统两者的结合。礼萨汗当政期间,实行极权主义的统治政策,致力于国家机器的强化。国王是至高无上的绝对君主,议会不再具有任何实质性的作用而徒具形式。礼萨汗长期奉行民族主义和世俗主义的政治原则,强调伊朗的历史传统取代强调伊斯兰的历史传统, 进而以强调国王的权力和尊严取代强调安拉的权力和尊严,政治改革、司法改革、教育改革和社会改革构成巴列维王朝排斥教界传统势力的重要举措。礼萨汗当政期间,伊朗的现代化主要表现为现代工业的兴起和工业化进程的启动。1941 年穆罕默德·里萨·巴列维即位以后,王权衰微,社会动荡,诸多政治势力激烈较量,进而形成议会政治、政党政治和君主政治多元并存的复杂局面。穆罕默德·摩萨台领导的石油国有化运动包含民族主义和民主主义的双重倾向,实现了广泛的社会动员和诸多社会群体的广泛联盟,却因内部的分裂和国外势力的介入而以失败告终。巴列维国王重新控制国家权力以后, 凭借丰厚的石油收入和美国政府的支持,着力强化极权政治,极力排斥民众的政治参与,装备精良的军队和庞大的官僚机构则是巴列维国王实行极权政治的有力工具。巴列维国王于 1963

年至 1971 年发起白色革命，主观目的是巩固巴列维家族的权力垄断，客观结果却是经济领域的剧烈变革和新旧势力的消长。巴列维王朝与在外地主的传统政治联盟是伊朗君主制度的社会基础，却因白色革命而趋于瓦解，诸多社会阶层和教俗各界因反对君主独裁而形成广泛联盟。巴列维国王的政治独裁使之成为众矢之的，政治革命的客观条件逐渐成熟。

1977 年至 1979 年自下而上的伊斯兰革命，标志着伊朗君主制度的寿终正寝。霍梅尼时期(1979—1989 年)，伊斯兰化是伊朗社会的突出现象，法基赫制度和神权政治具有极权主义的明显倾向。霍梅尼作为克里斯玛式的宗教领袖，俨然是伊斯兰革命的象征和伊斯兰共和国的化身，凌驾于国家和社会之上，行使绝对的统治权力，而议会和总统处在从属于宗教领袖的软弱地位。1989 年 6 月霍梅尼去世后，哈梅内伊继承法基赫职位。后霍梅尼时期，伊朗现代化进程的主要特征在于政治多元化、经济自由化和社会生活开放化。法基赫制度依旧构成伊朗政治生活的基本框架，然而法基赫的绝对权力逐渐削弱，议会地位提高，民众选举的政治影响不断扩大，民选总统开始成为政治舞台的核心人物，法基赫、议会与总统之间的权力分配呈多元化的趋势。伊朗出现诸多政治势力分庭抗礼的局面，进而形成宗教政治与世俗政治的对抗与消长。90 年代末期，伊朗政坛的不同政治声音日趋显见。伊朗政坛出现自由化和政治改革的强烈呼声，其波及范围之广和影响之大，前所未有。

麦地那哈里发时代，阿拉伯人征服埃及，埃及成为东方伊斯兰世界的重要组成部分。7 世纪中叶至 9 世纪中叶的两百年间，埃及处于行省的地位，是哈里发国家重要的粮食产地和税收来源，亦是伊斯兰教在北非和地中海世界得以广泛传播的重要据点。土伦王朝(868—905 年)统治时期，是埃及历史发展的黄金时代。土伦王朝灭亡以后，外籍将领相继出任埃及总督。法蒂玛王朝击败伊赫希德王朝占领埃及以后，营建新都曼苏尔城(今埃及首都开罗)，建造爱资哈尔清真寺作为宣传伊斯玛仪派思想的中心。

1153 年,十字军经地中海进攻埃及。阿尤布王朝(1171—1250 年)统治时期正值十字军东征的鼎盛阶段,穆斯林与基督徒之间的战争贯穿阿尤布王朝的始终。阿尤布王朝军队能征善战,拱卫埃及并屡次收复耶路撒冷,令欧洲基督教世界震惊。马木路克王朝(1250—1517 年)是外籍将领在埃及建立的寡头政权,尊奉逊尼派伊斯兰教,承认阿拔斯王朝哈里发作为全体穆斯林的宗教领袖,接受哈里发的赐封。1258 年蒙古军攻陷巴格达以后,马木路克王朝共拥立 16 位阿拔斯家族成员在开罗就任哈里发。哈里发的主要职责是为新的苏丹主持就职仪式,马木路克苏丹通过哈里发的权力册封,极大提高了自身在伊斯兰世界的地位,开罗俨然成为伊斯兰世界的权力中心。马木路克王朝抵御蒙古军和十字军的攻击,在埃及维持了相对稳定的局势。1517 年,奥斯曼帝国的军队占领开罗,马木路克王朝灭亡,埃及被纳入奥斯曼帝国的版图。埃及在奥斯曼帝国具有特殊的地理位置,远离圣战前沿,长期处于相对自治的状态。帕夏与马木路克之间的权力分享,构成奥斯曼帝国统治时期埃及历史的突出现象。至 18 世纪,奥斯曼帝国在埃及的统治逐渐削弱,马木路克势力呈上升趋势,由奥斯曼苏丹任命的帕夏形同虚设甚至被赶出埃及,奥斯曼苏丹在埃及的统治权力名存实亡。

1798 年,拿破仑率军入侵埃及,马木路克在埃及的统治基础趋于崩溃,奥斯曼帝国对于埃及的直接统治趋于瓦解,欧莱玛和贵族乡绅在埃及社会的地位和影响明显提高。法军入侵和占领埃及,导致埃及传统政治势力的急剧衰落和尼罗河流域的权力真空状态,进而为穆罕默德·阿里家族政权的崛起创造了重要条件。自 1805 年起,埃及开始摆脱长期依附于奥斯曼帝国苏丹的状态,初步奠定埃及作为现代民族国家的历史基础。穆罕默德·阿里在开疆拓土的同时,积极实施新政举措,着力强化中央集权的政治制度。19 世纪,埃及现代化进程启动。埃及经济生活的重要内容是地权的非国有化、农业生产的市场化和初步的工业化。1882 年,英军占领埃及,埃及政府名存实亡。传统经济结构的解体和西方的冲击导致埃及社会矛盾的错综交织。随着殖民侵略的加深和殖民统治的建立,民族对立日趋尖锐,民族矛盾逐渐上升为埃及现代化进程中社会矛盾的主要形式。埃及的智力觉醒与现代政治思想的萌生,首先表现为以贾马伦丁·阿富汗尼和穆罕默德·阿卜杜为主要代表的伊斯兰现代主义的兴起,其次表现为世俗色彩的阿拉伯民族主义初露端倪。1922 年,埃及进入宪政时代,殖民主义与封建主义的错综交织构成宪政时代的历史特征。埃及政府处于英国高级专员的操纵和控制之下, 宪法的制定和议会选举的实践初步体现着现代模式的民众政治参与, 而国王随意践踏宪法和解散议会则是极权政治排斥民主政治的基本手段。

1952 年自由军官发动的"七月革命",掀开了埃及历史的崭新篇章,埃及进入共和制时代。纳赛尔作为国家独立和民族尊严的象征,拥有绝对的统治权力,将民族尊严置于民众自由之上,进而形成极权主义的政治倾向。阿拉伯民族主义成为影响埃及社会各个层面的首要因素,埃及自居为阿拉伯世界的领袖,纳赛尔则被视作阿拉伯世界的旗手和阿拉伯民族尊严的象征。纳赛尔主义包含民族主义、极权主义和国家资本主义三重倾向,是埃及社会发展的客观需要和现代化的历史选择。纳赛尔时代封建主义的衰落、新旧社会势力的消长和工业化的巨大进步,为其后自由资本主义的发展和政治生活的民主化铺平了道路。自 20 世纪 70 年代开始,国家资本主义向自由资本主义转变,阿拉伯民族主义日渐衰微,现代伊斯兰主义呈明显上升的趋势,埃及进入民主与专制激烈抗争的崭新阶段。萨达特时代,极权主义的政治模式出现衰落的征兆,自由化政治改革进程启动。随着一党制的衰落和多党制的初步实践,政党政治、选举政治和议会政治成为不同社会群体角逐权力的政治形式,埃及的政治生活呈现多元化趋势,民主化进程初露端倪。穆巴拉克时代,司法权力的独立化标志着埃及政治领域的明显变化, 诸多反对派政党作为合法的政治组织构成民众政治参与的重要势力,议会选举则是政党政治的外在形式,埃及政治生活的多元格局日益凸显。进入 90 年代,埃及的民主化进程出现逆转的趋势,政府操纵的选举程序导致议会内部政党席位的相应变化。穆斯林兄弟会与穆巴拉克政府的关系逐渐恶化,穆斯林兄弟会的主流派别逐渐由温和反对派演变为激进反对派,最终政府禁止穆斯林兄弟会的活动。穆巴拉克试图通过政府与反对派之间的对话,寻求广泛的政治支持,共同对抗伊斯兰主义的挑战,却拒绝与反对派讨论诸如宪政和政治改革等敏感问题,政治对话无果而终。2000 年的议会选举中,穆斯林兄弟会成为议会内部最大的反对派。

倭马亚王朝和阿拔斯王朝时期,肥沃的新月地带曾经是哈里发国家和伊斯兰世界的政治中心。自 16 世纪起,肥沃的新月地带被纳入奥斯曼帝国的版图,隶属于伊斯坦布尔的苏丹。第一次世界大战结束后,肥沃的新月地带脱离奥斯曼帝国的统治,处于协约国的保护之下,其中伊拉克、巴勒斯坦和约旦构成英国的委任统治区域,叙利亚和黎巴嫩构成法国的委任统治区域。第二次世界大战结束后,委任统治制度退出历史舞台,伊拉克、叙利亚、黎巴嫩、约旦相继独立。肥沃的新月地带诸国的社会结构大都具有明显的多元色彩,民族矛盾与教派对立错综交织,政治局势长期处于动荡的状态。

伊拉克的哈希姆王朝在英国政府的操纵下建立,其间明确划定领土疆域,引入君主制、议会制、宪法、政府和军队,初步奠定伊拉克国家的政治基础。伊拉克共和国成立于 1958 年,自由军官组织发动政变废除英国支持的哈希姆王朝,标志着民族主义运动的广泛胜利,进而揭开伊拉克历史的崭新一页。阿卜杜勒·卡里姆·嘎希姆执政期间,国家权力高度集中。1963 年 2 月,伊拉克复兴党在巴格达发动军事政变,建立起纳赛尔主义者和复兴党军官的联合统治。1968 年复兴党政权建立后,伊拉克政治生活的突出变化在于国家职能的强化、复兴党势力的膨胀、一党制统治模式的形成、政党政治与政府政治的合一。萨达姆于 1979 年掌握国家权力以后,大规模清洗政治异己,重组复兴党,控制武装力量,凌驾于社会和民众之上,个人独裁极度膨胀。80 年代末,伊拉克启动政治自由化进程,承诺举行多党制和议会选举。伊拉克的反对派组织虽成立国民大会,但其内部派系林立,缺乏统一的政治立场和行动纲领。伊拉克经历了两伊战争、海湾战争和国际社会的经济制裁,直至2003年被美军占领,经济长期处于萧条状态,社会生活水准急剧下降。

叙利亚共和国成立于1932年,1944年获得主权独立,经历了从议会民主制到威权政治的演变过程。战后初期,叙利亚共和国实行议会民主制的政治制度,多党制的议会选举构成政治参与和权力角逐的基本框架。议会民主制时代,叙利亚共和国经历长期的政治动荡,权力更迭频繁,现代化进程的方向表现为明显的不确定性。1963年复兴党政权的建立构成叙利亚共和国政治演变的重要分水岭。复兴党的统治,掀开叙利亚经济社会领域自上而下的深刻变革和现代化进程的崭新一页。议会民主制的衰落和威权政治的确立、复兴党内部领导层的新旧更替、逊尼派军人与宗教少数派军人之间的激烈角逐、阿拉维派复兴党军人的政治崛起,构成此间政治生活的核心内容。1970年,哈菲兹·阿萨德发动政变执掌政权,阿萨德、阿拉维派和复兴党依次主导政治舞台和政治生活,家族政治、教派政治与政党政治的三位一体以及军人政治的浓厚色彩则是阿萨德政权的突出特征。阿萨德政权致力于通过自上而下的方式,以牺牲政治层面的自由和民主作为代价,实现新旧秩序的更替。经济社会秩序的剧烈变动与民主政治的严重缺失,导致叙利亚现代化进程的明显悖论。进入90年代,叙利亚国内出现改变现行政治制度和扩大民众政治参与的强烈呼声,民主化进程暗流涌动,威权政治面临严峻的挑战。与此同时,阿萨德政权开始调整国内政策,扩大议会的权限,允许非复兴党成员进入议会,承诺扩大与伊斯兰主义者的政治对话,试图满足民众日益高涨的政治诉求,实现国内的政治稳定。然而,阿萨德政权无意从根本上放弃威权政治和推动民主化进程,只是推行政治减压的相应举措,将吸收新阶层进入复兴党主导的政府机构作为民主化改革的替代,旨在维持经济社会秩序变动进程中的政治稳定。2000年,阿萨德去世,其子巴沙尔继任复兴党总书记和总统,延续威权统治模式,叙利亚国内的政治形势较为稳定。

黎巴嫩共和国成立于 1926 年,马龙派、逊尼派和什叶派在黎巴嫩共和国的政治舞台上长期处于三足鼎立的状态,政治生活具有浓厚的教派色彩。战后黎巴嫩共和国长期实行多党制的政治制度,教派政治与政党政治错综交织,议会选举是国家权力更替的基本形式。战后黎巴嫩政治生活的突出现象,是教派势力的膨胀、国家权力的软弱和社会局势的长期动荡。卡米勒·查蒙执政时期(1952—1958 年),推行亲西方的外交政策,排斥穆斯林的政治参与和权力分享, 穆斯林与基督徒之间的教派对立进一步加深。福阿德·什哈卜执政时期(1958—1964 年),实行中立的外交政策,黎巴嫩出现左翼和右翼两大相互对立的政治派系。查理·希路执政时期(1964—1970年),延续福阿德·什哈卜的内外政策,马龙派基督徒和逊尼派穆斯林长期控制议会和政府,政治生活具有浓厚的贵族色彩,什叶派穆斯林游离于政治舞台的边缘。黎巴嫩内战(1975—1976 年)构成黎巴嫩共和国政治生活和现代化进程的重要转折点, 穆斯林与基督徒形成直接的对立和冲突,外部势力的干预加剧了黎巴嫩国内错综复杂的矛盾,黎巴嫩由此进入动荡的时代。黎巴嫩内战和 1982 年的以色列入侵,导致黎巴嫩政治秩序的剧烈变动。教派人口比例的变化,挑战着国家权力的传统分配原则。什叶派的政治崛起和黎巴嫩政治秩序的重建, 成为 80 年代以来黎巴嫩现代化进程的突出现象。1989 年《塔伊夫协议》签署以后,总统的地位明显削弱,总理和内阁逐渐取代总统成为国家权力的重心所在。黎巴嫩政府逐步解除各教派政党的民兵武装,黎巴嫩内战至此才真正结束。

约旦哈希姆王国的前身是英国委任统治时期建立的外约旦埃米尔国,1952 年建立君主立宪制,国王有权颁布法律、任免首相、解散议会和统率武装部队,来自约旦河东岸的外约旦贵族逐渐取代来自约旦河西岸的巴勒斯坦贵族主导约旦的政治舞台。侯赛因国王实行"亲美"的外交政策,极力强化君主政治,议会、内阁和安全机构成为执行国王旨意、控制民众社会的御用工具。1951—1989年,国王任命首相,内阁更替频繁,每届内阁平均不足1年。巴勒斯坦人和约旦河东岸原有的约旦人组成二元性的人口结构,两者之间存在明显的经济社会差异。第三次中东战争以后,埃及、叙利亚和伊拉克支持的巴解组织在约旦境内建立民兵武装,其与约旦政府之间的矛盾日渐加剧。1971年,侯赛因国王驱逐巴解武装,取缔约旦境内的巴解组织基地,伊拉克和叙利亚驻军亦撤出约旦。1988年,侯赛因国王正式宣布约旦政府放弃对约旦河西岸的主权和领土要求,然而,在约旦河东岸的约旦王国,巴勒斯坦人约占总人口的二分之一,约旦政府依然面临巴勒斯坦问题的巨大压力。80年代末,约旦经济衰退,失业率上升,民众生活水准下降,国内局势日趋动荡。迫于国内外形势和民众的政治压力,侯赛因国王在维持原有基本政治制度和政治秩序的前提下,推行有限的自由化改革举措。90年代,《国民宪章》和《政党法》的颁布以及《选举法》的修改,在强调君主制政体的前提下,承诺扩大国民的政治参与范围和议会的权力,确立以多党制为基础的议会选举制度。约旦的议会政治、选举政治和政党政治日渐活跃,民主化进程随之启动。然而,自上而下的民主化改革旨在扩大统治基础和缓解政治压力,民主化进程表现为摇摆不定的状态。

巴勒斯坦地区的人口构成具有多元性,英国委任统治时期,犹太人移民的迅速增长成为巴勒斯坦的突出现象。30年代,阿拉伯人与犹太人之间的矛盾逐渐加剧。二战期间犹太人的移民高潮改变了巴勒斯坦阿拉伯人与犹太人之间的力量对比。至二战结束时,阿拉伯人与犹太人处于战争的边缘。联合国大会通过决议,在巴勒斯坦实行阿以分治,以色列国宣布成立,中东战争爆发,巴勒斯坦的阿拉伯难民人数不断增加。1964年,巴勒斯坦解放组织成立,致力于通过武装斗争的方式解放巴勒斯坦。巴解组织系巴勒斯坦阿拉伯人的世俗政治组织,包括埃及、叙利亚、伊拉克等阿拉伯国家支持的诸多派别,政治立场各异,兼有温和色彩和激进倾向。"巴勒斯坦民族解放运动"(简称法塔赫)是巴解组织的主流派别,而"解放巴勒斯坦人民阵线"和"解放巴勒斯坦民众民主阵线"是巴解组织内部持激进立场的重要派别。70年代,巴解组织调整战略目标,在强调对于整个巴勒斯坦地区享有主权的前提下,致力于在约旦河西岸和加沙地带建立巴勒斯坦国。1988年,巴解组织承认以色列的合法存在,同时宣布在东耶路撒冷、约旦河西岸和加沙地带建立巴勒斯坦国,亚希尔·阿拉法特出任总统。1987—1990年巴勒斯坦人与以色列政府激烈对抗的政治环境,导致激进政治组织哈马斯和吉哈德的形成。进入90年代,随着巴解组织与以色列的和平谈判,哈马斯和吉哈德等激进组织开始挑战巴解组织的政治权威,其与巴解主流法塔赫之间的矛盾日渐加剧。

以色列国建立于1948年,采用共和制政体,实行多党制的议会选举,总统由议会选举产生,总理和内阁成员对议会负责。以色列政治制度的突出特征,在于议会的广泛权力。以色列的议会制度,培育出发达的选举政治和为数众多的议会政党。多党制的议会竞选长期构成以色列政治生活的核心内容,阿以关系与中东和平进程则是议会竞选的焦点所在。工党是以色列政坛最重要的左翼政党,其社会基础是来自东欧的犹太人移民,在阿以冲突与中东和平进程的问题上持相对温和的立场。利库德集团是以色列政坛最重要的右翼政党,其社会基础主要是亚非裔移民,反对"以土地换和平"的政治原则,拒绝归还第三次中东战争期间以色列占领的阿拉伯人土地,强调包括约旦河西岸和加沙地带在内的整个巴勒斯坦地区具有不可分割性。犹太教政党长期处于合法地位,强调犹太教法律在以色列国家的统治地位,构成以色列政治生活的突出特征。1949—1977年,工党作为议会第一大党,与宗教政党长期保持政治合作,宗教政党成员多次加入工党主导的多党联合政府。1977年起,工党与利库德集团在议会竞选中平分秋色,宗教政党作为第三方势力构成影响以色列政治生活的重要因素。宗教政党大都持保守立场,支持利库德集团为首的右翼政党,要求实行犹太教法的统治,强调犹太教信仰作为获得以色列公民权利的先决条件,反对"以土地换和平"的政治原则,主张将第三次中东战争以后占领的阿拉伯土地纳入以色列的版图。以色列政府长期推行种族歧视和种族隔离的政策,驱逐边境地带的阿拉伯人,剥夺阿拉伯人的私人土地,限制阿拉伯人的行动自由,禁止阿拉伯人加入以色列军队,排斥阿拉伯人的政治参与。1967年第三次中东战争后,以色列占领包括约旦河西岸和加沙地带在内的整个巴勒斯坦,宣布耶路撒冷是以色列国的永久首都。90年代,马德里会议初步确定巴以和谈的政治框架,然而以色列政府态度摇摆不定。沙龙执政后放弃长期以来的巴以和谈,致力于高压政策,巴以局势骤然紧张。

阿拉伯半岛作为伊斯兰教的发源地,在先知穆罕默德和麦地那哈里发时代曾经出现过历史的辉煌。倭马亚王朝建立以后,伊斯兰世界的政治重心逐渐转移。除希贾兹的两座圣城即麦加和麦地那以外,阿拉伯半岛的绝大部分地区重新成为贫瘠和荒凉的去处。由于闭塞的地理位置、恶劣的自然环境和落后的生产技术,阿拉伯半岛经济和社会的发展进程长期处于相对停滞的状态。自16世纪初开始,阿拉伯半岛被纳入奥斯曼帝国的版图。奥斯曼帝国占领了阿拉伯半岛西部的希贾兹和阿拉伯半岛东部的哈萨,其他诸多地区只是在名义上承认奥斯曼帝国的宗主权,部落传统根深蒂固,原始民主制的传统与舍赫的权力错综交织,政治生活徘徊于野蛮与文明之间。

伊本·瓦哈卜倡导的宗教革命,构成18世纪阿拉伯半岛社会革命和政治革命的先导和理论工具。瓦哈卜家族与沙特家族建立宗教政治联盟,沙特家族的军事扩张与瓦哈卜派的宗教传播相辅相成。沙特家族政权德拉伊叶埃米尔国和利雅得埃米尔国两度兴亡。1902年,伊本·沙特在利雅得重建沙特政权,恢复沙特家族与瓦哈卜家族的宗教政治联盟,通过伊赫瓦尼运动拓展沙特国家的疆域,于1932年建立了沙特阿拉伯王国。伊本·沙特当政期间,沙特王国的经济生活与社会结构尚未出现明显的变化,血缘政治与地域政治并存,部族传统与国家制度错综交织。石油经济时代,沙特王国经历了君主制度强化和官僚机构完善的历史进程。沙特王国长期延续家族社会的血缘传统,进而形成家族政治的浓厚色彩。王室长老委员会协商确定王位的更替,历代国王皆系伊本·沙特的嫡子,君主独裁无从谈起。沙特阿拉伯的政治制度与政治生活具有浓厚的宗教色彩,沙特家族政治与瓦哈卜派官方宗教政治的密切结合构成沙特王国的重要政治基础,沙特家族与瓦哈卜派欧莱玛长期保持广泛的合作关系。70年代以后,现代伊斯兰主义运动逐渐兴起,民间宗教政治运动成为挑战沙特家族政治和官方宗教政治的主要形式。90年代,民众力量的崛起与沙特家族的独裁统治之间经历了激烈的抗争。沙特王国政治改革的核心内容是制定基本法和成立国家协商会议,然而自上而下政治改革旨在巩固现存的政治秩序和强化君主制度。政治反对派势力无疑呈明显上升的趋势,其政治影响不断扩大,政治风暴的诸多征兆日趋显见。

北也门经历了从也门王国到阿拉伯也门共和国的发展历程。阿里·阿卜杜拉·萨利赫执政期间,推行威权政治,致力于强化国家职能和削弱栽德派部落贵族的传统势力。1967年,南也门独立,南也门人民共和国宣告成立,随后又更名为也门民主人民共和国,建立高度集权的政治模式,推行激进的经济社会改革举措。1990年5月,南北也门正式合并,也门共和国宣告成立。也门共和国是迄今为止阿拉伯半岛唯一采用共和制政体和实行多党选举制的国家,这是也门区别于阿拉伯半岛诸君主国的明显特征。由于也门北部与南部长期经历不同的发展道路,在诸多方面存在明显差异,也门共和国面临严重的政治危机。1994年,也门爆发内战,也门共和国随之分裂为亚丁政权和萨那政权,萨那政权出兵占领亚丁,也门内战结束。内战结束后,也门南北之间的政治平衡不复存在,全国人民大会党主导的议会通过宪法修正案,明确规定伊斯兰教法是国家立法的基础,废除总统委员会制,实行总统制,阿里·阿卜杜拉·萨利赫出任总统。议会逐步处于总统的控制之下,全国人民大会党作为执政党的地位逐步强化。伊斯兰改革党和也门社会党作为在野党,呼吁推进政治民主化进程。

海湾诸国地处相似的自然环境,相互之间具有密切的历史渊源,蕴藏丰富的石油资源和根深蒂固的血缘传统构成海湾诸国的共同特征。伴随着石油财富的增长,海湾诸国相继崛起,海湾地区的传统秩序逐渐解体,现代化进程随之启动。海湾诸国现代化进程中政治生活的突出现象,是传统部落贵族与王室之间力量对比的剧烈消长以及国家职能的不断完善和威权政治的逐渐强化。石油时代,海湾诸国延续君主制的政治制度,科威特的萨巴赫家族、巴林的哈利法家族、卡塔尔的萨尼家族、阿联酋和阿布扎比的纳赫延家族、阿曼的阿布·赛义德家族长期垄断国家权力和经济命脉。海湾诸国的统治者凭借丰厚的石油收入,不断强化君主制度,普遍实行党禁,排斥民众的政治参与。1971 年《特鲁希尔条约》的终止,标志着英国主宰海湾地区的时代落下帷幕,美国逐渐成为影响海湾地区的主要外部势力。80 年代末 90 年代初,海湾诸国的民主化运动日渐高涨,自由化改革进程逐渐启动。

青年土耳其党执政期间 (1913—1918 年),奥斯曼帝国的传统政治秩序遭受重创,苏丹制度和哈里发制度名存实亡,政治环境剧烈动荡。1918 年,奥斯曼帝国战败投降,土耳其人的家园面临被肢解的危急局面。深刻的民族矛盾导致土耳其民族主义运动的高涨,安纳托利亚高原成为土耳其国家重建和民族复兴的政治舞台。1923 年《洛桑和约》的签署,标志土耳其作为主权国家的诞生。土耳其共和国建立,凯末尔当选总统,大国民议会是兼有立法和行政双重职能的国家最高权力机构,伊斯兰教是土耳其共和国的国教。凯末尔时代,民族主义、共和主义、世俗主义、民众主义、国家主义和革命主义成为土耳其共和国的官方意识形态,土耳其共和国的政治模式在于政府、共和人民党与凯末尔的三位一体。土耳其共和国现代化进程的早期阶段表现为独裁统治的加强和极权化的倾向,世俗化构成极权政治的重要手段。

二战以后,绝对主义的政治模式逐渐衰落,民主化进程随之启动。建立在多党制基础之上的政党政治和议会政治,构成土耳其共和国政治民主化进程的外在形式。50年代,伴随着普选制的完善与多党制的广泛实践,总统权力逐渐削弱,议会成为国家政治生活的核心舞台。60年代,多党政治日趋完善,多党联合政府成为土耳其政治生活的突出现象,政治环境进一步宽松,保障公民权利的法律体制进一步完善,新闻媒体和大学获得自治的地位,政府权力处于法律和社会舆论的制约之下。在多党制议会选举的历史条件下,诸多政党极力争取宗教群体的选票支持,导致土耳其政治领域的非世俗化倾向,现代伊斯兰主义随之登上土耳其的政治舞台,伊斯兰复兴运动由文化领域逐渐延伸至政治领域。进入90年代,伊斯兰复兴运动日渐高涨,伊斯兰政党异军突起,进而挑战世俗政党在土耳其政坛的主导地位。与此同时,政党政治出现明显的变化,诸多小党在议会选举中的政治空间呈扩大的趋势,议会非多数党的联合组阁再次成为土耳其政坛的突出现象。土耳其的政治民主化进程经历从社会上层和精英政治向社会下层和民众政治的扩展以及从城市范围的政治参与向乡村地区的政治动员的延伸,日趋完善的政党政治是土耳其现代化进程中的突出现象和明显特征。

前言

1

　　"中东"一词源于西方殖民扩张的时代背景,原本具有"欧洲中心论"的历史痕迹和政治色彩。自 19 世纪 50 年代开始,英属印度殖民当局将介于所谓"欧洲病夫"奥斯曼帝国与英属印度殖民地之间的伊朗以及与其毗邻的中亚和波斯湾沿岸称作"中东",用于区别奥斯曼帝国统治下的近东和包括东亚诸国在内的远东。[①]1900 年,"中东"一词正式出现于英国的官方文件,进而为西方列强普遍采用。第一次世界大战结束后,奥斯曼帝国退出历史舞台,所谓近东与中东之间的政治界限不复存在,中东随之逐渐成为泛指西亚北非诸多区域的地缘政治学称谓,包括埃及、肥沃的新月地带、阿拉伯半岛在内的阿拉伯世界,以及土耳其和伊朗则是中东的核心所在。

---

①　Wagstaff,J.M.,*The Evolution of the Middle East Landscapes*,New Jersey 1985,p.1.

中东地区幅员辽阔,自然环境复杂多样,高原、山脉与大河流域构成基本的地貌形态。高原、山脉与大河流域错综相间的地貌分布,导致截然不同的经济活动与生活方式的长期并存。高原和山区大都地广人稀,适合牧养牲畜的经济活动。幼发拉底河、底格里斯河和尼罗河水流量充沛,河水流经之处形成人口分布相对稠密的定居社会。游牧群体与定居社会之间的矛盾冲突,贯穿着中东历史的进程。

中东作为东半球的地理中心所在,地跨亚非欧三洲,处于地中海、黑海、里海、红海、阿拉伯海以及波斯湾、阿曼湾、亚丁湾、亚喀巴湾、苏伊士湾诸多水域的环绕之中,是联结印度洋与大西洋的桥梁和纽带,堪称"两洋三洲五海之地",自古以来便是东方与西方之间相互交往的重要通道。黑海与爱琴海之间的达达尼尔海峡和博斯普鲁斯海峡、地中海与红海之间的苏伊士运河、红海与亚丁湾之间的曼德海峡、阿曼湾与波斯湾之间的霍尔木兹海峡,具有举足轻重的战略地位。

中东诸地不仅在自然环境方面差异甚大,其人口构成亦极为复杂。四通八达的地理位置导致中东人口分布的复合结构和多元色彩,"两洋三洲五海之地"可谓闪米特—含米特语系、印欧语系和阿尔泰语系诸多分支的共同家园。闪米特—含米特语系、印欧语系和阿尔泰语系的不同分支皆曾生活在"两洋三洲五海之地",在中东漫长的历史进程中留下各自的印记。不同文明的汇聚与冲突,构成中东历史的鲜明特征。统治民族的交替出现,无疑是中东历史长河的突出现象。伴随着诸多统治民族的相继兴衰,统一与分裂的政治格局频繁更替,向心倾向与离心倾向长期处于激烈抗争的状态,政治疆域经历剧烈的变动过程。

2

中东地区的文明具有十分久远的历史传统,幼发拉底河—底格里斯河流域中下游即美索不达米亚堪称人类文明的重要发祥地。美索不达米亚的北部称作亚述,南部称作巴比伦尼亚;巴比伦尼亚的北部称作阿卡德,南部称作苏美尔。欧贝德人亦称原始幼发拉底人,是巴比伦尼亚地区的早期居民。大约自公元前4300年起,苏美尔人进入巴比伦尼亚南部地区。公元前3500年开始,苏美尔人城邦渐露端倪,美索不达米亚文明的序幕由此徐徐拉开。继苏美尔人之后,阿卡德人于公元前24世纪登上美索不达米亚文明的舞台,两河流域进入闪米特化的时代。古巴比伦王国的建立者是阿摩利人。国王汉谟拉比(约公元前1792—前1750年在位)当政期间,巴比伦王国的疆域囊括整个巴比伦尼亚地区。亚述地处美索不达米亚的北部山区,亚述城邦大约形成于公元前2000年。国王提格拉特·帕拉沙尔三世(约公元前744—前727年在位)当政期间,亚述人统治着北起乌拉尔图(小亚细亚半岛东部)、南至巴比伦尼亚、西起地中海东岸、东至扎格罗斯山西麓的广大地区。公元前7世纪,伽勒底人兴起于巴比伦尼亚,进而取代亚述人成为美索不达米亚的统治者。伽勒底人建立的政权称作新巴比伦王国,是为古代西亚闪米特人文明的最后阶段。

公元前2000年,文明的曙光在地中海东岸逐渐显现,包括推罗、西顿和乌伽里特在内的诸多腓尼基人城邦相继建立。腓尼基人是古代世界的著名商人,腓尼基人的商船航行于地中海、爱琴海和黑海的广大水域。腓尼基人曾经在古代埃及象形文字的基础上创立字母文字, 腓尼基文包括22个辅音字母。腓尼基字母首开人类字母文字的先河,对于其后出现的希腊字母和阿拉马字母皆有重要的影响。巴勒斯坦位于地中海东岸与约旦河之间的狭长区域,早期居民是迦南人和喜克索斯人。公元前2000年后期,闪米特语的分支希伯莱人移居巴勒斯坦。希伯莱人移居巴勒斯坦初期,分为十二个部落,相传源于希伯莱人祖先亚伯拉罕嫡孙雅各的十二子,其中生活在巴勒斯坦北部的希伯莱人部落联盟名为以色列,生活在巴勒斯坦南部的希伯莱人部落联盟名为犹太。扫罗是希伯莱人的第一位国王,来自以色列部落联盟。扫罗死后,来自犹太部落联盟的大卫统一巴勒斯坦的希伯莱人,定都耶路撒冷。大卫之子所罗门当政期间,在耶路撒冷建造圣殿,史称"第一圣殿",亦称"所罗门圣殿",耶路撒冷由此成为希伯莱人的宗教中心。所罗门死后,巴勒斯坦分裂为北部的以色列国和南部的犹太国,分别都于撒玛利亚和耶路撒冷。

位于北非东部的尼罗河流域亦是人类文明的重要发祥地;定期泛滥的尼罗河水灌溉着周边的区域,承载着古老的埃及文明。希腊化时代的埃及祭司曼涅托曾经将古代埃及的历史划分为 31 个王朝,第 1 王朝的历史则可追溯到公元前 3100 年的统治者美尼斯当政期间。古王国(公元前 2686—前 2181 年)包括第 3—6 王朝,都于尼罗河三角洲南端的白城(第 6 王朝时改称孟斐斯,今埃及首都开罗附近),是古代埃及文明的鼎盛阶段。新王国(公元前 1570—前 1085 年)包括第 18—20 王朝,都于上埃及的底比斯(底比斯亦称"诺威",意为主神阿蒙的城市,位于今开罗以南 670 公里处),是古代埃及文明的另一鼎盛阶段。新王国的历代法老致力于开拓疆土的扩张战争,在南方溯尼罗河而上征服努比亚,在东部越过西奈半岛攻入巴勒斯坦和叙利亚。新王国结束之后,利比亚人和努比亚人相继入侵尼罗河流域,古代埃及文明日渐衰落。

公元前 6 世纪,称雄中东的闪米特—含米特语系诸多分支日渐衰微,印欧语系的重要分支波斯人异军突起,成为主宰中东命运的统治民族。"波斯"一词在波斯语中读作法尔斯,源于伊朗高原西南部的地域名称法尔斯,希腊人称之为波息斯。法尔斯是伊朗古代文明的发源地之所在,阿黑门尼德王朝和萨珊王朝皆由此崛起,波斯帝国和波斯语亦由此得名。[①]波斯帝国的创立者是居鲁士(约公元前 558—前 529 年在位),后人称之为"波斯之

---

① 1935 年,礼萨汗将巴列维王朝统治的国家正式更名为伊朗,"波斯"一词此后仅仅作为伊朗人的语言称谓。

父"。居鲁士属于波斯人的阿黑门尼德氏族,居鲁士创立的政权故称阿黑门尼德王朝。居鲁士自称"巴比伦王、苏美尔和阿卡德王、四方之王",居鲁士之子冈比西斯(约公元前529—前522年在位)曾经远征尼罗河流域,建立埃及历史上的第27王朝。大流士(约公元前522—前486年在位)当政期间,波斯人越过中亚,占领印度河流域,巴尔干半岛南部的色雷斯亦被纳入阿黑门尼德王朝的版图。大流士创立行省制、军区制、驿政制和贡赋制,统一币制和衡制,初步形成中央集权的政府体系,有效巩固了波斯帝国的统治基础。在阿黑门尼德王朝的鼎盛阶段,波斯帝国统治着西起尼罗河、东至印度河的辽阔疆域。波斯文化与希腊文化交相辉映,曾经是古代世界的靓丽风景。

公元前4世纪初,马其顿国王亚历山大自希腊起兵,东征波斯帝国,中东地区进入希腊化的时代。亚历山大死后,尼罗河流域、地中海东岸、两河流域和小亚细亚半岛分别处于托勒密王国、塞琉古王国和帕加马王国的统治之下。公元前2世纪,罗马人灭亡托勒密王国、塞琉古王国和帕加马王国,尼罗河流域、地中海东岸和小亚细亚半岛成为罗马人的属地。公元前3世纪,帕奈人建立安息王朝。安息王朝鼎盛时期,领有伊朗高原和美索不达米亚诸地,进而在中东地区与罗马人分庭抗礼。公元3世纪,萨珊王朝兴起于阿黑门尼德王朝的发祥地法尔斯。萨珊王朝的创立者阿尔达希尔(224—241年在位)灭亡安息王朝,自称"诸王之王",领有伊朗高原和美索不达米亚的广大地区。此后400年间,萨珊王朝与罗马帝国及拜占廷帝国交战频繁,中东地区形成东西对峙的政治格局。

中东地区是诸多宗教的摇篮。人类历史的早期阶段普遍存在多神崇拜的宗教形式,而一神信仰排斥多神崇拜的漫长历程则是古代中东历史进程的突出现象和显著特征。古代埃及人笃信诸多神灵,其中称作拉神和阿蒙神的太阳神以及称作奥西里斯的冥神最负盛名。早在公元前14世纪,埃及第18王朝的著名法老阿蒙霍特普四世废止多神崇拜,独尊阿吞神作为主宰尼罗河流域直至整个世界的神灵,首开一神信仰的先河。希伯莱人原本信奉多神教,主神耶和华被希伯莱人视作诸多神灵中地位最高的神灵。自公元前10世纪初开始,希伯莱人逐渐放弃多神崇拜的宗教传统,独尊耶和华的犹太教始露端倪。至公元前6世纪"巴比伦之囚"期间,犹太教的神学体系随之日臻成熟。琐罗亚斯德教相传系公元前6世纪的波斯人查拉图士特拉(希腊人称其为琐罗亚斯德)创立,亦称拜火教,中国史书称之为祆教,是古代波斯的主要宗教。大流士当政期间,尊奉琐罗亚斯德教作为阿黑门尼德王朝的国教。萨珊王朝建立后,琐罗亚斯德教俨然成为波斯传统文化的标志和象征。公元初年,基督教兴起于罗马帝国统治下的地中海东岸。基督教沿袭犹太教的诸多宗教信条,犹太教法利赛派的神学思想对于基督教的影响尤为明显。基督教诞生的初期,罗马帝国统治者视之为犹太教的分支,迫害基督徒。公元4世纪以后,基督教成为拜占廷帝国最具影响的意识形态,尊奉所谓尼西亚信条即圣父、圣子、圣灵三位一体说的官方信仰盛行于爱琴海地区,基督教的异端派别阿里乌斯派以及其后出现的科普特派、雅各派和聂斯脱里派在埃及、叙利亚和美索不达米亚广泛传播。

3

伊朗高原位于中东的东部,北邻里海,南濒波斯湾,呈高原与山脉纵横相间的自然环境,地势自北向南倾斜。"伊朗"一词源于古波斯语,意为雅利安人的土地,泛指西起底格里斯河、东至阿姆河的广大区域。伊朗内陆地区属高原地貌,气候干旱,降水匮乏。卡维尔沙漠和卢特沙漠位于伊朗高原的腹地,盐泽广布,人迹罕至。扎格罗斯山位于伊朗高原与美索不达米亚平原之间,呈西北—东南走向,长约2000公里,是波斯人的家园与阿拉伯世界的天然分界线,山脉两侧的文化氛围风格各异。扎格罗斯山区分布着众多的盆地,土质肥沃,植被茂盛。厄尔布尔士山位于伊朗高原的北侧,呈东西走向,长约 900 公里。厄尔布尔士山与里海之间的狭长平原,地势平坦,气候温暖湿润。胡齐斯坦平原系美索不达米亚平原的延伸,构成伊朗西南部最重要的农业区域。卡伦河长约 800 公里,是伊朗唯一的可通航河流,自扎格罗斯山穿越胡齐斯坦平原,在阿巴丹附近与阿拉伯河汇合,流入波斯湾。伊朗高原的大部分地区只有季节性的河流,雨季河水暴涨,雨季过后河水渗入地表,地下水的汲取成为主要的淡水来源,称作卡纳特的暗渠系统四通八达。里海位于伊朗高原的北侧,水域面积约 37 万平方公里,是世界上最大的咸水湖。镶嵌于伊朗高原与阿拉伯半岛之间的狭长水域,伊朗人称之为波斯湾,阿拉伯人则将该水域称作阿拉伯湾。

伊朗的古代文明可以追溯到公元前 27 世纪的埃兰文明和公元前 8 世纪的米底王国。公元前 6 世纪,波斯人异军突起,阿黑门尼德王朝和萨珊王朝先后崛起。阿黑门尼德王朝的都城波斯波利斯,古波斯语中称作帕尔萨,位于伊朗西南部法尔斯省的设拉子附近, 始建于国王大流士当政期间,历时半个世纪,兼有波斯、美索不达米亚、埃及和希腊的建筑风格,堪称古代波斯帝国的象征;宫廷殿堂号称"百柱之殿",柱高 7 米,柱头饰以动物和人面形状,其精湛建筑艺术与宏大气势于断壁残垣之间依稀可见。大流士之子薛西斯(约公元前 486—前 465 年在位)当政期间,波斯帝国与希腊人之间爆发战争。此后,波斯人退出爱琴海水域,阿黑门尼德王朝逐渐衰落。

公元前 3 世纪,与波斯人同属印欧语系伊朗语族的帕奈人建立阿尔萨息王朝,中国史书称之为安息王朝。安息王朝兴起于伊朗东部的帕提亚,最初都于尼萨(位于土库曼斯坦首都阿什哈巴德附近),继而迁都埃克巴坦那(位于伊朗西北部城市哈马丹附近),直至定都泰西封(位于伊拉克首都巴格达附近)。安息王朝都城泰西封与希腊化时代的著名城市塞琉西亚隔底格里斯河遥相呼应,合称麦达因,阿拉伯语中意为"两座城市"。安息王朝鼎盛时期,领有伊朗高原和美索不达米亚诸地,进而在中东地区与罗马人分庭抗礼。曾经因平息斯巴达克斯起义而名噪一时的罗马将领克拉苏,公元前53年毙命于征讨安息王朝的战场。安息王朝扼守古代丝绸之路的必经之地,曾经与中国的两汉互通使节。

公元3世纪,萨珊王朝兴起于阿黑门尼德王朝的发祥地法尔斯。萨珊王朝的创立者阿尔达希尔(224—241年在位)出身于琐罗亚斯德教祭司的家庭,224年灭亡安息王朝,226年在泰西封自称"诸王之王"。萨珊王朝尊奉琐罗亚斯德教为国教,领有伊朗高原和美索不达米亚的广大地区。此后400年间,波斯帝国重振雄风,尤其是萨珊王朝与罗马帝国及拜占廷帝国交战频繁,中东地区形成东西对峙的政治格局。260年,萨珊王朝军队在地中海东岸的埃德萨俘罗马皇帝瓦列里安;萨珊国王沙普尔一世(241—272年在位)曾经将瓦列里安俯首称臣的画面刻于山岩之上,用以炫耀波斯的强盛。7世纪初,波斯帝国与拜占廷帝国之间战事再起。萨珊王朝军队一度占领叙利亚和小亚细亚大部,直至攻入尼罗河流域。622—628年,拜占廷军队发动反攻,收复叙利亚、小亚细亚和尼罗河流域,兵抵底格里斯河流域。

伊斯兰教兴起后,阿拉伯人长驱东进,延续千年的波斯帝国寿终正寝,伊朗高原被纳入哈里发国家的版图,波斯帝国的传统信仰琐罗亚斯德教随之退出历史舞台。阿拔斯时代后期,非阿拉伯人中皈依伊斯兰教者日渐增多,尤其是波斯人和突厥人的政治势力迅速膨胀,中东伊斯兰世界随之出现群雄逐鹿的分裂局面。波斯贵族在伊斯兰世界东部建立萨法尔王朝和萨曼王朝,承认阿拔斯哈里发的宗主地位,向巴格达缴纳岁贡。萨曼王朝时期,波斯文化在历经3个世纪的衰落之后渐趋复兴。波斯血统的白益家族占领伊朗西部和南部,继而称雄伊斯兰世界的腹地,长达一个世纪之久。此后数百年间,伊朗历经突厥人迁徙浪潮的冲击和蒙古铁骑的践踏,游牧势力膨胀,部落政治泛滥,经济凋敝,社会动荡。16世纪初,萨法维王朝兴起于伊朗高原,尊奉什叶派伊斯兰教为官方信仰,与奥斯曼帝国分庭抗礼。萨法维王朝的建立,标志着伊朗逐渐走上复兴的道路。萨法维王朝的都城伊斯法罕位于扎格罗斯山西麓,阿拔斯一世当政期间大兴土木,市区规模扩大,人口剧增,商贾云集,巴扎店铺鳞次栉比。伊斯法罕大清真寺亦称伊玛目霍梅尼清真寺,最初由塞尔柱苏丹国的名相尼查姆·穆勒克主持兴建,萨法维王朝时期扩建,圆柱、拱门、尖塔和瓷砖镶嵌具有浓厚的波斯传统风格,可谓伊朗伊斯兰建筑艺术的杰作。自恺伽王朝开始,地处厄尔布尔士山南麓的德黑兰成为新的都城所在。德黑兰以南百余公里处的宗教圣城库姆,俨然是什叶派穆斯林的精神家园。殖民主义时代,西方的冲击瓦解着伊朗传统社会的基础。20 世纪的宪政革命、白色革命和伊斯兰革命,构成伊朗现代化进程的重要历史坐标。

波斯人系欧罗巴人种地中海类型,是伊朗人口的主体成分,主要分布于伊朗的中部和南部地区。古波斯语在阿黑门尼德王朝时期采用楔形字体,萨珊王朝时期采用阿拉米字母的书写形式,均已失传。现代波斯语借用阿拉伯字母的书写形式,是伊朗的官方语言。伊朗最重要的少数民族是阿塞拜疆人和库尔德人,分别操阿塞拜疆语和库尔德语,亦采用阿拉伯字母的书写形式。伊朗盛行什叶派伊斯兰教;伊朗穆斯林大都系什叶派主流派别十二伊玛目派的信徒,尊奉欧苏里教法学派和阿赫巴尔教法学派。伊朗境内的阿拉伯人、库尔德人和土库曼人属于逊尼派穆斯林,尊奉沙菲仪教法学派和哈奈菲教法学派。

第一章
波斯的复兴

一、哈里发国家统治下的伊朗

1

伊斯兰教诞生前夕，波斯帝国统治着包括伊拉克和伊朗在内的广大地区。伊拉克在阿拉伯语中本意为"沿海之地"。萨珊王朝时期，伊拉克分为两部，幼发拉底河以西称作阿拉伯伊拉克，幼发拉底河以东称作波斯伊拉克。633年，麦地那哈里发国家挥师东进，攻入伊拉克。637年，穆斯林战士在幼发拉底河西岸的卡迪西叶重创波斯军队主力，继而攻占位于底格里斯河西岸的波斯帝国首都泰西封，波斯帝国萨珊王朝末代君主叶兹德吉尔德三世逃往伊朗西北部山区。642年，穆斯林战士在扎格罗斯山东侧哈马丹附近的尼哈温歼灭萨珊王朝发动反击的最后力量，叶兹德吉尔德三世只身逃走，经过10年漂泊流离的生活，最终死于呼罗珊东部的木鹿。651年，穆斯林自伊拉克南部出发，经克尔曼攻入伊朗高原东部，占领内沙浦尔、纳萨、突斯、哈拉特、木鹿诸城。另一支穆斯林队伍在夺取莱伊(今德黑兰附近)和伊斯法罕以后再度出击,攻占伊朗高原东北部重镇库米斯。652年,穆斯林攻占木鹿—卢泽,阿姆河以西皆被纳入哈里发国家的版图。

伊朗高原是波斯人世世代代生活的家园。尽管萨珊王朝的军事力量由于尼哈温战役的失败而丧失殆尽,但是伊朗高原的土著贵族尚有相当的实力。他们各自为战,顽强抵抗着穆斯林的进攻。另一方面,伊朗高原的土著居民大都属于印欧语系的分支,不同于伊拉克、叙利亚和埃及的塞姆族被征服者,与来自半岛的阿拉伯人之间存在着明显的血缘界限。种族的差别加剧了伊朗高原的土著人口对于穆斯林征服者的敌视和反抗。此外,伊朗高原山脉纵横,地形复杂,其特有的自然条件削弱和限制着穆斯林征服者的攻势。哈里发国家在伊朗高原的征服经历了极其艰难而漫长的过程,许多地区由于土著势力屡屡反叛,得而复失。

呼罗珊本意为"东方的土地",指伊朗高原东部直至阿姆河左岸的广大地区。麦地那哈里发时代后期,阿拉伯人自库法和巴士拉挥师东进,征服呼罗珊。阿拉伯人之征服呼罗珊,不同于在其他地区的征服。呼罗珊的土著贵族在阿拉伯人征服前大都各自为政,与萨珊王朝联系甚少;波斯帝国的灭亡并没有直接导致土著贵族在呼罗珊统治权力的结束。阿拉伯征服者在呼罗珊各地往往只是与土著贵族订立条约和征收贡税,同时保留后者原有的诸多特权。

倭马亚时代,大批阿拉伯人离开伊拉克,移至呼罗珊,使呼罗珊成为继阿拉伯半岛和新月地带之后阿拉伯人的又一家园。移入呼罗珊的阿拉伯部落民并未像伊拉克的阿拉伯人集中于库法和巴士拉或者像埃及的阿拉伯人集中于弗斯塔特那样,他们分散在木鹿绿洲以及内沙浦尔、哈拉特、塔尔干、突斯、木鹿—卢泽诸多地区,或从军征战,或务农经商,其社会地位不尽相同。阿拉伯人与波斯人的杂居状态,加速了征服者与被征服者之间的同化和融合的过程。出生在呼罗珊的阿拉伯人不再使用父辈的语言,而是操接近波斯语的呼罗珊方言。他们中的许多人身着波斯的民族服饰,在波斯人的传统节日纳乌鲁兹节和米赫尔干节与土著民众狂欢作乐。征服者与被征服者之间的通婚现象亦十分普遍。① "久居呼罗珊的阿拉伯贝都因人后裔，在外表上与土著的波斯人已经没有明显的差异。他们都长着白皙的脸皮，留着黄色的胡须，身着费尔干纳的地方服饰。"747 年，祖居呼罗珊的波斯人追随阿拔斯派发动的起义，自伊朗高原攻入伊拉克，推翻倭马亚王朝。

阿拔斯王朝建立后，伊斯兰世界的政治重心明显东移，皈依伊斯兰教的波斯贵族开始活跃于哈里发国家的政治舞台。哈里发哈伦当政期间，波斯血统的巴尔麦克家族显赫一时，成为穆斯林瞩目的焦点。巴尔麦克家族的沉浮，则是此间哈里发国家政治生活的重要内容。巴尔麦克本意为"佛教高僧"。哈立德·巴尔麦克祖居呼罗珊，其父任职于巴勒黑城的诺巴哈尔佛寺，在呼罗珊一带颇具声望。②10 世纪初的阿拉伯地理学家伊本·法基赫曾经在《地志》一书中将呼罗珊的巴尔麦克人比作阿拉伯半岛的古莱西人。倭马亚时代末期，哈立德·巴尔麦克放弃佛教，改奉伊斯兰教，并参加阿拔斯派在呼罗珊发动的起义。阿拔斯王朝建立后，哈立德·巴尔麦克受命掌管税收事务，并且出任泰伯里斯坦、法尔斯和贾吉拉的总督，其子叶赫亚·哈立德出任阿塞拜疆总督。自马赫迪即位开始，叶赫亚·哈立德长期出任维齐尔，其弟穆罕默德·哈立德和其子法德勒·叶赫亚、贾法尔·叶赫亚等人亦任要职。③巴尔麦克家族位高权重，门生故吏遍布各地。哈伦当政的前期，巴尔麦克家族的政治势力达到顶峰。许多历史学家甚至将 786—803 年称作"巴尔麦克人的时代"④。他们执掌着国家权力，支配着国家的岁入，影响无处不在。哈里发国家的要员大都出自他们的家族，或者是他们的同党。几乎所有

---

① Wellhausen, J., *The Arab Kingdom and Its Fall*, London 1973, p.492, p.493.

② Jaydan, J., *History of Islamic Civilization*, New Delhi 1978, p.164.

③ Kennedy, H., *The Early Abbasid Caliphate*, Princeton 1981, pp.101–102, pp.116–117.

④ Kennedy, H., *The Prophet and the Age of the Caliphate*, London 1986, p.139.

的人都向他们俯首帖耳,他们的威望甚至超过他们的主人。巴尔麦克人利用职权,聚敛财富,过着帝王般的生活。他们在巴格达东区修筑的宅邸,与底格里斯河西岸的哈里发宫廷交相辉映。他们还豢养文人墨客,为自己歌功颂德。巴尔麦克人在阿拉伯语中甚至成为"慷慨者"的同义词。贾法尔·叶赫亚是《天方夜谭》中的著名人物,"贾法尔的慷慨"尽人皆知。巴尔麦克人执政期间,波斯贵族的政治势力急剧膨胀,阿拉伯人相形见绌。呼罗珊处于巴尔麦克人的控制之下,俨然成为伊斯兰世界的国中之国。

9世纪后期,萨法尔王朝(867—900年)崛起于伊朗高原东南部的锡斯坦,波斯人称雄一时。锡斯坦地处伊斯兰世界的边陲,自倭马亚时代起便是反叛者避难的场所,哈瓦立及派的势力尤为强大。萨法尔王朝的创立者叶尔孤卜·莱伊斯系波斯血统,出身盗匪。852年,叶尔孤卜·莱伊斯携三个兄弟参与征讨哈瓦立及派,从此发迹。861年,叶尔孤卜·莱伊斯由于在平息哈瓦立及派的战事中功勋卓著,升任布斯特驻军将领。867年,叶尔孤卜·莱伊斯占据锡斯坦全境,自立为艾米尔,都于疾陵,建立萨法尔王朝。[①]此后,萨法尔王朝大举东进,占领莫克兰、俾路支和信德诸地。在北方,萨法尔王朝的军队攻占喀布尔和巴勒黑,深入粟特一带。873年,叶尔孤卜·莱伊斯率军攻占内沙浦尔,俘塔希尔王朝末代艾米尔穆罕默德·阿布·塔希尔,结束塔希尔人在呼罗珊长达五十余年的统治,进而兵抵里海南岸。875年,叶尔孤卜·莱伊斯发动西征,矛头直指阿拔斯王朝。萨法尔王朝的军队经法尔斯和胡齐斯坦两省,攻入伊拉克,兵抵巴格达附近的达尔·阿古勒时受阻,随即被阿拔斯王朝的摄政者穆瓦法克击败。879年,叶尔孤卜·莱伊斯在胡齐斯坦的军迪沙普尔病亡,其弟阿慕尔·莱伊斯承袭兄职,据有伊朗高原南部。阿慕尔·莱伊斯尊奉正统伊斯兰教,向巴格达缴纳岁贡,接受阿拔斯王朝的赐封,但却在星期五聚礼的呼图白中取消祝福哈里发的内容,甚至自称信

---

① 伊本·阿希尔:《历史大全》,第7卷,开罗,1884年,第124—125页。

士的长官。900 年,阿慕尔·莱伊斯在巴勒黑附近与萨曼王朝交战,兵败被俘,后被哈里发处死于巴格达,萨法尔王朝灭亡。①

继萨法尔王朝之后兴起于伊斯兰世界东部的政治势力,是波斯贵族建立的萨曼王朝 (874—999 年)。与盗匪出身的萨法尔人不同,萨曼人系波斯王公的后裔。萨曼家族的先祖萨曼·胡达特原是巴勒黑的琐罗亚斯德教贵族,倭马亚王朝哈里发希沙姆当政期间改奉伊斯兰教。②阿拔斯王朝初期,阿萨德·萨曼效力于巴格达哈里发。其子艾哈迈德兄弟四人曾经协助阿拔斯王朝平息拉菲·莱斯的反叛,于 819 年分别被马蒙赐封为撒马尔罕、费尔干纳、哈拉特和沙什的驻军将领,隶属塔希尔人节制。③塔希尔王朝灭亡后,哈里发穆尔台米德于 874 年将粟特一带赐予艾哈迈德之子纳绥尔,是为萨曼王朝的开端。④892 年,纳绥尔之弟伊斯马仪僭夺兄位,自称艾米尔,都于布哈拉,继而击败萨法尔王朝。913—943 年纳绥尔二世当政期间,萨曼王朝的势力达到顶峰,北起咸海、南至波斯湾、西起里海南岸、东至怛罗斯的广大地区,皆被纳入萨曼王朝的版图。萨曼王朝尊奉正统伊斯兰教,承认阿拔斯哈里发的宗主地位, 向巴格达缴纳岁贡。"在阿拔斯王朝各位哈里发看来,这个王朝的成员是些艾米尔,甚至是些阿米勒。但是,在他们的领地之内,他们拥有绝对的权力。"⑤

从萨珊王朝灭亡到萨曼王朝建立的三个世纪中, 在阿拉伯人的统治下,阿拉伯语作为官方语言盛行于伊朗高原,波斯学者使用阿拉伯语撰写的著作汗牛充栋,波斯语作品却寥寥无几,波斯传统文化濒临绝迹的边缘。萨曼王朝时期,布哈拉和撒马尔罕成为伊斯兰世界东部的两个主要的文化

---

① Frye, R.N., *The Golden Age of Persia, the Arabs in the East*, London 1975, pp.194–196.

② Lombard, M., *The Golden Age of Islam*, North Holland 1975, p.46.

③ Lombard, M., *The Golden Age of Islam*, p.46.

④ Frye, R.N., *The Golden Age of Persia*, p.200.

⑤ 希提:《阿拉伯通史》,马坚译,商务印书馆,1979 年,第 551—552 页。

中心,波斯文化在历经三个世纪的衰落之后渐趋复兴。萨曼王朝在保留阿拉伯语作为官方语言的同时,规定采用阿拉伯字母作为书写形式的新波斯语亦为官方语言,并予以推广。[1]纳绥尔二世当政期间,塔吉克血统的诗人鲁达基在布哈拉极负盛名,被誉为"波斯语诗歌之父",他使用波斯语创作大量诗歌,体裁多样,形式完美,其中千余首两行诗至今仍脍炙人口。继鲁达基之后,出生于突斯的呼罗珊人费尔多西使用波斯语创作史诗《王书》,记述古代波斯王公的政绩,洋洋万言,情节生动曲折,人物栩栩如生,堪称千古佳作。[2]

白益家族属于波斯血统的德拉姆部落,祖居厄尔布尔士山与里海之间,以务农为业。厄尔布尔士山耸立在伊朗高原的北侧,成为天然的屏障,阻挡外部势力对里海南岸的冲击。德拉姆人安守故土,似乎已被喧嚣的世界遗忘。[3]786 年,阿里家族的追随者在麦地那发动起义,被阿拔斯王朝镇压,什叶派伊玛目哈桑的曾孙叶赫亚·阿卜杜拉逃离希贾兹,越过厄尔布尔士山,潜入里海南岸,进行秘密的神学宣传。此后,德拉姆人逐渐皈依伊斯兰教,加入什叶派穆斯林的行列。927 年,德拉姆人首领麦尔达维只·齐亚尔率众越过厄尔布尔士山,占领伊朗西部的吉巴勒省。据说,麦尔达维只·齐亚尔声称:欲重建波斯人的王朝,推翻阿拉伯人的江山。[4]此后,白益家族成为德拉姆人的核心势力。933 年,白益家族首领阿里向南扩张,占领法尔斯。935 年,阿里的兄弟哈桑击败麦尔达维只·齐亚尔的继承人乌什姆吉尔,成为吉巴勒的统治者。945 年,阿里的另一兄弟艾哈迈德挥师西进,入主巴格达,被哈里发穆斯台克菲(945—946 年在位)赐封为总艾米尔,领有伊拉克。

---

① Holt,P.M.,Lambton,A.K.S.& Lewis,B.,*The Cambridge History of Islam*,Vol.1A, Cambridge 1970, p.145.

② Hourani,A.,*A History of the Arab Peoples*,London 1991,p87.

③ Holt,P.M.,Lambton,A.K.S.& Lewis,B.,*The Cambridge History of Islam*,Vol.1A,p.143.

④ 艾哈迈德·爱敏:《阿拉伯伊斯兰文化史》,第 5 册,史希同译,商务印书馆,2001 年,第 47 页。

946 年,艾哈迈德废黜穆斯台克菲,立穆帖仪为哈里发。穆帖仪(946—974
年在位)即位后,赐封艾哈迈德为穆仪兹·道莱(意为"国家的保护者"),阿
里为伊玛德·道莱(意为"国家的基石"),哈桑为卢克尼·道莱(意为"国家的
支柱")。艾哈迈德、阿里和哈桑兄弟三人分别据有伊拉克、法尔斯和吉巴
勒, 形成白益家族三足鼎立的政治格局。①白益家族称雄伊斯兰世界的腹
地, 长达一个世纪之久。此间,巴格达的哈里发成为白益王公任意摆布的玩
偶,往日君临天下、号令四方的威风荡然无存。穆帖仪曾经表示:我除了在
聚礼日发表演说外,已经一无所有;如果你们高兴,我愿意辞去哈里发的职
务。②然而,白益家族并没有建立统一的王朝,分别据有伊拉克、法尔斯和吉
巴勒的白益王公各自为政,甚至相互攻杀。阿里是白益家族政权的开创者,
采用沙汗沙(意为"诸王之王")的称号,其辖地法尔斯是白益家族的重心所
在。阿里之子阿杜德·道莱(意为"国家的股肱")当政期间,是法尔斯历史上
的黄金时代。水利设施的广泛兴建保证了农业的繁荣,商业贸易尤为发展。
法尔斯的港口城市西拉夫在这个时期取代伊拉克的巴士拉, 成为波斯湾地
区最重要的贸易中心。阿杜德·道莱的驻节地设拉子规模扩大,人口增加,商
贾辐辏,市井繁荣,令巴格达相形见绌。978 年,阿杜德·道莱击败艾哈迈德之
子巴赫提亚尔,兼并伊拉克,并且一度控制吉巴勒,白益家族的政治发展达
到巅峰状态。③

---

① Mez, A., *The Renaissance of Islam*, Patna 1937, pp.22–23.

② 艾哈迈德·爱敏:《阿拉伯伊斯兰文化史》,第 5 册,第 49 页。

③ Mez, A., *The Renaissance of Islam*, pp.24–25.

二、萨法维王朝的嬗变

1

萨法维家族系库尔德血统,操阿扎里语①,自塞尔柱时代起生活在阿塞拜疆地区。萨法维家族的祖先萨菲·丁(?—1334 年)长期追随逊尼派穆斯林的苏非派长老扎西德·吉拉尼,1301 年在伊朗西北部城市阿尔达比勒创立苏非派萨法维教团。此后,萨法维家族的宗教影响逐渐扩大,追随萨法维家族的穆斯林来自阿塞拜疆以及叙利亚北部和安纳托利亚东部诸多地区,突厥血统的土库曼人乌斯塔吉鲁部落、卢姆鲁部落、沙姆鲁部落、祖尔加迪尔部落、塔卡鲁部落、阿夫沙尔部落和恺伽部落则是萨法维教团的主要支持者。②

15 世纪中叶,萨法维教团与白羊王朝建立联盟,致力于在特拉比宗和格鲁吉亚一带对基督徒发动圣战,进而介入政治领域的权力角逐。帖木儿帝国解体以后伊朗高原的混乱状态,尤其是黑羊王朝与白羊王朝的对抗,成为萨法维家族问鼎政坛的重要条件。伊朗西北部和安纳托利亚东南部的土库曼人部落和苏非教团,成为萨法维家族的重要支持者。③

1501 年,伊斯马仪(1501—1524 年在位)率领长期追随萨法维教团的乌斯塔吉鲁等七个土库曼人部落即凯慈巴什④进军阿塞拜疆和亚美尼亚,在沙鲁尔战役中击败白羊王朝的军队,进而占领大不里士,自称伊斯马仪

---

① 阿扎里语系流行于阿塞拜疆的突厥语分支。

② Holt,P.M.,Lambton, A.K.S.&Lewis,B.,*The Cambridge History of Islam*,Vol.1A,pp.394–395.

③ Ochsenwald,W.,*The Middle East:A History*, Boston 2003, p.216.

④ 凯慈巴什系波斯语,意为"戴红头巾的战士",特指操突厥语的什叶派十二伊玛目派的苏非教团成员。

沙,建立萨法维王朝。[1]1503—1510 年,伊斯马仪沙相继征服安纳托利亚高原东部、伊拉克、伊朗高原东部的呼罗珊直至阿姆河左岸地区,初步奠定萨法维王朝的疆域基础。[2]

2

1524 年伊斯马仪沙死后,其子塔赫马斯普(1524—1576 年在位)即位。此后 10 年间,卢姆鲁部落、塔卡鲁部落和沙姆鲁部落酋长把持朝政,相互倾轧,至 1533 年权力复归塔赫马斯普。1534 年,奥斯曼帝国的军队攻入大不里士和吉兰,占领巴格达。1555 年,萨法维王朝与奥斯曼帝国签署协议,伊拉克被纳入奥斯曼帝国的版图。[3]

由于萨法维王朝与奥斯曼帝国之间战事不断,塔赫马斯普将首都自阿塞拜疆的大不里士迁往厄尔布尔士山南麓的加兹温,以避奥斯曼帝国的攻势。1576 年塔赫马斯普死后,凯慈巴什先后拥立伊斯马仪二世(1576—1577 年在位)和穆罕默德·胡达班达(1577—1587 年在位)即位,萨法维王朝再次陷于内乱之中。

1588 年,塔赫马斯普之孙阿拔斯(1588—1629 年在位)即位,内乱趋于平息。1597 年, 萨法维王朝的首都从加兹温移至伊朗中部的伊斯法罕。[4] 1602 年,萨法维王朝击败乌兹别克人,收复马什哈德和哈拉特,重新占领呼罗珊,兵抵巴勒黑。1605—1607 年,萨法维王朝的军队经过征战,收复阿塞拜疆和格鲁吉亚。1623 年,萨法维王朝的军队占领巴格达、摩苏尔和迪亚巴克尔。与此同时,萨法维王朝的军队击败莫卧尔人,占领坎大哈,夺取巴林,

---

① Holt,P.M.,Lambton, A.K.S.&Lewis,B.,*The Cambridge History of Islam*,Vol.1A,p.398.

② Cleveland,W.L.,*A History of the Modern Middle East*, Boulder 2004, p.52.

③ Ochsenwald,W.,*The Middle East:A History*,p.218.

④ Holt,P.M.,Lambton, A.K.S.&Lewis,B.,*The Cambridge History of Islam*,Vol.1A,p.494,p.417.

控制波斯湾沿岸,将葡萄牙人赶出霍尔木兹海峡。[1]至 1629 年阿拔斯去世时,萨法维王朝的统治达到顶峰,其疆域北起里海,南至波斯湾,西部边境与奥斯曼帝国接壤,东部边境与莫卧尔帝国毗邻。

阿拔斯的嫡孙萨菲·米尔扎即萨菲一世 (1629—1642 年在位) 当政期间,萨法维王朝与奥斯曼帝国战事再起。1638 年,奥斯曼帝国的军队攻陷巴格达,莫卧尔帝国的军队重新占领坎大哈。1639 年,萨法维王朝与奥斯曼帝国签订《祖哈卜条约》,伊拉克再次纳入奥斯曼帝国的版图,扎格罗斯山成为奥斯曼帝国与萨法维王朝的政治分界线。[2]

1642 年阿拔斯二世(1642—1666 年在位)即位后,萨法维王朝经历短暂的繁荣。苏莱曼(1667—1694 年在位)和侯赛因(1694—1722 年在位)当政期间,宫廷财政拮据,王权衰微,凯慈巴什酋长势力坐大,教界上层亦常与萨法维王朝分庭抗礼,萨法维王朝逐渐衰落。1722 年,阿富汗人马哈茂德自坎大哈起兵西进,攻陷伊斯法罕。1722—1729 年,伊朗处于阿富汗人的统治之下。1729 年,来自呼罗珊的阿夫沙尔部落首领纳迪尔沙取代阿富汗人,建立阿夫沙尔王朝,都于马什哈德,统治伊朗大部地区。1736 年,纳迪尔沙废黜阿拔斯三世(1732—1736 年在位),萨法维王朝寿终正寝。[3]

纳迪尔沙于 1738 年占领坎大哈,继而占领喀布尔,1739 年兵抵德里。[4]随后,纳迪尔沙的军队撤出印度,占领哈拉特。1740 年,纳迪尔沙的军队击败乌兹别克人,占领布哈拉。[5]1751—1779 年,卡里姆沙建立桑德王朝,都于设拉子,控制伊朗西南诸地。[6]此间,萨法维王朝的传统秩序不复存在,部落

① Ochsenwald,W.,*The Middle East:A History*,p.221.

② Ochsenwald,W.,*The Middle East:A History*,p.226.

③ Mansfield,P.,*A History of the Middle East*,London 1991,p.139.

④ 阿宝斯·艾克巴尔·奥希梯扬尼:《伊朗通史》,叶奕良译,经济日报出版社,1997 年,第 790 页。

⑤ Ochsenwald,W.,*The Middle East:A History*,p.266.

⑥ Clawson,P.& Rubin,M.,*Eternal Iran:Continuity and Chaos*,New York 2005,p.29.

势力的泛滥和频繁的战争,加之持续的灾荒和瘟疫,导致人口锐减,经济萧条。游牧群体的扩张和定居区域的萎缩以及部落政治的膨胀和官僚政治的衰微,构成18世纪伊朗历史的突出现象。

三、君主政治与教俗关系

1

　　萨法维王朝建立之前,伊朗屡遭外族入侵。突厥人的迁徙浪潮、蒙古人的西征和帖木儿帝国的统治以及黑羊王朝与白羊王朝的角逐,深刻改变了伊朗社会的人口构成,游牧部落成为支配伊朗政治生活的重要因素。萨法维王朝的建立起源于萨法维教团与土库曼人游牧部落的联盟,凯慈巴什的广泛政治影响则是萨法维王朝初期伊朗历史的突出现象。伊斯马仪沙当政期间,土库曼人构成萨法维王朝的主要兵源。伊斯马仪沙将大量土地赐予凯慈巴什作为军事封邑, 凯慈巴什首领大都出任萨法维王朝的军政要职,尤其在伊朗西北部诸多省区颇具势力。作为省区总督的凯慈巴什大都终身任职,家族世袭和父死子继的现象十分普遍。[1]他们除向国王提供兵源和缴纳数量有限的贡赋之外, 在所辖范围内对其臣民行使广泛的统治权力,形成明显的离心倾向。

　　自阿拔斯一世即位开始,萨法维王朝逐渐改变兵源结构,征募波斯农民和来自高加索地区的亚美尼亚人、格鲁吉亚人、塞加西亚人战俘及其后裔,组建领取薪俸的职业化新军,旨在制衡凯慈巴什战士、克服地方离心倾向和强化中央集权。[2]阿拔斯当政期间,领取薪俸的职业化新军达到3.7万人,包括御林军0.3万人、骑兵1万人、使用传统兵器的步兵1.2万人和装备新式火器的步兵1.2万人,而凯慈巴什战士则由6万人削减为3万人。

---

　　[1]　Foran,J.,*Fragile Resistance:Social Transformation in Iran from 1500 to the Revolution*,Boulder 1993,p.22.

　　[2]　Arjomand,S.A.,*The Turban for the Crown:the Islamic Revolution in Iran*,New York 1988,p.16.

与此同时,萨法维王朝不断完善官僚机构,起用波斯贵族掌管税收,委派非土库曼血统的新军将领出任省区总督,进而取代凯慈巴什成为诸多地区的实际控制者。阿拔斯一世在位末期,约半数的省区总督由新军将领担任。[①]至阿拔斯二世当政期间,在全国 37 个省区中,由新军将领出任总督的省区多达 25 个。[②]

新军的组建和波斯贵族的起用,明显削弱了土库曼人和凯慈巴什战士的特权地位,构成萨法维王朝强化君主集权的政治基础。1598 年,阿拔斯一世迁都伊斯法罕,标志着伊朗腹地取代阿塞拜疆成为萨法维王朝的政治重心,政治生活的波斯色彩日渐浓厚,土库曼人的政治影响进一步削弱。

萨法维王朝实行国家土地所有制,军事封邑和王室领地构成土地占有的基本形式。军事封邑用于供养凯慈巴什战士,而王室领地则是萨法维家族的主要岁入来源。萨法维王朝初期,土库曼人势力膨胀,诸多地区成为凯慈巴什战士的军事封邑,王室领地面积锐减。阿拔斯一世即位以后,逐渐削减凯慈巴什的军事封邑,扩大王室领地,用于维持新军和支付军饷。1588—1606 年,萨法维王朝收回加兹温、卡尚、克尔曼、叶兹德和库姆诸地作为王室领地。[③]1642—1666 年阿拔斯二世当政期间,吉兰、马赞德兰、呼罗珊和阿塞拜疆的军事封邑亦被纳入王室领地。[④]

2

萨法维王朝建立之前,波斯人大都属于逊尼派穆斯林,分别尊奉沙菲

---

① Morgan,D.,*Medieval Persia 1040–1797*,New York 1988,p.135,p.137.

② Arjomand,S.A.,*The Turban for the Crown: the Islamic Revolution in Iran*,p.17.

③ Morgan,D.,*Medieval Persia 1040–1797*,p.136.

④ Holt,P.M.,Lambton, A.K.S.&Lewis,B.,*The Cambridge History of Islam*,Vol.1A,p.423.

仪派、哈奈菲派、马立克派和罕百里派教法,亦有相当数量的波斯人尊奉什叶派伊斯兰教。萨法维家族原本尊奉逊尼派伊斯兰教,15 世纪起自称什叶派第七代伊马目穆萨·卡兹姆的后裔。1501 年萨法维王朝建立后,国王伊斯马仪沙宣布十二伊玛目派的什叶派伊斯兰教为萨法维王朝的国教,旨在强化萨法维王朝的神圣地位,抗衡尊奉逊尼派伊斯兰教的奥斯曼帝国和乌兹别克帝国。"萨法维王朝的统治者甚至自称是末代伊马目的代理人,作为安拉在大地的影子行使统治臣民的权力。"

萨法维王朝实行强制皈依的宗教政策,迫使伊朗高原的土著居民放弃逊尼派伊斯兰教的传统信仰,改宗什叶派伊斯兰教。与此同时,伊斯马仪沙将什叶派欧莱玛从叙利亚和伊拉克诸地迁入伊朗,创办什叶派宗教学校,宣传什叶派伊斯兰教,进而将什叶派欧莱玛纳入萨法维王朝的官方体系。[①] 什叶派的信仰与中央集权的官僚制度,无疑是维系伊朗诸多地区和不同社会群体的重要纽带。萨法维家族与什叶派欧莱玛的广泛联盟,构成萨法维王朝的政治基础。

萨法维王朝一方面强调伊斯兰教的神权原则,另一方面继承波斯帝国的政治传统,实行教俗合一的政治制度,国王兼有什叶派宗教领袖与世俗君主的双重权力,俨然成为"安拉在大地的影子"和"诸王之王"。阿拔斯一世当政期间的欧洲旅行家查尔丁曾经写道,"世界上再没有比波斯国王更加专制的统治者"。稍晚于查尔丁的另一欧洲旅行家克鲁辛斯基亦认为,"天地间没有任何一位国王能够像阿拔斯沙和他的继承者那样主宰着臣民的命运"。

官方的什叶派宗教学说赋予国王以神圣的外衣,成为萨法维王朝驾驭社会和统治民众的重要工具。所谓的萨德尔作为国王任命的官方什叶派宗教首领,负责监督实施宗教法律沙里亚,任命宗教法官卡迪,掌管宗

---

① Fischer, M.M.J, *Iran: From Religious Dispute to Revolution*, Harvard 1980, pp.28–29.

教地产瓦克夫,成为萨法维王朝与欧莱玛之间的纽带。萨法维王朝亦将马什哈德和库姆的大量地产赠予教界,作为教界的主要财源。什叶派欧莱玛随之融入地产主的行列,成为萨法维王朝的重要社会基础。库姆和马什哈德堪称伊朗什叶派伊斯兰教的标志和象征,伊斯兰教历穆哈兰月期间祭奠伊玛目侯赛因的节日则是伊朗穆斯林最重要的宗教节日。伊斯兰世界的欧莱玛不同于中世纪欧洲的教士,"他们并非介于上帝与信众之间的环节,而是执行穆斯林法律,掌管教育和慈善机构,因此具有比西方的教士更为广泛的作用"①。

　　萨法维时代,欧莱玛人数众多,地位各异。欧莱玛的上层拥有萨法维王朝任命的职位,占有大量地产,掌管官方宗教机构。更多的欧莱玛并未被纳入萨法维王朝的官方宗教体系,处于相对独立的地位,与城市的巴扎和行会以及乡村大众联系密切,具有明显的民间倾向。

3

　　在萨法维时代的伊朗,什叶派的传统教法学派阿赫巴尔派长期占据主导地位。阿赫巴尔派形成于白益王朝时期,强调《古兰经》和《圣训》作为穆斯林的唯一信仰来源,否认公议和类比的法律原则,否认个人的独立判断和理性思辨,强调伊玛目的绝对权威和宗教学者即欧莱玛的从属地位,进而成为维护教俗合一体制下君主政治的理论工具。

　　萨法维王朝末期,王权衰微,教俗之间的力量对比发生明显的变化,新的教法学派欧苏里派遂应运而生。欧苏里派倡导理性和创制的法律实践,强调伊智提哈德即教法学家的独立判断,否认世俗君主的宗教权威,进而

---

① Foran, J., *Fragile Resistance: Social Transformation in Iran from 1500 to the Revolution*, pp.44-45, p.33.

阐述什叶派穆斯林绝对顺从教法学家取代绝对顺从世俗君主的政治原则。欧苏里派将什叶派穆斯林区分为穆智台希德与穆卡里德,前者系宗教学者和信仰楷模,后者系普通信众和前者的追随者;穆卡里德通过穆智台希德发布的富图瓦实现与隐遁伊玛目的沟通,穆智台希德则被视作隐遁伊玛目的代表和什叶派穆斯林的宗教领袖,具有独立于世俗君主的特殊地位。[1]欧苏里派认为:"统治世界的最高权力只属于穆智台希德,一位圣洁而通晓治国之道的智者。既然穆智台希德是神圣的因而也是爱好和平的人,所以需要国王挥舞宝剑和仲裁纠纷,但是他必须作为前者的代理人和从属者才能行使自己的权力。"[2]阿赫巴尔派强调什叶派穆斯林对于隐遁伊玛目的绝对服从,欧苏里派则强调什叶派穆斯林应当追随和效法同时代的穆智台希德。

欧苏里派的兴起,作为萨法维王朝末期王权衰微的逻辑结果,开辟了什叶派欧莱玛挑战王权和角逐政坛的先河,集中体现了宗教政治与世俗政治的激烈抗争。

---

[1] Keddie, N.R., *Roots of Revolution:An Interpretive History of Modern Iran*, New York 1981, pp.21–22.

[2] Morgan, D., *Medieval Persia 1040–1797*, p.147.

四、社会结构与经济生活

1

　　萨法维时代伊朗的人口大约在 600 万至 1000 万之间，包括三个不同的社会群体，即游牧的部落人口、乡村的农业人口和城市的工商业人口。[①]其中，游牧的部落人口主要来自突厥血统的中亚移民和安纳托利亚移民以及阿拉伯人和库尔德人，乡村的农业人口和城市的工商业人口基本属于波斯血统的土著群体。居无定所的游牧社会、自给自足的乡村农业社会以及与简单商品经济密切相关的城市社会三者之间的长期并存与相互依存，构成萨法维时代伊朗社会的基本模式。

　　游牧人口约占伊朗人口的三分之一，血缘群体构成游牧人口的基本组织形式。追逐水草的定期迁徙是游牧生活的主要特征，牧场和牲畜则是游牧人口的基本生活来源。在游牧社会，公有制与私有制长期并存，广袤的牧场通常由整个部落共同拥有，牲畜以及其他财产则处于私人支配的状态。游牧产品主要用于满足部落内部的生活需要，亦有少量游牧产品用于交换定居地区的某些产品。游牧社会的剩余劳动占有形式是征收于牲畜的贡税，税额从七分之一到三分之一不等。

　　游牧群体表现为等级性的社会结构。军事首领位于游牧社会的顶端，是最大的畜群所有者，往往出任萨法维王朝的军政职务，具有显赫的地位和广泛的影响。居于军事首领之下的是人数众多的部落贵族，他们拥有自己的畜群，负责分配牧场和宿营地。普通部落成员构成游牧群体中的下层人口，拥有少量牲畜或为他人放牧。萨法维时代，游牧部落构成国家的主要

---

① Foran, J., *Fragile Resistance; Social Transformation in Iran from 1500 to the Revolution*, p.25.

兵源,从军作战的部落成员约为 6 万人。游牧部落的妇女"如同乡村的妇女一样,不戴面纱,通常从事比男子更多的体力劳动,如纺纱、织布、烹调、耕作和放牧"①。

2

萨法维时代,伊朗乡村的定居农业人口约占全部人口的二分之一。农业社会的基本组织是传统的自然村落,其前身应是古代伊朗的农村公社。乡村的地产大致包括四种类型,即王室领地、国有土地、宗教地产和民间私人地产。王室地产称作哈萨,属于国王及王室成员,主要分布在都城伊斯法罕周围及里海沿岸的吉兰和马赞德兰。国有土地称作麦玛立克,其中国家赐封军事贵族的领地称作提尤尔,用于供养凯慈巴什战士;提尤尔的领有者不仅享有征纳租税的权力,而且行使地方秩序的管辖权,领有权世代相袭。宗教地产称作瓦克夫,不得转让和买卖,亦不承担贡税义务。相当数量的乡村土地属于民间私田,频繁的田产交易足以证明私人土地的广泛存在。②

萨法维王朝初期,土库曼人势力膨胀,诸多地区成为凯慈巴什的军事封邑,王室领地面积锐减。阿拔斯一世即位以后,逐渐削减凯慈巴什的军事封邑,扩大王室领地,用于维持新军和支付军饷。1588—1606 年,萨法维王朝收回加兹温、卡尚、克尔曼、叶兹德和库姆诸地作为王室领地。③阿拔斯二世当政期间,吉兰、马赞德兰、呼罗珊和阿塞拜疆的军事封邑亦被纳入王室领地。④

---

① Foran,J.,*Fragile Resistance:Social Transformation in Iran from 1500 to the Revolution*,p.27.

② Foran,J.,*Fragile Resistance:Social Transformation in Iran from 1500 to the Revolution*,pp.28−29.

③ Morgan,D.,*Medieval Persia 1040−1797*,p.136.

④ Holt,P.M.,Lambton, A.K.S.&Lewis,B.,*The Cambridge History of Islam*,Vol.1A,p.423.

萨法维时代,国王的年收入约为 70 万土曼,其中 83% 来自土地税,农业在伊朗经济生活中的主导地位由此可见。在萨法维时代的伊朗乡村,绝大部分的土地由农民租种,实物分成制构成基本的租佃形式,亦有少量土地采用固定数额的租佃形式。在不同的情况下,农民缴纳的地租数额不尽相同,耕地、种子、牲畜、水源和劳力则是决定分成制地租数额的五项要素。此外,农民尚需缴纳名目繁多的贡税,并且提供一定的劳役。"与游牧的部落民相比,定居农民的生活境况更加恶劣。"①

3

根据 17 世纪欧洲旅行家的推测,当时伊朗的城市人口约占全部人口的 10%~15%,即 100 万人左右,其中最大的城市是萨法维王朝的都城伊斯法罕。②伊斯法罕位于扎格罗斯山西麓,阿拔斯一世当政期间大兴土木,市区规模膨胀,人口剧增,商贾云集,巴扎店铺鳞次栉比。伊斯法罕的中心是一处广场,用于举行教俗仪式和体育赛事。环绕广场的是国王的宫廷、清真寺和巴扎。伊斯法罕大清真寺最初由塞尔柱苏丹国名相尼查姆·穆勒克主持兴建,萨法维王朝时期扩建,圆柱、拱门、尖塔和瓷砖镶嵌具有浓厚的波斯传统风格,可谓伊朗伊斯兰建筑艺术的杰作。1666 年,伊斯法罕的居民约 60 万人,有 162 座清真寺、273 处公共浴室、48 所学校和 1800 处商栈。③

行会是城市基本的经济社会组织,既受政府官吏的控制,亦有某种程度的自治权利。不同的行会,其规模和地位不尽相同。行会内部分为若干作坊,作坊由称作乌斯塔德的匠师、称作哈利法的帮工和称作沙吉尔德的学

---

① Foran,J.,*Fragile Resistance:Social Transformation in Iran from 1500 to the Revolution*,p.23,p.30.

② Foran,J.,*Fragile Resistance:Social Transformation in Iran from 1500 to the Revolution*,p.31.

③ Lapidus,M.A.,*A History of Islamic Societies*, Cambridge 1988, p.294.

徒组成,等级森严。许多作坊具有家族经营的色彩,匠师、帮工和学徒往往出自同一家族。作坊构成相对独立的生产单位,简单商品经济是手工业作坊的典型特征。①

在萨法维时代的伊朗,最重要的手工业部门是纺织业,纺织业行会因而成为最具势力的城市行会。其他的手工业部门,包括陶瓷业、金属加工业、皮革业、玻璃制造业、珠宝业、洗染业和造纸业。17世纪,伊朗的手工业产品主要满足国内需要,亦有部分手工业产品如地毯和陶瓷在国外市场闻名遐迩。与行会手工业并存的另一重要的经济部门,是王室手工业。阿拔斯一世当政期间,王室手工业包括30余个工场,拥有工匠约5000人,年开销为10万土曼,约占王室年支出总额的七分之一。与行会作坊的工匠相比,王室工场的工匠境况较好。王室工场生产的丝绸和地毯,质地上乘,不仅用于宫廷消费,而且远销欧洲和印度。②

4

由于自给自足的乡村农业占据主导地位,加之交通的不便和皇室经济的垄断,萨法维时代伊朗的民间商业长期处于小规模的状态。波斯商人大都从事伊朗境内的区域性货物贩运,缺乏完整的行会组织,分散经营,其在城市经济和政治生活中的作用微乎其微。至于远程的过境贸易,则主要由移居伊斯法罕的亚美尼亚商人控制。③

伊朗与西方之间的交往由来已久,可以追溯到公元前5世纪的波斯希腊战争。自13世纪开始,随着西欧城市的繁荣,伊朗与欧洲之间的贸易往

① Foran,J.,*Fragile Resistance:Social Transformation in Iran from 1500 to the Revolution*,p.31.

② Foran,J.,*Fragile Resistance:Social Transformation in Iran from 1500 to the Revolution*,p.32.

③ Foran,J.,*Fragile Resistance:Social Transformation in Iran from 1500 to the Revolution*,p.33.

来逐渐扩大,小亚细亚的布尔萨以及地中海东岸的诸多港口成为伊朗商人与意大利商人交易的枢纽,生丝是伊朗向西方出口的主要商品。16 世纪,奥斯曼帝国与萨法维王朝的战争导致伊朗与欧洲之间的贸易交往一度中断。阿拔斯一世当政期间,伊朗生丝或沿穿越俄罗斯南部的水路,或出波斯湾而后经红海和地中海,运抵欧洲。荷兰人和英国人是萨法维时代伊朗主要的贸易伙伴,伊朗与俄罗斯、奥斯曼帝国、印度莫卧尔帝国之间亦有一定程度的贸易往来。1616 年,英国东印度公司以驱逐霍尔木兹水域的葡萄牙舰队作为条件,与萨法维王朝签订通商条约,阿拔斯港成为伊朗与东印度公司在波斯湾地区的贸易中心。法国东印度公司于 1664 年进入波斯湾,1708 年与萨法维王朝签订通商条约。[①]17 世纪 20 年代,伊朗的生丝年产量超过 1000 吨,其中三分之二销往欧洲。除生丝外,丝绸、地毯、宝石、干果和烟草亦是伊朗出口欧洲及其他国家的重要商品。"所有的亚洲国家和大多数的欧洲国家向伊斯法罕派出自己的商人,从事大宗贩运或零售贸易……(他们中包括 12000 名印度人和)鞑靼人、突厥人、犹太人、亚美尼亚人、格鲁吉亚人、英国人、荷兰人、法国人、意大利人和西班牙人。"

萨法维时代,伊朗与西方之间交往的特点在于贸易双方的平等地位,西方人只是作为商人而不是作为侵略者出现在伊朗。他们"还没有成为通过经济力量剥削贫穷落后民族的外国商人,他们只是获准经商的外国人,与当地的商人共同生活在高度文明的社会中,而当地的商人与他们一样富裕和精明"[②]。由于此间伊朗与西方之间的贸易规模有限,伊朗主要出口诸如生丝、丝绸和地毯一类的奢侈品,加之西方商人往往将白银或印度的香料作为支付手段,西方工业品尚未大量涌入民间市场,伊朗亦未被纳入源于西方主导的世界经济体系。

---

① Lapidus,M.A.,*A History of Islamic Societies*,pp.290–291.

② Foran,J.,*Fragile Resistance:Social Transformation in Iran from 1500 to the Revolution*,p.35,p.36,p.38.

第二章

恺伽王朝时代伊朗传统秩序的衰落

王权的式微与教俗关系的演变

西方的冲击与伊朗传统经济社会秩序的衰落

19 世纪的新政举措与宪政思想的萌生

社会矛盾与宪政运动

一、王权的式微与教俗关系的演变

1

恺伽部落祖居中亚,14 世纪移入伊朗高原北部,16 世纪初成为追随萨法维家族的凯慈巴什即土库曼人七部落之一。萨法维王朝统治时期,恺伽部落成员作为凯慈巴什分别驻守格鲁吉亚、呼罗珊和里海北岸的马赞德兰。[①]

1729 年, 来自呼罗珊的阿夫沙尔部落首领纳迪尔沙取代阿富汗人,建立阿夫沙尔王朝,都于马什哈德,统治伊朗大部地区。1747 年纳迪尔沙死后,伊朗陷入分裂的状态。1750 年,卡里姆沙建立桑德王朝,都于设拉子,控制伊朗西南诸地,成为伊朗举足轻重的政治势力。

1779 年桑德王朝的卡里姆沙死后, 恺伽部落首领阿伽·穆罕默德自里海北岸的马赞德兰起兵,联合土库曼人诸部落以及库尔德人、巴赫提亚尔

---

① Abrahamian, E., *Iran: Between Two Revolutions*, Princeton 1982, pp.36–37.

部落、阿夫沙尔部落,攻城略地,兼并诸多割据政权,1794 年灭亡桑德王朝,称王建国,是为恺伽王朝。①

德黑兰原本是莱伊以北的一处村庄。13 世纪蒙古东征期间,莱伊毁于战火,德黑兰作为城市逐渐兴起。萨法维时代,国王塔赫马斯普修筑德黑兰城墙。18 世纪初,德黑兰一度成为萨法维国王侯赛因的行宫。1786 年,阿伽·穆罕默德定都德黑兰。②

恺伽王朝沿袭萨法维王朝的统治模式,国王至少在理论上居于至高无上的地位,拥有近乎无限的统治权力,包括决定战和、缔结条约、赏赐封邑、任免官吏、征收赋税以及对于臣民行使审判直至生杀予夺的权力,国王的圣谕俨然是国家的法律。19 世纪的欧洲人因此将恺伽王朝的统治者称作"典型的东方专制君主",英国外交家乔治·寇松则称恺伽王朝的国王是"公共生活和国家机器的中枢"③。

阿伽·穆罕默德沙(1779—1797 年在位)当政期间,恺伽王朝沿袭土库曼人传统的部落习俗,尚未采用萨法维王朝的繁文缛节。自 1797 年法塔赫·阿里沙(1797—1834 年在位)即位以后,恺伽王朝开始模仿古代波斯帝国和萨法维王朝的政治传统,招募土著的波斯贵族出任国家官职,官僚机构随之逐渐扩大。④德黑兰的中央机构分为 10 个部门,后宫规模亦十分庞大。国王经常委派王室成员出任重要官职,诸多贵族亦纷纷效法,进而形成政治领域的家族化现象。"阿伽·穆罕默德满足于'沙'(领主)的称号,新国王则自称'沙汗沙'(王中之王)。"⑤然而,恺伽王朝始终未能建立起强有力

---

① Kamrava,M.,*The Political History of Modern Iran:From Tribalism to Theocracy*,Connecticut 1992,p.10.

② Kazemi,F.,*Poverty and Revolution in Iran*,New York 1980,p.19.

③ Abrahamian,E.,*A History of Modern Iran*,Cambridge 2008,p.8.

④ Abrahamian,E.,*Iran:Between Two Revolutions*,p.38.

⑤ Kamrava,M.,*The Political History of Modern Iran:From Tribalism to Theocracy*,p.12.

的集权政治,诸多省区的长官和游牧部落的首领各自为政,号令一方。"国王在理论上任命所有的部落酋长和地方官员,实际上却不得不选择那些在各自的族群和区域内已经受到尊重的人。"①阿伽·穆罕默德沙当政期间,"在首都德黑兰以及恺伽部落祖居的马赞德兰以外,国王的权力十分有限。中央和地方官员难以在部落控制的范围内行使权力,地方贵族和部落酋长在其领地内挑战着国王的权威。部落酋长经常拒绝向国王提供战士和缴纳赋税"②。

恺伽王朝的军队约6万人,主要使用弓箭和刀枪等传统兵器,后来增置少量火器。恺伽王朝的骑兵由部落成员组成,隶属于部落首领;在他们看来,部落的利益高于国王的需要。号称5000人之众的炮兵,只有4门火炮。由俄国军官负责训练的哥萨克旅是恺伽王朝唯一训练有素的新式军队,组建于1879年,直至1906年兵员不足2000人。相比之下,19世纪70年代以后英国枪支的走私,明显加强了伊朗南部诸多部落的军事实力。国王纳绥尔丁(1848—1896年在位)因此抱怨道:"我既没有足够的军队,也没有装备军队的足够弹药。"③

恺伽王朝时期,国家财政状况呈逐渐恶化的趋势,货币贬值,岁入减少。根据相关的研究,1807年恺伽王朝的岁入总额约为200万土曼,折合200万英镑,而1907年恺伽王朝的岁入总额约为800万英镑,仅折合150万英镑。④伊朗向俄国支付的巨额战争赔款和传统经济的衰落所导致的税源枯竭,无疑是恺伽王朝时期财政状况趋于恶化的主要原因,而财政状况趋于恶化的直接后果则是国家财政的严重赤字。

1890—1905年,恺伽王朝的年赤字额上升10倍。由于财政入不敷出,

---

① 7 Abrahamian,E.,*A History of Modern Iran*,p.20.

② Kamrava,M.,*The Political History of Modern Iran:From Tribalism to Theocracy*,p.12.

③ Abrahamian,E.,*Iran:Between Two Revolutions*,p.40.

④ Arjomand,S.A.,*The Turban for the Crown:the Islamic Revolution in Iran*,p.212.

恺伽王朝被迫以出让国家主权和经济资源作为条件，向西方列强举债，王权随之急剧衰微。"恺伽国王……成为没有专制工具的专制者；'安拉在大地的影子'所能行使的权力无法超出首都的范围；'王中之王'们对反叛势力束手无策；绝对的君主徒有虚名，听任各地的教俗显贵为所欲为。"[①]

2

1900 年，在恺伽王朝统治的臣民中，超过 85% 属于什叶派穆斯林。逊尼派穆斯林不足恺伽王朝臣民总数的 10%，大都分布在边远地区，包括东南边陲的俾路支人、东北边陲的土库曼人、西北部的库尔德人和西南部的阿拉伯人。非穆斯林约占恺伽王朝臣民总数的 5%，其中巴哈教派信徒分布在叶兹德、设拉子、伊斯法罕和纳加法巴德诸地，亚述派基督徒分布在乌尔米耶一带，亚美尼亚人分布在伊斯法罕、拉什特、德黑兰和阿塞拜疆诸地，犹太人分布在叶兹德、设拉子、德黑兰、伊斯法罕和哈马丹诸地，琐罗亚斯德教徒分布在叶兹德、克尔曼、德黑兰和伊斯法罕。[②]

萨法维王朝时期，什叶派阿赫巴尔教法学派占据主流地位，国王被视作隐遁伊玛目在人间的代表和什叶派穆斯林的宗教领袖，教俗权力处于浑然一体的状态，宫廷则是国家权力的核心所在，王权凌驾于教界之上，什叶派欧莱玛处于从属于王权的地位。

萨法维王朝灭亡后，伊朗诸地一度处于逊尼派政权的控制之下，阿富汗人和纳迪尔沙相继成为伊朗的统治者。与此同时，许多的什叶派欧莱玛移居伊拉克南部的宗教圣城，什叶派欧莱玛与世俗政权的传统联系随之中断。恺伽王朝的统治者尽管尊奉什叶派伊斯兰教作为官方信仰，却无萨法

---

① Foran，J.，*Fragile Resistance：Social Transformation in Iran from 1500 to the Revolution*，pp.139–141.

② Abrahamian，E.，*A History of Modern Iran*，p.18.

维王朝所声称的圣族后裔的高贵血统,其统治权力的合法性面临什叶派欧莱玛的广泛质疑,教俗矛盾逐渐显现。

法塔赫·阿里沙当政期间,恺伽王朝尚与什叶派欧莱玛保持良好的合作关系,宫廷的赐封构成什叶派欧莱玛的重要财源。19世纪前期,伊斯法罕的欧莱玛穆罕默德·巴基尔·沙夫提"或许是历史上最富庶的欧莱玛之一",拥有伊斯法罕的400处客栈和2000处店铺,并且接受法塔赫·阿里沙赐封的大量地产。

穆罕默德·米尔扎(1834—1848年在位)即位后,青睐苏菲派伊斯兰教,恺伽王朝与什叶派欧莱玛的关系逐渐疏远。1848—1896年纳绥尔丁当政期间,恺伽王朝表现为浓厚的世俗色彩。纳绥尔丁推行的改革举措,导致什叶派欧莱玛的广泛不满。[①]反对烟草专卖权的运动反映出恺伽王朝与什叶派欧莱玛之间矛盾的加剧,宪政运动的爆发则是恺伽王朝与什叶派欧莱玛矛盾加剧的逻辑结果。

18世纪末,著名宗教学者贝赫贝哈尼(1706—1792年)指责阿赫巴尔教法学派为"不信者",排斥阿赫巴尔教法学派的宗教学者,进而确立了欧苏里教法学派在伊朗的主流地位,穆智台希德则取代国王而被视作隐遁伊玛目在人间的代表和什叶派穆斯林的宗教领袖。与萨法维王朝相比,恺伽王朝的君主逐渐丧失宗教权力,国家体制亦由教俗合一转变为教俗分离,进而形成宗教政治与世俗政治的制约和角逐。

恺伽王朝时期,德黑兰成为宫廷的所在和世俗政治的标志,库姆则是什叶派欧莱玛的精神家园和宗教政治的象征。"18—19世纪,伊朗的欧莱玛获得了前所未有的自治地位。"萨法维王朝时期君权至上的政治体系不复存在,教权与俗权的二元并立成为恺伽王朝时期伊朗政治的突出现象,宗教、司法和教育是教界控制的主要领域,清真寺与巴扎的广泛联盟构成教

---

① Fischer,M.M.J,*Iran:From Religious Dispute to Revolution*,p.30.

权独立于俗权的社会基础。"欧莱玛巩固了与民众的联盟……欧莱玛与包括商人和工匠在内的巴扎社会之间的联系进一步加强。"与此同时,教俗之间的力量对比逐渐改变;什叶派欧莱玛不再是国王统治臣民的御用工具,开始成为与世俗政权分庭抗礼的重要群体,国家的政治重心随之在教俗之间摇摆不定。尽管恺伽王朝的历代国王极力笼络什叶派欧莱玛,然而许多穆智台希德却宣称,隐遁的伊玛目并未将指引民众的权力交给世俗的统治者,指引民众的责任只属于教界。①只有少数欧莱玛试图认同恺伽王朝的权力和地位,大部分颇有影响的穆智台希德声称隐遁的伊马目将指引民众的责任托付给教界而不是托付给世俗的统治者。他们远离宫廷,崇尚什叶派的早期原则,否认世俗政权治理民众的合法性。恺伽王朝的国王尽管自称"安拉在大地的影子",却常被教界上层视作安拉统治尘世权力的篡夺者。②

① Lapidus, M.A., *A History of Islamic Societies*, p.572.

② Abrahamian, E., *Iran: Between Two Revolutions*, pp.40–41.

二、西方的冲击与伊朗传统经济社会秩序的衰落

1

如果说萨法维王朝的统治标志着伊朗传统社会的顶峰，那么恺伽时代的伊朗社会无疑经历了史无前例的深刻变革。经济的进步与财富的增长固然是历史发展的深层背景，然而恺伽时代的伊朗似乎并未出现经济的长足进步和财富的明显增长，西方的冲击和传统秩序的解体构成伊朗社会深刻变革的核心内容。萨法维时代，伊朗社会的突出现象在于自主的国际地位和自给自足的封闭倾向。相比之下，恺伽王朝开始丧失自主的国际地位，逐渐卷入资本主义的世界体系，进而成为西方列强的原料供应地和工业品市场，伊朗社会随之从封闭状态走向开放。换言之，资本主义世界体系的扩张和西方的冲击导致伊朗传统秩序的解体，进而揭开了伊朗现代化进程的序幕。

西方世界对伊朗社会的冲击开始于 19 世纪初，俄国和英国的战争威胁构成西方冲击的最初形式。伊朗地处俄国与英属印度之间；恺伽王朝初建之时，疆域北起阿塞拜疆、亚美尼亚和格鲁吉亚，东至阿富汗西部。[①]法塔赫·阿里沙当政期间，俄国凭借优势的武力侵入伊朗北部，于 1813 年和 1828 年强迫伊朗签署《古里斯坦条约》和《土库曼查伊条约》。与此同时，英国军队自阿富汗侵入伊朗南部，于 1857 年强迫伊朗签署《巴黎条约》。根据上述条约，俄国和英国分别将阿塞拜疆和伊朗南部归还恺伽王朝，恺伽王朝则将格鲁吉亚和亚美尼亚割让给俄国，向沙皇支付巨额赔款，放弃对于阿富汗的主权要求，允许俄国政府和英国政府在伊朗境内随意设立领事机

---

① Clawson, P. & Rubin, M., *Eternal Iran: Continuity and Chaos*, p.31.

构和商务机构，承认俄国商人和英国商人在伊朗境内享有贸易特权和司法豁免权。[①]

"(19 世纪的)伊朗经济主要通过贸易的渠道,逐渐融入资本主义世界体系。西方资本并未直接投向诸如种植园和矿山的生产领域,而是进入流通领域和金融领域。"[②]恺伽王朝初建之时,伊朗对外贸易的主要对象是其周边的亚洲国家。1800 年,在伊朗对外贸易总额中,阿富汗和中亚占 34%,奥斯曼帝国占 26%,印度占 20%,至于俄国仅占 15%,英国则仅占 3%。[③]俄英两国政府强迫恺伽王朝签署的不平等条约,敲开了西方商品涌入伊朗的大门。此后,欧洲诸国与伊朗之间的贸易交往迅速扩大,进而取代阿富汗、中亚、奥斯曼帝国和印度,成为伊朗主要的贸易对象。

19 世纪上半叶,伊朗的进出口贸易额增长 3 倍。1860—1914 年,伊朗的进出口贸易额增长 4 倍。[④]1830—1900 年,伊朗进口的西方商品,主要是纺织品、金属制品、玻璃制品、糖、茶叶和香料,年进口额由 200 万英镑增加到 500 万英镑。同期伊朗向西方出口的商品,主要是棉花、生丝、小麦、稻米、烟草、皮革和地毯,年出口额由 200 万英镑增加到 380 万英镑。[⑤]

恺伽王朝时期,英国和俄国在伊朗的对外贸易中占据举足轻重的地位。英国与伊朗的贸易总额从 1875 年的 170 万英镑增至 1914 年的 450 万英镑,东印度公司构成英国与伊朗之间的贸易桥梁。然而,由于其他西方国家特别是俄国与伊朗贸易的增长，英国在伊朗外贸总额中所占比例却由 1850 年的 50%下降为 1914 年的 20%。自 19 世纪中叶开始,俄国与伊朗的贸易交往急剧扩大,主要控制伊朗北部的市场。1875 年,俄国与伊朗的贸易

① Abrahamian, E., *Iran: Between Two Revolutions*, p.51.

② Karshenas, M., *Oil, State and Industrialization in Iran*, Cambridge 1990, p.47.

③ Foran, J., *Fragile Resistance: Social Transformation in Iran from 1500 to the Revolution*, p.113.

④ Karshenas, M., *Oil, State and Industrialization in Iran*, Cambridge 1990, p.47.

⑤ Abrahamian, E., *Iran: Between Two Revolutions*, p.51.

总额约为 100 万英镑,尚且不及英国。至 1914 年,俄国与伊朗的贸易总额增至 1200 万英镑,远远超过英国与伊朗的贸易总额。1914 年,在伊朗对外贸易总额中,欧洲诸国所占比例高达 94%,其中英国在伊朗进出口贸易中所占比例分别为 28% 和 14%,而俄国在伊朗进出口贸易中所占比例则分别达到 56% 和 72%。[1]俄国政府于 1904 年明确表示:"我们在与波斯的接触过程中所追求的目标可以概括为如下的内容:保持国王领土的完整性和不可侵犯性;我们不寻求(对于伊朗的)领土占有,也不允许第三国(对于伊朗)的统治权,在不诉诸武力的情况下使伊朗成为我们的附属品。换言之,我们的任务是:在政治上使伊朗顺从于我们,并且有利于我们,进而成为我们的工具;在经济上控制伊朗的市场份额。"[2]

尽管如此,伊朗的历史命运不同于埃及,而与奥斯曼帝国颇多相似之处,虽然国家主权不断丧失,却未成为西方国家扶持的对象,只是英国与俄国角逐的场所。1907 年,英国与俄国签署《关于波斯、阿富汗和西藏问题的条约》,两国宣称致力于维护伊朗的政治独立和领土完整,同时由于地理和经济的原因而分别关注伊朗某些省份的秩序与和平的维持。根据该条约,伊朗北部若干人口稠密和物产富庶的省份以及首都德黑兰成为俄国的势力范围,伊朗南部若干省份则处于英国控制之下,而 1908 年发现的产油区介于俄英两国势力范围的中间地带。[3]

随着与欧洲诸国之间贸易交往的扩大和西方工业品的倾销,伊朗逐渐由手工业制品的出口国演变为农产品的输出国。1857 年,各种棉纺织品、毛纺织品和丝织品约占伊朗出口货物的 27%,而水稻、各类干果和鸦片仅

---

① Karshenas, M., *Oil, State and Industrialization in Iran*, p.50.

② Foran, J., *Fragile Resistance: Social Transformation in Iran from 1500 to the Revolution*, pp.110–112.

③ 马赫德维:《伊朗外交四百五十年》,元文琪译,商务印书馆,1982 年,第 266—267 页。

占伊朗出口货物的 4%。到 20 世纪初,各种纺织品已不足伊朗出口货物的 1%,棉花、羊毛和生丝的出口量约占伊朗出口货物的 26%,水稻、各类干果和鸦片在伊朗出口货物中所占比例则增至 32%,波斯地毯几乎是伊朗唯一大量出口的手工制品。由于手工制品输出量减少而农产品输出量上升,伊朗出口货物的市场价格急剧下跌。

19 世纪末,伊朗出口的农产品总量超过进口工业品总量的 5 倍,而进口工业品在价格方面却相当于出口农产品总量的 3 倍之多。1870—1900 年,国际市场上农产品价格不断下跌,其中 1 蒲式耳小麦的价格由 1871 年的 1.5 美元跌至 1894 年的 0.2 美元,1 磅鸦片的价格由 1869 年的 18 先令跌至 1901 年的 8 先令,1 公斤生丝的价格由 1864 年的 1 英镑跌至 1894 年的 0.3 英镑。[①]1870—1894 年,伊朗小麦出口增长 4 倍,出口收入却无变化。[②]

对外贸易的扩大显然并没有给伊朗带来财富的增长,西方的廉价工业品和贸易特权却使伊朗遭受严重的经济损失。长期的贸易逆差导致伊朗政府的财政处于严重的赤字状态,恺伽王朝被迫向西方银行大举借贷,加之国内货币贬值,经济形势日趋恶化。

19 世纪后期,国家主权的出让和西方投资的迅速扩大成为伊朗对外关系的突出现象。1872 年,恺伽王朝与英国人朱利乌斯·路透签署协议,后者以 4 万英镑作为代价,换取为期 70 年的垄断经营权,经营内容包括在伊朗建造铁路和公路、铺设电话线、管理内河航运、开发矿产和国有森林以及承包关税和开办工厂。"这份协议的签署意味着伊朗政府将本国的全部资源拱手让与外国商人。"[③]由于伊朗民众的反对和俄国的干涉,该协议未能全部付诸实施。尽管如此,朱利乌斯·路透仍然获得了勘探矿产和开办银行的

---

① Foran,J.,*Fragile Resistance:Social Transformation in Iran from 1500 to the Revolution*,p.115.

② Ochsenwald,W.,*The Middle East:A History*,p.357.

③ Abrahamian,E.,*Iran:Between Two Revolutions*,p.55.

权利。朱利乌斯·路透于 19 世纪 90 年代在伊朗进行的矿产勘探活动首开英国资本垄断伊朗石油资源的先河，而朱利乌斯·路透开办的银行后来演变为英国所属的波斯帝国银行，是恺伽王朝最大的债权人。1890 年，恺伽王朝将伊朗烟草的垄断经营权出让给一家英国公司。1901 年，恺伽王朝与英国商人威廉·诺克斯·达尔西签署协议，出让伊朗的石油资源，为期 60 年，后者则承诺向伊朗政府支付年利润的 16%。1908 年，伊朗西南部发现石油，所有权属于英国的英伊石油公司随后成立。1923 年，英国政府宣布已从英伊石油公司获利 4000 万英镑，而伊朗政府所得的份额只有 200 万英镑。[1]此外，英国的印欧电报公司穿越伊朗，英国的林奇兄弟公司在卡伦河经营航运，大英帝国银行在伊朗各地设立分支机构并在伊朗南部诸省公路征缴赋税。与此同时，俄国电报公司的经营范围自本土延伸至德黑兰和伊朗北部诸地，另一家俄国公司经营里海沿岸城市恩泽里的港口疏浚业务并铺设连接恩泽里、加兹温、德黑兰、哈马丹、大不里士诸城市的公路，里海渔业和伊朗北部诸省运输保险业亦由俄国商人垄断。[2]据统计，19 世纪下半叶，西方在伊朗的投资从几近空白增至 1200 万英镑，其中英国于 1860—1913 年在伊朗的投资总额达 1000 万英镑，伊朗成为西方资本和西方商品的重要市场。[3]

2

自 1722 年萨法维王朝灭亡至 1796 年恺伽王朝建立的数十年间，诸多游牧群体相继入主伊朗高原，政权更替频繁，局势动荡。恺伽王朝建立后，

---

[1] Foran, J., *Fragile Resistance : Social Transformation in Iran from 1500 to the Revolution*, p.110.

[2] Kamrava, M., *The Political History of Modern Iran : From Tribalism to Theocracy*, p.26.

[3] Foran, J., *Fragile Resistance : Social Transformation in Iran from 1500 to the Revolution*, p.110.

一定程度上遏止了部落政治的泛滥,伊朗高原由此进入相对稳定的时期。

根据相关的推测,恺伽时代伊朗人口的出生率约为 4.5%~5%,死亡率约为 4%~4.5%,净增长率约为 0.5%。相对稳定的政治环境无疑导致人口的增长趋势,灾害、瘟疫和领土的割让则是导致逆向变化的重要因素;其中,1813—1828 年俄国对于外高加索地区的占领约使伊朗人口减少百万,而 1869—1872 年的大灾荒亦使伊朗民众丧生百万。①由于上述原因,从萨法维时代到恺伽时代,伊朗人口总数的变化并不明显。

然而,与萨法维时代相比,恺伽时代伊朗人口的社会构成出现明显的变化。根据相关资料的统计,1850 年,伊朗总人口近 1000 万;定居农业人口占总人口的 55%,分布在约 1 万个自然村落;城市人口占总人口的 20%,分布在约 80 个城市,其中人口超过 2.5 万的城市包括大不里士、德黑兰、伊斯法罕、马什哈德、叶兹德、哈马丹、克尔曼、乌尔米耶、克尔曼沙赫、设拉子和加兹温;游牧人口占总人口的 25%,分别属于恺伽、库尔德、土库曼、俾路支、阿拉伯、巴赫提亚尔、卢尔、沙赫沙文、阿夫沙尔等 16 个部落联盟。②另据资料统计,1800—1914 年,游牧群体在伊朗总人口中所占比例则由 50% 下降为 25%,城市居民在伊朗总人口中所占比例由 10% 上升为 25%。③此间,德黑兰的人口从 5 万增至 28 万,大不里士的人口从 4 万增至 20 万。④

游牧群体作为伊朗传统社会的重要组成部分,大都分布在法尔斯、巴赫提亚尔、胡齐斯坦、俾路支斯坦、呼罗珊边境和阿塞拜疆山区。诸多游牧群体皆有各自的活动区域、语言和方言、习俗、传统、谱系、服饰,肉、奶、羊毛、皮革和地毯是游牧群体的主要产品。⑤恺伽王朝时期,与欧洲诸国之间

① Foran,J.,*Fragile Resistance:Social Transformation in Iran from 1500 to the Revolution*,p.117.

② Abrahamian,E.,*Iran:Between Two Revolutions*,p.11.

③ Foran,J.,*Fragile Resistance:Social Transformation in Iran from 1500 to the Revolution*,p.117.

④ Issawi,C.,*An Economic History of the Middle East and North Africa*,New York 1982,p.101.

⑤ Abrahamian,E.,*A History of Modern Iran*,p.21.

贸易交往的扩大和西方工业品的倾销,促使伊朗的诸多游牧区域逐渐卷入市场经济,传统的畜牧业产品大量进入流通领域,直至成为出口西方国家的重要商品。恺伽王朝向游牧群体征纳的贡赋,亦开始采用货币的形式。尽管实物贡赋依旧延续,货币经济的因素在游牧区域无疑呈增长趋势。另一方面,恺伽时代,游牧群体构成国家的主要兵源,进而深刻影响着恺伽王朝的政治生活。然而,与萨法维王朝以及其后的阿富汗人政权相比,恺伽时代的游牧群体不再是支配国家政权的首要力量,恺伽王朝对于游牧群体的控制程度明显提高,而部落首领的地主化、商人化和官僚化构成恺伽王朝控制游牧群体的有效手段,部落利益与国家利益趋于一致。许多部落酋长从恺伽王朝获得"伊儿汗"、"汗"、"舍赫"和"阿伽"的称号,接受恺伽国王的赐封,在恺伽王朝的宫廷出任要职,进而被纳入恺伽王朝的国家体系。[1]

恺伽王朝时期,农民依然是伊朗人口的主体部分,农业继续构成伊朗首要的经济部门。尽管如此,伊朗的农作物结构开始出现明显的变化,自然经济条件下的典型产品粮食作物的播种面积逐渐减少,与市场密切相关的经济作物播种面积迅速扩大。小麦及其他谷物自前萨法维时代长期构成伊朗主要的农作物,至19世纪中叶仍然自给有余,并且出口国际市场。1858年,谷物的出口占伊朗出口商品总额的10%。19世纪后期,国际市场粮价下跌,对伊朗农业产生影响。至1900年,伊朗的谷物生产逐渐衰落,谷物播种面积下降,进而形成国内市场对于进口谷物的严重依赖。[2]农作物结构的改变,不断排斥伊朗传统农业的自给性和乡村社会的封闭性,进而形成农业生产市场化和农民经营自主化的客观趋势,自然经济的基础逐渐崩坏,商品经济和货币关系随之扩大。

---

[1] Foran, J., *Fragile Resistance : Social Transformation in Iran from 1500 to the Revolution*, pp.132–133, pp.133–134.

[2] Foran, J., *Fragile Resistance : Social Transformation in Iran from 1500 to the Revolution*, pp.117–118.

农作物结构的改变和农业生产市场化的进程,导致伊朗的地产形态和租佃关系发生相应的变化。恺伽王朝时期,王室领地、贵族封邑、地主田产、瓦克夫和农民自主地构成伊朗地产的基本形态,私人土地支配权的不断扩大则构成地产运动的明显趋势。恺伽王朝建立初期,沿袭萨法维时代的传统,直接支配大量土地,同时继续向贵族宠臣和军事将领赏赐封邑。19世纪中叶,王室领地和贵族封邑约占全国耕地的三分之一到二分之一。1850年以后,特别是1880年前后,王室领地和贵族封邑逐渐减少,私人支配的民间地产不断增加,进而形成区别于传统封邑领有者的地主阶层,即穆勒克达尔。贵族宠臣和军事将领不断扩大封邑的支配权,“封邑的领有者开始演变为地产的所有者”。此外,许多商人投资乡村,购置田产,进而成为新兴地主阶层的重要来源。新兴的地主阶层不仅占据大量地产,而且在乡村拥有广泛的权力,是恺伽王朝后期伊朗社会中最具影响的政治群体。土地、水源、种子、耕牛和人力五项要素的分成制仍然是乡村基本的地租形态,地主往往获得农产品收成的三分之一到二分之一。在种植经济作物的地区,地主大都收取货币地租。固定数额的实物地租亦存在于某些地区;地主出售作为地租所收取的农产品,换回所需的货币。[①]

关于恺伽王朝时期伊朗的乡村生活境况,研究者看法不一,或认为此间伊朗乡村的生活境况得到改善,或认为此间伊朗乡村的生活境况趋于恶化。然而,农业生产的市场化、地权形态的非国有化和租佃关系的货币化,明显助长着乡村社会的贫富分化和人口流动。至于乡村民众的生活水准,不同的地区和不同的阶层无疑存在着诸多的差异。

城市通常划分为若干相对独立的社区,称作马哈里,马哈里的首领称作卡德胡达,负责管理各自社区的内部事务,征纳赋税,仲裁纠纷。1885年,

---

① Foran, J., *Fragile Resistance : Social Transformation in Iran from 1500 to the Revolution*, pp.119-120.

德黑兰人口约 15 万，其中包括 1578 名犹太人、1006 名基督徒、123 名琐罗亚斯德教信徒和 30 名外国人，分别生活在 5 个社区，城内共有清真寺 47 座，宗教学校 35 所，公共浴室 190 处，客栈 130 处。伊斯法罕的居民包括波斯人、土耳其人、亚美尼亚人和巴赫提亚尔人，分别信奉什叶派伊斯兰教、基督教、犹太教和巴布教，并有 7 个苏菲教团的道堂。①

　　商人是恺伽王朝时期伊朗城市中最具势力的社会阶层；他们不仅经营货物贩运，而且在金融信贷领域占有举足轻重的地位，更有许多商人购置地产，投资工业。西方的冲击深刻地影响着伊朗传统社会的各个阶层，西方商品的涌入和西方列强的商业特权严重损害了伊朗商人的物质利益。少数大商人与西方资本广泛合作，进而在流通领域独占鳌头，家财万贯。至于中小商人，无力与西方商人竞争，其在流通领域的地位每况愈下。"19 世纪 30—40 年代开始，欧洲工业品消费的增长导致波斯手工业品产量的急剧下降。"1837 年，伊朗商人抗议欧洲人在大不里士建立商站。1844 年，大不里士的英国领事向伦敦报告，该地的许多商人要求禁止进口欧洲工业品，遭到官府的拒绝。②时人将波斯湾的港口城市布什尔比作伊朗的孟买，然而商业的繁荣并没有给伊朗人带来富庶的生活；外国商人享有种种特权，伊朗商人却得不到必要的保护。"布什尔的商人经常抱怨：西方商人只需缴纳 5% 的进口税，自己却要承担名目繁多的高额赋税。"③

　　西方廉价工业品的大量涌入，明显排挤了伊朗传统手工业的市场份额，进而导致伊朗传统手工业的普遍衰落。设拉子是伊朗南部重要的手工业中心，1800 年时约有纺织作坊 500 家，1857 年时只剩 10 家。④伊朗中部的内陆城市卡尚曾经以其丝织品和棉织品的精美工艺闻名遐迩，至 19 世

---

① Abrahamian, E., *A History of Modern Iran*, p.28.

② Floor, W., *Traditional Crafts in Qajar Iran(1800–1925)*, California 2003, p.4, p.6.

③ Abrahamian, E., *Iran: Between Two Revolutions*, p.61.

④ Nashat, G., *The Origins of Modern Reform in Iran: 1870–1880*, Illinois 1982, p.6.

纪 40 年代已经萧条不堪,织机数量从原有的 8000 部下降为 800 部。伊斯法罕的织机,19 世纪 30 年代多达 1250 部,19 世纪 70 年代仅存 12 部。[1]19 世纪初,伊斯法罕依然是伊朗最大的城市,约有人口 20 万。1870 年,伊斯法罕人口仅有 7 万,往日繁荣的巴扎处于衰败的状态。[2]英国驻印度总督寇松曾于 19 世纪 90 年代称伊朗的伊斯法罕是英国工业城市曼彻斯特和格拉斯哥的纺织品市场。[3]19 世纪末,伊斯法罕的税吏在一份报告中写道:"以往,伊斯法罕盛产各种优质的纺织品。近年来,伊朗人却放弃了自己的肉体和灵魂,购买艳丽而低廉的欧洲产品。结果,他们遭受了意想不到的损失:本地的工匠试图模仿进口的产品,降低了纺织品的质量,俄国人于是不再购买伊朗的纺织品,许多行业因此倒闭。这座城市原来有许多织工,现在仅存不足五分之一。伊斯法罕的妇女很难再像以往那样靠纺纱织布养活自己的孩子,她们现在大都失去了生计来源。"[4]

传统手工业衰落的直接后果,是大量手工工匠丧失独立的经济地位,沦为雇佣工人。直至 19 世纪中叶,伊朗的地毯编织业大都分布于乡村地区,采用家庭生产的传统形式。恺伽王朝后期,西方资本逐渐控制伊朗的地毯编织业。1900 年以后,大型的手工工场成为伊朗地毯编织业的主要形式,地毯编织业的分布区域亦由乡村扩展到城市的范围。1910 年,地毯编织业的手工工场雇佣工人达 6.5 万人,仅大不里士一家地毯编织业手工工场便使用雇佣工人 1500 人。[5]与此同时,地毯编织业的产量急剧上升,出口地毯总值由 19 世纪 70 年代初的 7.5 万英镑增至 1914 年的 100 万英镑。[6]1914

---

① Floor, W., *Traditional Crafts in Qajar Iran*(1800–1925), p.6, p.8.

② Nashat, G., *The Origins of Modern Reform in Iran*:1870–1880, p.6.

③ Foran, J., *Fragile Resistance*:*Social Transformation in Iran from 1500 to the Revolution*, p.125.

④ Abrahamian, E., *Iran*:*Between Two Revolutions*, p.59.

⑤ Foran, J., *Fragile Resistance*:*Social Transformation in Iran from 1500 to the Revolution*, p.126.

⑥ Floor, W., *Traditional Crafts in Qajar Iran*(1800–1925), California 2003, p.8.

年,伊朗工业劳动力共计 15 万人,其中现代工业企业雇佣劳动力 1.5 万人,占全部工业劳动力的 10%。英国资本控制的石油工业和俄国资本控制的里海渔业是伊朗规模最大的现代企业,前者雇佣工人约 8000 人,后者雇佣工人约 5000 人。5—30 人的中小规模的现代工业企业雇佣劳动力 1650 人,外国资本控制的企业雇佣其中三分之二的劳动力。[1]

自 19 世纪中叶开始,伊朗出现了最早的机器工业,包括官府和私人经营的造纸厂、玻璃加工厂、火药厂、制糖厂和棉纺厂,规模较小。到 1900 年前后,伊朗人拥有大约 20 家现代工厂,雇佣工人 500 余人。[2]然而,伊朗的现代民族工业由于交通不便,燃料不足,市场有限,加之缺乏必要的关税保护,无力与西方廉价工业品竞争,大都经营惨淡,步履维艰。

与欧洲诸国贸易交往的扩大和农产品出口的不断增长,否定着伊朗乡村的传统经济模式,加速了伊朗农业生产的市场化进程。西方工业品的大量涌入,挑战着传统手工业在伊朗国内市场的垄断地位,推动了伊朗社会分工的历史进程。19 世纪初,伊朗尚且处于闭关自守的状态。至 19 世纪末,伊朗已被逐渐纳入资本主义世界体系。西方的冲击打破了伊朗传统社会的封闭状态,进而瓦解着伊朗传统秩序赖以维持的物质基础。与此同时,伊朗的社会结构经历着剧烈的变革,传统社会阶层诸如地主、农民、工匠、商人、贵族依然构成伊朗人口的主体部分,新兴的社会群体亦开始登上伊朗的历史舞台。

---

[1] Foran,J.,*Fragile Resistance：Social Transformation in Iran from 1500 to the Revolution*,p.126,p.128.

[2] Foran,J.,*Fragile Resistance：Social Transformation in Iran from 1500 to the Revolution*,p.126.

三、19世纪的新政举措与宪政思想的萌生

1

伊朗的现代化改革,开始于19世纪20年代,最初涉及的领域主要是军事层面,表现为自上而下的形式。国王法塔赫·阿里沙当政期间,伊朗面临俄国和英国的严重威胁。1826—1828年,伊朗与俄国爆发战争,伊朗战败,俄国军队占领高加索山区和大不里士。1836年,伊朗与英国爆发战争;1838年,呼罗珊重要城市哈拉特被英国控制。①俄国和英国的战争威胁无疑是促使伊朗统治者尝试推行现代化改革的重要原因,阿塞拜疆作为与俄国毗邻的战争前沿则是伊朗现代化改革的摇篮所在。

1799年,法塔赫·阿里沙委派王储阿拔斯·米尔扎出任阿塞拜疆总督。②阿拔斯·米尔扎深感伊朗的传统骑兵无力抗衡俄国军队,遂效法奥斯曼帝国苏丹塞里姆三世,组建6000人的新军,配备枪械和火炮,由国家支付军饷,统一着装,屯驻于军营之中,聘请欧洲教官训练,并在大不里士建立制炮厂和枪械厂。阿拔斯·米尔扎还选派伊朗青年赴欧洲深造,学习军事、工程、医学、印刷技术和西方语言。宪政运动期间的第一份波斯语传单,即出自阿拔斯·米尔扎创办的印刷厂。此外,阿拔斯·米尔扎极力主张削减宫廷开支,增加关税,广开财源。阿拔斯·米尔扎的上述举措,得到了大不里士教界势力的认可。后者宣布,新军的组建符合伊斯兰教的原则。然而,由于宫廷内部的倾轧和部落势力的抵制诸多因素,阿拔斯·米尔扎创办的新军组建不久便被解散。③

---

① Holt,P.M.,Lambton,A.K.S.& Lewis,B.,*The Cambridge History of Islam*,Vol.1A,pp.448–449.

② Clawson,P.& Rubin,M.,*Eternal Iran:Continuity and Chaos*,p.32.

③ Abrahamian,E.,*Iran:Between Two Revolutions*,pp.52–53.

1848 年纳绥尔丁即位以后,任命米尔扎·穆罕默德·塔其汗作为首相,赐予阿米尔·卡比尔(大酋长)的称号,效法奥斯曼帝国的坦泽马特运动,实行新政,内容包括恢复穆罕默德·阿拔斯·米尔扎创办的新军、国家出资兴办新式工厂、创办官方报纸和世俗学校。与此同时,米尔扎·穆罕默德·塔其汗大幅度削减宫廷年金,提高进口关税,并向封邑领有者征收代役税,旨在增加国家岁入和平衡财政预算,进而强化恺伽王朝的统治。[1]如同穆罕默德·阿拔斯·米尔扎一样,米尔扎·穆罕默德·塔其汗实行的新政遭到诸多方面保守势力的激烈反对。封邑领有者认为,代役税并非传统义务的合法替代,只是中央政府对于地方利益的无理勒索。英国和俄国的代表声称,关税的提高违背自由贸易的法则。1851 年,米尔扎·穆罕默德·塔其汗被国王纳绥尔丁解除职务,不久客死他乡,其所推行的新政举措随之夭折,现代化的改革尝试宣告失败。[2]

1870—1880 年,纳绥尔丁起用米尔扎·侯赛因,在司法、军事、政治、财政和文化领域继续推行新政举措。米尔扎·侯赛因引进西方现代政治理念,创立内阁和中央银行,削减政府支出,排斥教界和部族传统势力,强化国家权力和完善政府职能,崇尚重商主义的经济原则,扩大岁入来源,密切伊朗与英国以及西欧诸国之间的贸易交往,抵御俄国的领土威胁。米尔扎·侯赛因声称,改革的宗旨是捍卫恺伽王朝和国王纳绥尔丁的荣誉,使波斯成为"值得欧洲列强尊敬的国家"[3]。

2

19 世纪下半叶,模仿西方成为伊朗社会的时尚,器物层面、制度层面和

---

[1] Nashat, G., *The Origins of Modern Reform in Iran：1870–1880*, p.20.

[2] Kamrava, M., *The Political History of Modern Iran：From Tribalism to Theocracy*, p.16.

[3] Nashat, G., *The Origins of Modern Reform in Iran：1870–1880*, p.25, p.161.

思想层面的西化倾向则是此间伊朗现代化的重要内容。电报成为连接首都德黑兰与各地之间的崭新形式,哥萨克旅则是伊朗新军的楷模。纳绥尔丁宣布取缔奴隶贸易,承诺尊重私人财产,鼓励更新农作内容和普及栽种马铃薯,在诸多城市设立公共监狱取代私人刑罚,组建咨政机构和商人公会。纳绥尔丁要求各地官吏强化对于教界的控制,将教界的活动限制在"礼拜、传道、遵循教法和沟通信仰"的范围,同时保护基督徒和犹太人的宗教信仰。此外,纳绥尔丁还在德黑兰、大不里士、乌尔米耶、伊斯法罕和哈马丹等地开办新式学校、医院和印刷厂。西方文学作品诸如笛福的《鲁滨逊漂游记》,大仲马的《三剑客》,韦尔纳的《八十天环游世界》,莫里哀的喜剧以及拿破仑、尼古拉一世、彼得大帝、亚历山大大帝、查里大帝、弗里得里希大帝、路易十四的传记和罗马、雅典、法国、俄国、德国的历史著作,亦在纳绥尔丁当政期间相继出版,西方相关的思想观念随之传入伊朗。①

伴随着西方文化的传入和新式学校的建立,知识分子作为新兴的社会阶层在伊朗初露端倪。新兴的知识分子脱胎于伊朗的传统社会,大都出自官僚、地主、商人、工匠和教界家庭,尽管来源各异,却无疑分享着共同或相近的思想倾向。他们青睐现代西方文化,尤其崇尚法国启蒙运动的政治理念。他们认为,历史既非神意的体现,亦非周而复始的王朝更替,而是人类进步的持续过程。在他们看来,人类历史的进步存在着三大障碍:君主独裁排斥着自由、平等和博爱的原则,宗教戒律束缚着理性和科学的思想,外族奴役桎梏着经济和社会的发展,而宪政主义、世俗主义和民族主义即推翻君主独裁、清除传统教界的保守思想和结束西方列强的殖民统治是使伊朗走向现代社会的必由之路。②

贾马伦丁·阿富汗尼(1839—1897年)出生于伊朗西部城市哈马丹附近

---

① Abrahamian, E., *Iran:Between Two Revolutions*, p.58.

② Abrahamian, E., *Iran:Between Two Revolutions*, pp.61–62.

乡村的欧莱玛家庭,长期游学于伊朗、阿富汗、印度、埃及和土耳其,阐述民族主义思想和伊斯兰现代主义理论,屡屡抨击君主独裁和传统教界的保守倾向,强调西方殖民主义侵略是中东诸国穆斯林所面临的共同威胁,伊斯兰教是团结中东诸国穆斯林和抵抗西方殖民主义侵略的政治武器,动员民众实现广泛的政治参与则是欧莱玛的历史任务。

米尔扎·马尔库姆汗(1834—1898年)具有亚美尼亚血统,出生于伊斯法罕的基督徒家庭,曾在法国留学,崇尚西方文明,返回伊朗后改奉伊斯兰教,继而于1859年涉足政坛,为国王纳绥尔丁起草《改革书》,效法奥斯曼帝国的坦泽马特运动,系统阐述宪政思想,主张公民平等,立法机构与行政机构由国王任命而相互制约,修订现行法律,制定世俗法律,组建职业化的新式军队,完善税收,改革教育,发展交通,创办国家银行。米尔扎·马尔库姆汗的宪政纲领触及传统教界的既得利益,遭到欧莱玛上层的激烈反对。后者声称,马尔库姆汗的宪政思想背离伊斯兰教的信仰,具有明显的异教倾向。1861年,纳绥尔丁将米尔扎·马尔库姆汗驱逐到奥斯曼帝国。1873—1889年,经米尔扎·侯赛因举荐,米尔扎·马尔库姆汗出任伊朗政府驻开罗总领事和驻英国大使。[1]此间,米尔扎·马尔库姆汗数次上书纳绥尔丁,倡导改革,阐述宪政思想。1889年以后,米尔扎·马尔库姆汗由温和的改革派转化为激进的革命派,由寻求国王支持反对教界转化为寻求教界支持反对国王,进而致力于实现西方政治哲学与伊斯兰教信仰的结合。[2]米尔扎·马尔库姆汗认为,伊朗的落后并非由于种族和宗教的原因,而是由于政治独裁和文化保守,只有法治和自由才能使伊朗走向进步,民众与教界的广泛政治联盟则是推动伊朗民主化进程的根本出路。[3]"直接采用欧洲的形式改造

---

① Afary,J.,*The Iranian Constitutional Revolution:1906-1911*,New York 1996,pp.27-28,p.26.

② Holt,P.M.,Lambton,A.K.S.& Lewis,B.,*The Cambridge History of Islam*,Vol.1A,p.456.

③ Afary,J.,*The Iranian Constitutional Revolution:1906-1911*,p.26.

伊朗社会是行不通的。因此我准备利用能够为大众所理解和接受的宗教外衣实现物质层面的改造"[①],而争取什叶派教界的支持则是达到这一目的的前提条件。

---

① Milani,M.M.,*The Making of Iran's Islamic Revolution*,Boulder 1994,p.27.

四、社会矛盾与宪政运动

1

19世纪前期，游牧群体内部的部族仇杀和游牧群体对于定居区域的劫掠以及城市民众的骚乱和农民的反抗在伊朗各地屡有发生。诸如此类的现象大都根源于传统社会内部不同阶层和不同群体之间的对抗和冲突，表现为传统模式的矛盾运动。物质财富的匮乏、食品的短缺、耕地和牧场的争夺以及统治者的暴政，构成传统社会内部不同阶层和不同群体之间对抗和冲突的直接原因。

自19世纪中叶起，伴随着西方的冲击和传统秩序的崩坏以及新旧社会势力的消长，伊朗社会的政治对抗逐渐由传统模式转变为现代模式。1890—1892年反对国王出让烟草专卖权的民众运动和1905—1911年宪政运动，构成此间伊朗社会矛盾和政治对抗的主要内容。伊朗民族主义与西方殖民主义的抗争以及民主与专制的较量，则是此间伊朗社会矛盾和政治对抗的突出现象。民族主义和民主主义的共同目标，促使伊朗诸多的社会群体逐渐打破传统的狭隘界限，形成广泛的政治联合，进而预示着伊朗作为现代民族国家的整合与新生，社会革命初露端倪。

1890年，纳绥尔丁将伊朗在未来50年的烟草专卖权即国内经营权和出口贸易权转让给英国商人塔尔伯特，塔尔伯特承诺向纳绥尔丁个人支付2.5万英镑的馈赠，并向伊朗政府支付1.5万英镑的年租金和25%的利润分成。[①]根据相关资料，1890年伊朗国内消费的烟草高达400万公斤，出口烟草540万公斤。[②]烟草专卖权的出让意味着塔尔伯特仅需提供少量的资

---

① Khater, A.F., *Sources in the History of the Modern Middle East*, Boston 2004, pp.62–63.

② Foran, J., *Fragile Resistance: Social Transformation in Iran from 1500 to the Revolution*, p.163.

金便可获取丰厚的利润,而伊朗的烟农将处于塔尔伯特的控制之下,伊朗的烟草商则面临着失业的危险,甚至伊朗的烟草消费者亦将受到塔尔伯特的盘剥。

1891年4月,在伊朗最重要的烟草贸易中心设拉子,商人关闭巴扎,反对国王出让烟草专卖权。设拉子商人的抗议活动很快波及伊朗全国,德黑兰、大不里士、伊斯法罕、马什哈德、加兹温、叶兹德和克尔曼沙赫的商人纷纷响应。什叶派欧莱玛发布富图瓦,禁止穆斯林消费烟草。伊斯坦布尔的贾马伦丁·阿富汗尼和伦敦的米尔扎·马尔库姆汗亦发表声明,支持伊朗商人反对国王出让烟草专卖权的运动。纳绥尔丁迫于各界的压力,于1892年1月向不列颠银行借款50万英镑赔偿塔尔伯特,收回烟草专卖权的出让。①

1890—1892年反对国王出让烟草专卖权的民众运动,具有明显的民族主义倾向和浓厚的伊斯兰教色彩。此次运动发生于伊朗各地的诸多城市;巴扎商人和手工工匠以及新兴知识分子的广泛介入,体现了伊朗历史上规模空前的政治联合。什叶派欧莱玛无疑是此次民众运动的领导者和中坚力量,清真寺提供了民众聚集和举行抗议活动的主要场所,宗教宣传则是鼓动民众的有力形式,而抵制异教势力的渗透和保卫穆斯林家园构成此次运动的核心内容。当然,反对国王出让烟草专卖权的民众运动作为伊朗历史上最初的现代政治运动,远未达到成熟的水平。教俗各界民众的广泛联合缺乏必要的稳定性,具有明显的脆弱倾向,直至最终分道扬镳。

2

1896年,纳绥尔丁在德黑兰南部的阿卜杜勒·阿兹姆清真寺遭一破产商人枪击,死于非命。穆扎法尔丁(1896—1907年在位)即位后,提高国内商

---

① Afary,J.,*The Iranian Constitutional Revolution:1906–1911*,pp.32–33.

业税的征收标准,取消包税制,并且扬言增加土地税,削减宫廷年金和教界开支,同时向西方国家大举借贷。穆扎法尔丁将伊朗中部和南部诸省的石油开采权出让给英国商人威廉·诺克斯·达尔西,将新建公路的征税权出让给大英帝国银行。穆扎法尔丁于 1900 年和 1902 年分别向俄国政府借贷240 万英镑和 100 万英镑,用以偿还旧债和支付其赴伦敦旅行的费用。另外,穆扎法尔丁与一些欧洲公司合作开办诸如砖厂、纺织厂、德黑兰电话公司以及德黑兰、大不里士、拉什特、马什哈德等城市的照明系统等,并且任命比利时人蒙西艾尔·纳乌斯掌管伊朗关税。①

1900 年,伊斯法罕的部分商人创办伊斯兰公司,是为伊朗第一家全国性的股份公司,旨在"通过鼓励现代工业和保护传统手工业,维护国家的独立"。大不里士的知识分子发行颇具影响的波斯语期刊《知识财富》,主办者米尔扎·穆罕默德·阿里汗和赛义德·哈桑·塔齐扎迪后来成为宪政革命中的风云人物。德黑兰的知识分子创办图书馆,组建"知识协会",下设 55 所学校。②与此同时,现代政治组织在伊朗各地逐渐萌生。在大不里士,12 个激进的青年商人和知识分子组成"秘密中心",旨在宣传现代西方文化。在阿塞拜疆的巴库,始建于 1904 年的社会民主党积极争取结社和罢工的权利、八小时工作日、养老年金、土地改革、改善住房、免费教育、言论自由和出版自由。德黑兰的"人文协会"崇尚圣西门和孔德的政治哲学,强调自由、平等和进步的思想。德黑兰的知识分子于 1904 年创建的"革命委员会",是当时最激进的政治组织,倡导政治改革与社会改革,主张推翻独裁统治和实现民主,广泛宣传宪政思想。③

1905 年初,伊朗发生严重的灾荒和瘟疫。在德黑兰、大不里士、拉什特

---

① Afary,J.,*The Iranian Constitutional Revolution:1906—1911*,p.34.

② Abrahamian,E.,*Iran:Between Two Revolutions*,p.75.

③ Afary,J.,*The Iranian Constitutional Revolution:1906—1911*,p.41.

和马什哈德,糖价上涨 33%,粮价上涨 90%。经济形势的恶化,明显加剧了社会矛盾,民众反抗成为不可遏制的政治潮流。同年 5 月,大约 200 名德黑兰商人向政府请愿,要求罢免时任伊朗海关总监的比利时人蒙西艾尔·纳乌斯。请愿者关闭店铺,聚集在阿卜杜勒·阿兹姆清真寺。他们说:"政府必须改变现行的政策,不再帮助俄国人而牺牲伊朗人的利益。政府必须保护我们的利益,尽管我们的产品或许不及外国的产品。现行的政策如果继续下去,将给我们的整个经济带来毁灭性的后果。"①扎法尔丁一度许诺满足请愿者的要求,却未付诸实施。

1905 年 12 月,政府试图强行压低德黑兰市场的糖价。随后,在教界领袖穆罕默德·萨迪格·塔巴塔巴伊和阿卜杜拉·贝赫贝哈尼的呼吁下,德黑兰的数千名商人关闭巴扎,再度聚集在阿卜杜勒·阿兹姆清真寺,要求罢免德黑兰市长和海关总监,实施伊斯兰教法,建立公正会议,并且首次高呼"伊朗民族万岁"的口号。包括许多穆智台希德在内的教职人员亦来到阿卜杜勒·阿兹姆清真寺,支持巴扎商人的政治要求。②

1906 年 6 月,德黑兰的一名教职人员公开批评政府:"伊朗人啊!我的同胞兄弟!抬起你们的头。睁开你们的眼睛。瞧瞧你们的周围,看看世界在怎样进步。非洲的野人和桑给巴尔的黑人都在走向文明和富庶。看看你们的邻居(俄国人),200 年前他们比我们落后,现在却远远超过了我们。往日我们拥有的一切,现在已经丧失殆尽。我们曾经被其他的国家看作是伟大的民族,现在却堕落到这样的程度,以至于南方和北方的邻国把我们看成是他们的财产而随意地瓜分……我们没有枪炮,没有军队,没有可靠的财政,没有合适的政府,没有商业的法律。在整个伊朗,我们没有自己的工厂,因为我们的政府只是寄生虫……所有这一切的落后,都是由于缺乏民主、

---

① Abrahamian,E.,*Iran:Between Two Revolutions*,p.81.

② Abrahamian,E.,*Iran:Between Two Revolutions*,p.82.

正义和法律……国王剥夺着你们的财产、自由和权利……这就是你们生活悲惨而少数人奢侈无度的原因。"①国王的警察逮捕了这名教职人员，从而引发德黑兰市民新的示威浪潮。同年7月，教职人员、巴扎商人和手工工匠纷纷走上街头，抗议政府。哥萨克旅士兵开枪射击示威者，致使多人死伤。民众与国王之间的矛盾由此激化，穆扎法尔丁则被教界比作倭马亚王朝的哈里发叶齐德。此后，包括穆罕默德·萨迪格·塔巴塔巴伊、阿卜杜拉·贝赫贝哈尼和法扎拉·努里在内的教界上层人士相继加入示威者的行列，宗教圣城库姆成为对抗首都德黑兰的政治中心。②

1906年8月，穆扎法尔丁迫于压力，颁布诏书，是为"波斯大宪章"，任命自由主义者穆什尔·道莱作为首相，许诺成立国家立宪会议，负责制订伊朗宪法。③"国家立宪会议由德黑兰的恺伽王室成员、贵族、商人和教职人员组成，负责审议和调查关系到国家和民众利益的所有重要问题。"④各界民众反对独裁专制的政治斗争取得初步的胜利。

1906年9月，选举法由穆扎法尔丁签署后正式颁布。⑤根据该选举法，选举人包括恺伽王室成员、教职人员、贵族、商人、土地的所有者与耕作者、手工业者，其中土地所有者与耕作者必须拥有超过1000土曼的财产，手工业者必须属于行会并且拥有独立的作坊，妇女和未满25岁的男子以及外国人不得享有选举权；被选举人必须具有波斯血统和通晓波斯语，必须是年满30岁的男子。⑥"1906年9月颁布的选举法，兼有传统与现代的双重特

---

① Abrahamian, E., *Iran: Between Two Revolutions*, pp.82-83.

② Katouzian, H, *State and Society in Iran: The Eclipse of the Qajars and the Emergence of the Pahlavis*, London 2000, p.35.

③ Foran, J., *A Century of Revolution Social Movements in Iran*, Minnesota 1994, p.25.

④ Arjomand, S.A., *The Turban for the Crown: the Islamic Revolution in Iran*, p.37.

⑤ Bayat, M., *Iran's First Revolution*, Oxford 1991, p.146.

⑥ Hamilton, A., *The Middle East Problem*, London 1909, pp.393-403.

征。"①女性和下层民众被排斥在选举之外,政治参与缺乏广泛的社会基础。

1906 年 10 月,伊朗召开立宪会议。立宪会议由恺伽王公、教职人员、贵族、大商人、财产超过 1000 土曼的地主和行会成员六大阶层组成,包括 156 个席位,其中德黑兰占 60 个席位,外省占 96 个席位。在德黑兰的 60 个席位中,恺伽王公占 4 个席位,教职人员占 4 个,地主占 10 个席位,大商人占 10 个席位,贵族和行会成员占 32 个,至于下层民众则被排斥在立宪会议之外。立宪会议成员具有不同的政治立场,分为保皇派、温和派与自由派。保皇派是立宪会议中的少数派,主要来自王公贵族和地主阶层。温和派系立宪会议中的多数派, 大商人穆罕默德·阿里·沙尔福鲁什和爱敏·扎尔布是温和派的领袖人物;教界上层人士穆罕默德·萨迪格·塔巴塔巴伊和阿卜杜拉·贝赫贝哈尼尽管并未加入立宪会议,却是温和派的有力支持者。知识界是立宪会议中的自由派,占有 21 个席位,大不里士的赛义德·哈桑·塔齐扎迪和德黑兰的叶赫亚·伊斯坎达里是自由派的领袖人物,主张在经济、政治和社会领域实行广泛的改革。②

立宪会议起草的宪法规定,议会拥有广泛的政治权力,是"全体人民的代表";议会分为上下两院,下院议员为 160 人,最多不得超过 200 人,选举产生,上院议员为 60 人,其中 30 人由国王任命,另外 30 人选举产生;议员任期 2 年,可以连选连任,不得同时兼任政府公职;议员必须宣誓效忠国王;议会负责审定法律和政府财政预算以及批准外交条约,下院有权否定上院的决议。1906 年 12 月,立宪会议起草的宪法由穆扎法尔丁在弥留之际签署生效。③

1907 年 10 月,议会以比利时 1831 年宪法作为蓝本,通过宪法补充条

---

① Keddie,N.R.,*Iran:Religion,Politics and Society*,London 1980,p.74.

② Abrahamian,E.,*Iran:Between Two Revolutions*,pp.87-88.

③ Abrahamian,E.,*Iran:Between Two Revolutions*,pp.88-89.

款,旨在扩大议会的立法权限和限制恺伽王朝的君主权限,强调主权在民的原则,规定全体公民在法律面前享有平等的权利,保护公民的生命和财产权利,赋予公民言论自由和出版自由以及集会和结社的权利,实行立法权与行政权的分离,首相和内阁成员由议会任免,军费和宫廷支出由议会批准,王室成员不得出任内阁职务,内阁成员只对议会负责。[1]宪法补充条款具有浓厚的宗教色彩,明确规定什叶派伊斯兰教为伊朗的国教,采用世俗与宗教二元并立的法律体系,议会颁布的一切法律不得违背伊斯兰教法的原则,议会设立由 5 名教界议员组成的宗教委员会审定议会通过的相关法律。[2]

　　1907 年 1 月至 1908 年 6 月, 宪政运动的主要内容是国王与议会的权力角逐。穆扎法尔丁死后,其子穆罕默德·阿里(1907—1909 年在位)继承王位。穆罕默德·阿里即位以后,极力抵制宪政运动,罢免温和派首相穆什尔·道莱,起用保守派爱敏·苏勒坦出任首相,拒绝批准宪法补充条款,要求保留任命内阁成员和统率军队的权力,主张强化国王的地位。[3]穆罕默德·阿里的倒行逆施,导致德黑兰、大不里士、伊斯法罕、设拉子、马什哈德、恩泽里、克尔曼沙赫、拉什特等地各界民众的强烈不满。在大不里士,2 万民众罢工罢市,要求国王批准宪法补充条款。在德黑兰,5 万民众举行集会,另有3000 志愿者武装保卫议会,保守派首相爱敏·苏勒坦亦遭暗杀。迫于民众运动的强大压力, 穆罕默德·阿里起用自由派政治家纳绥尔·穆勒克出任首相,于 1907 年 10 月批准宪法补充条款,并且前往议会宣誓效忠宪法,承认自由、平等、博爱的政治原则。[4]随后,议会通过新的财政预算,大幅度削减宫廷开支,废除包税制。

---

①　Gelvin,J.L.,*The Modern Middle East:A History*, Oxford 2005, p.164.

②　Hamilton,A.,*The Middle East Problem*,pp.403–434.

③　Abrahamian,E.,*Iran:Between Two Revolutions*,p.89.

④　Afary,J.,*The Iranian Constitutional Revolution:1906–1911*,p.114.

3

20 世纪初,伊朗五分之四的人口生活在乡村,城市人口仅占总人口的五分之一。①然而,城市无疑构成影响伊朗历史进程的首要舞台,特别是人口超过 10 万的德黑兰、大不里士和伊斯法罕主导着伊朗的城市生活。宪政运动主要表现为城市范围的政治运动,没有波及乡村社会;乡村民众尚未介入宪政运动,处于国家政治舞台的边缘。尽管如此,宪政运动无疑是伊朗历史上规模空前的政治运动,具有广泛的社会基础。商人和工匠、教职人员和知识分子、穆斯林和非穆斯林、波斯人和非波斯人、逊尼派和什叶派、德黑兰人和外省民众纷纷加入宪政运动的行列。巴扎商人显然是宪政运动的发起者,手工工匠和城市贫民构成宪政运动的基本力量,教界上层和新兴知识界在宪政运动中具有举足轻重的政治影响,巴扎、行会和清真寺则是宪政运动的重要据点。恺伽王朝的君主专制成为宪政运动期间伊朗诸多社会群体的众矢之的,反对恺伽王朝君主专制的共同目标则是伊朗诸多社会群体实现广泛政治联合的沃土。

然而,一旦宪政运动取得初步的胜利,反对恺伽王朝的政治势力开始分裂。宪政运动期间,议会和立宪政府致力于财政改革、军事改革和司法改革。在议会中占主导地位的自由派议员主张实行颇具激进倾向的改革举措,包括削减宫廷支出和王室年金,取消封邑制和包税制,降低选民的财产资格限制,增加议会中外省议员的席位,允许非穆斯林参加议会。在议会之外,激进势力积极倡导世俗化改革,主张教职人员脱离政治领域,将毛拉称作聚敛民财的人,反对由穆智台希德组成的最高委员会审查议会通过的法案,甚至认为伊朗落后的原因在于教界的愚昧和保守,宗教与世俗的分离

---

① Bonine,M.E.,*Population,Poverty and Politics in Middle East Cities*,Florida 1997,p.258.

则是伊朗走向进步的前提条件。自由派的激进倾向导致诸多政治群体的重新组合,议会与恺伽王室之间的力量对比随之改变。以德黑兰的穆智台希德法扎拉·努里为首的教界保守势力抵制自由派的世俗化举措,呼吁穆斯林捍卫沙里亚,指责自由派议员是宣传异教思想的雅各宾派,进而成为恺伽王室的有力支持者。①

1908 年 6 月,国王穆罕默德·阿里依靠哥萨克旅的支持发动政变,在德黑兰实行军事管制,解散议会,囚禁包括贝赫贝哈尼和塔巴塔巴伊在内的政治反对派。②"以往,首都决定地方省区的事态发展。现在,地方省区决定首都的命运。"一方面,卡尔巴拉和纳杰夫的穆智台希德支持宪法和宪政运动,谴责国王穆罕默德·阿里是安拉诅咒的暴君。③另一方面,议会的支持者在诸多省区举兵反叛恺伽王朝,大不里士、拉什特、伊斯法罕、布什尔、阿拔斯港、马什哈德成为宪政运动的重要中心。

1909 年 7 月,议会的支持者占领德黑兰,国王穆罕默德·阿里逃入俄国使馆避难。④来自各个阶层的 500 名代表在德黑兰召开临时议会,宣布废黜穆罕默德·阿里,拥立其子艾哈麦德(1909—1925 年在位)即位。⑤新的内阁由宪政运动的支持者组成, 来自拉什特的地主穆罕默德·萨帕赫达尔出任首相。临时议会通过新的选举法,规定选民的年龄由 25 岁改为 20 岁,财产资格由 1000 土曼改为 250 土曼,废除阶级和行业代表制,德黑兰代表在议会中的席位由 60 个减少为 15 个, 外省代表的席位由 96 个增至 101 个,5 个主要部落即巴赫提亚尔部落、盖什卡伊部落、沙赫萨文部落、土库曼部落、哈姆萨赫部落以及基督徒、犹太人和琐罗亚斯德教徒在议会中各有自

---

① Abrahamian, E., *Iran: Between Two Revolutions*, p.93, p.95.

② Kamrava, M., *The Political History of Modern Iran: From Tribalism to Theocracy*, p.21.

③ Abrahamian, E., *Iran: Between Two Revolutions*, p.97.

④ Katouzian, H, *State and Society in Iran*, p.35.

⑤ Kamrava, M., *The Political History of Modern Iran: From Tribalism to Theocracy*, p.40.

己的席位。①同年 8 月,选举产生第二届议会,29%的议员来自地主,28%的议员来自教界,24%的议员来自官僚机构,19%来自商人、手工业者以及其他社会阶层。②

1909 年 9 月,第二届议会任命穆罕默德·萨帕赫达尔组建新内阁,要求俄国撤出伊朗内战期间进入北方诸省的军队,向大英帝国银行申请 125 万英镑的贷款用以重建行政机构,聘请 11 名瑞典人筹建宪兵,聘请 16 名美国人筹建税务机构。③然而,第二届议会的举措只是一纸空文,整个国家处于分崩离析的状态。

1910 年夏,议会分裂为敌对的两大政党,其中 27 名议员组成力主改革的左翼派别民主党,另外 53 名议员组成颇具保守倾向的右翼派别温和党,现代意义的政党政治随之开始步入伊朗政坛。民主党的领导人包括赛义德·哈桑·塔齐扎迪、穆罕默德·礼萨·摩萨瓦和苏莱曼·米尔扎,成员主要来自德黑兰和阿塞拜疆,其政治纲领声称,欧洲已经完成从封建主义向资本主义的过渡,正在威胁亚洲国家的政治独立和社会发展;20 世纪的东方相当于 17 世纪的西方,处于从封建主义向资本主义过渡的阶段;民主党的历史使命是反对外国资本主义和本国封建主义,领导伊朗进入先进国家的行列。民主党主张,全体成年男子均应享有选举权,采取自由和直接选举,法律面前人人平等,宗教与政治分离,废除不平等条约,推动工业化的进程,10 小时工作日,取缔童工,实行土地改革,保护农民利益。温和党的领导人包括穆罕默德·萨迪格·塔巴塔巴伊、阿卜杜拉·贝赫贝哈尼和穆罕默德·萨帕赫达尔,成员包括欧莱玛、地主、商人和部落酋长,代表传统社会群体的既得利益,其政治纲领主张实行立宪君主制,保护私有财产,捍卫伊斯兰教

① Abrahamian, E., *Iran : Between Two Revolutions*, pp.100–101.

② Afary, J., *The Iranian Constitutional Revolution : 1906–1911*, pp.261–262.

③ Afary, J., *The Iranian Constitutional Revolution : 1906–1911*, p.285.

和沙里亚的神圣地位。[1]民主党与温和党在议会内部形成尖锐的对立,世俗化改革和首相的人选是双方争执的焦点问题。

1910年底,民主党与温和党之间的对立逐渐从议会延伸到德黑兰的街头巷尾,立宪政府处于瘫痪状态。在德黑兰以外的诸多省区,地方势力各自为政,尤其是部落之间相互攻杀,生灵涂炭。[2]第二届议会的召开和立宪政府的建立,不仅未能改善日趋恶化的社会形势,而且导致了明显加剧的政治动荡,使伊朗民众陷于饱受战乱的境地。1911年12月,俄国军队进入德黑兰,解散第二届议会,宪政运动宣告结束。[3]

1905—1911年的宪政运动根源于伊朗传统社会的深刻危机,强调捍卫民族尊严和国家主权,限制君主权力和扩大民众的政治参与,进而改造伊朗传统的社会秩序,表现为现代模式的政治运动。宪政运动将议会和宪法首次引入伊朗政治舞台,强调自由和平等的政治原则,赋予民众以选举的权利,开辟了伊朗现代政治革命的先河,预示了伊朗历史发展的崭新方向。传统势力的根深蒂固和新旧力量的悬殊对比,加之西方列强的干涉,从根本上决定了宪政运动的历史结局,实现民族独立和民众广泛政治参与的客观条件尚不成熟。另一方面,1905—1911年的宪政运动具有什叶派伊斯兰教的浓厚色彩,强调沙里亚的神圣地位和议会的世俗立法权,教俗精英分享议会席位,什叶派伊斯兰教作为官方信仰构成宪法的基础。议会的构成和宪法的制定包含世俗政治与宗教政治的二元倾向,体现了宪政运动的复杂社会构成和教俗势力的相互妥协倾向。1906年及其补充条款作为伊朗历史上的第一部宪法和宪政运动最重要的历史遗产,确定了教俗群体分享国家权力的政治原则,进而对其后世俗政治与宗教政治两者之间的矛盾运动产生深远的影响。

---

① Abrahamian,E.,*Iran:Between Two Revolutions*,pp.103–104,p.106.

② Afary,J.,*The Iranian Constitutional Revolution:1906–1911*,p.310.

③ Keddie,N.R.,*Roots of Revolution:An Interpretive History of Modern Iran*,p.77.

第三章

礼萨汗时代伊朗的现代化实践

一、巴列维王朝的建立

1905—1911 年宪政运动结束以后,伊朗出现政局动荡的严重局面,国内诸多政治势力激烈角逐,所谓的立宪政府处于英国和俄国的控制之下。与此同时,英国军队和俄国军队分别进入伊朗南部和北部诸多地区,俄国军队甚至威胁占领德黑兰。错综交织的内忧外患,使伊朗陷入民族危亡的生死关头。

1914 年第一次世界大战爆发后,伊朗成为同盟国与协约国争夺的猎物,伊朗西北部地区更是俄国军队与奥斯曼帝国军队厮杀的战场。1915 年,英国与俄国签订秘密协议;根据该协议,英国控制原由英俄两国在伊朗划定的包括产油区在内的中立地带,俄国则在伊朗北部的原有势力范围之内行使充分的控制权并且在战后控制伊斯坦布尔和土耳其海峡。[1]该协议的

---

① Keddie, N.R., *Roots of Revolution: An Interpretive History of Modern Iran*, p.79.

签订,意味着英国与俄国对于伊朗领土的彻底瓜分。不仅如此,第一次世界大战给伊朗经济生活带来灾难性的影响,农田荒芜,水利失修,人口锐减,物资奇缺,农业生产直至 1925 年仍未恢复到战前的水平。

第一次世界大战爆发后,伊朗召开第三届议会。第三届议会的议员中,40%来自在外地主,31%来自欧莱玛,29%来自其他社会阶层。[1]第三届议会拒绝批准加入协约国阵营,持亲同盟国的立场,选举民主党和温和党领导人成立民族抵抗委员会。[2]

1917 年沙皇俄国的灭亡,导致伊朗的政治形势急转直下。苏俄政府宣布废除沙皇俄国强迫伊朗签订的一系列不平等条约,英国随之成为操纵伊朗政局的主要外部势力。伊朗政坛的左翼派别民主党死灰复燃,主张实行土地改革,捍卫伊斯兰教的尊严,废除所有不平等条约,要求英国军队撤离伊朗。1920 年,民主党在阿塞拜疆和吉兰组建自治政府,成为伊朗北部地区举足轻重的政治势力。[3]

在德黑兰,立宪政府于 1919 年与英国签订条约。根据该条约,英国政府向伊朗提供 200 万英镑的贷款,帮助伊朗建设铁路、修订关税、向战败国索取赔款,并由英国向伊朗提供军事物资,由英国人出任伊朗的行政顾问。[4]英伊条约的签订意味着伊朗将沦为英国的保护国和殖民地,因此遭到德黑兰民众的激烈反对。苏俄政府认为,该条约将导致英国在伊朗和整个中东地区霸权的延续,亦予以谴责,并出兵里海港口城市恩泽里。[5]

---

[1] Baktiari, B., *Parliamentary Politics in Revolutionary Iran: the Institutionalization of Factional Politics*, Florida 1996, p.239.

[2] Abrahamian, E., *Iran: Between Two Revolutions*, p.111.

[3] Foran, J., *A Century of Revolution Social Movements in Iran*, p.50.

[4] Abrahamian, E., *Iran: Between Two Revolutions*, p.114.

[5] Keddie, N.R., *Roots of Revolution: An Interpretive History of Modern Iran*, p.84.

1920 年 6 月,伊朗共产党在恩泽里成立,该党成员来自高加索、中亚、吉兰和阿塞拜疆,代表产业工人及工商业者的利益。伊朗共产党在建立伊始包含两种不同的政治倾向:一种倾向认为伊朗业已完成资产阶级革命而即将进入工农革命的阶段,主张重新分配土地,组建工会,武装推翻资产阶级及其教界代言人,反对君主专制、封建主义和英国殖民统治;另一种倾向认为伊朗所面临的是民族革命而不是社会主义革命,因为伊朗仍然处于前资本主义的发展阶段和封建主义的统治之下,伊朗共产党的任务在于领导所有的不满阶层,特别是农民、小资产阶级和游民无产者,共同反对殖民主义及其代理人。前者阐述的激进主张一度占据上风,成为伊朗共产党的政治纲领,教界、地主、商人和其他所谓的剥削者则被视作革命的对象。不久后,伊朗共产党修改政治纲领,温和倾向成为伊朗共产党政治纲领的主导内容。[①]1920 年底,伊朗共产党在里海沿岸相继成立吉兰苏维埃社会主义共和国和拉什特苏维埃社会主义共和国。伊朗共产党曾经在德黑兰、大不里士、马什哈德、伊斯法罕、恩泽里、克尔曼沙赫和南部诸多城市设立支部,组建工会。然而,伊朗共产党的支持者主要是操阿扎里语的阿塞拜疆人和亚美尼亚人,在波斯语地区影响甚微,在广大的乡村尤其缺乏广泛的社会基础。[②]

礼萨汗 1878 年出生于里海南岸的马赞德兰省,少年从军,在哥萨克旅服役。[③]1921 年 2 月,礼萨汗率哥萨克旅 3000 人发动政变,自加兹温入主德黑兰,推举赛义德·齐亚丁出任首相,自任国防大臣,控制内阁,宣布将致力于消除内战,改造社会,结束外族占领,实现伊朗民族的复兴。[④]"1905—1909 年的革命以自由主义的宪法取代了恺伽王朝的专制主义,而 1921 年

---

① Abrahamian, E., *Iran: Between Two Revolutions*, pp.115-116.

② Ansari, A.M., *Modern Iran since 1921: The Pahlavis and After*, London 2003, p.29.

③ Clawson, P.& Rubin, M., *Eternal Iran: Continuity and Chaos*, p.51.

④ Katouzian, H, *State and Society in Iran*, p.242.

的政变则为废除议会政治和建立巴列维王朝的独裁统治开辟了道路。"①礼萨汗控制的内阁一方面与苏俄政府签订友好条约,要求苏俄政府取消伊朗所欠沙皇俄国的债务,归还沙皇俄国侵占的伊朗领土;另一方面废除1919年英伊条约,要求英军撤出伊朗,保留英国在伊朗原有的部分权利。②

"1921年构成伊朗现代史的转折点,标志着伊朗开始步入主权国家的行列。"③此后4年间,礼萨汗致力于强化德黑兰的中央政权。他首先将宪兵从隶属内务部改为隶属国防部,起用哥萨克旅军官取代瑞典军官和英国军官统辖宪兵,进而平息大不里士和马什哈德的宪兵哗变,降服阿塞拜疆的丛林游击队,处死库切克汗。1921年,包括哥萨克旅、宪兵和南部来复枪队在内的伊朗武装力量仅有2.2万人。④1922年,礼萨汗将哥萨克旅、宪兵和南部来复枪队合并,组建新军,辖5个师,兵员约4万人,分别驻扎在德黑兰、大不里士、哈马丹、伊斯法罕和马什哈德。⑤礼萨汗依靠新军的支持,于1922年平息阿塞拜疆西部的反叛势力库尔德人、阿塞拜疆北部的反叛势力沙赫萨文部落和法尔斯的反叛势力库西吉鲁耶部落,1923年平息克尔曼的反叛势力桑加比部落,1924年平息东南边陲的反叛势力俾路支人和西南边陲的反叛势力鲁里人,1925年平息马赞德兰的土库曼人和呼罗珊北部的库尔德人。与此同时,礼萨汗逐渐巩固其在德黑兰的地位,1923年10月出任首相,1925年初从议会获得大元帅的头衔。⑥

政体的选择是宪政运动后伊朗国内各派势力激烈争论的焦点问题。围

① Abrahamian,E.,*Iran:Between Two Revolutions*,p.103.

② Keddie,N.R.,*Roots of Revolution:An Interpretive History of Modern Iran*,p.87.

③ Karshenas,M.,*Oil, State and Industrialization in Iran*,p.63.

④ Abrahamian,E.,*A History of Modern Iran*,p.67.

④ Cronin,S.,*The Making of Modern Iran:State and Society Under Riza Shah 1921-1941*,London 2003,p.38.

⑥ Kamrava,M.,*The Political History of Modern Iran:From Tribalism to Theocracy*,pp.49-50.

绕政体的选择,伊朗政坛形成改革党、复兴党、社会党、共产党以及教界保守势力之间的尖锐对立。改革党作为宪政运动期间温和党的延续,代表欧莱玛上层、大商人和土地贵族的利益,在第四届议会占据多数席位。复兴党系礼萨汗支持的政治派别,成员大都具有西方教育的背景,持改革的立场,在第五届议会占据多数席位。复兴党具有民族主义、世俗主义和极权主义的政治倾向,主张依靠政治精英即"革命的独裁者"实现政治改革和教俗分离,强化军队和完善国家机构,发展民族工业,推进游牧群体的定居化,普及现代教育,在全国范围推广波斯语。复兴党创办的报纸倡导发展世俗教育,改善妇女地位,学习西方的先进思想和科学技术,主张从教界的束缚下解放民众。"在一个99%的民众处于反动毛拉选举控制下的国家,我们希望出现墨索里尼式的人物来打破传统权威的影响,以便创造一个现代的前景、现代的民族和现代的国家。""我们的首要愿望是伊朗的国家统一。"社会党继承宪政运动期间民主党的政治立场,颇具激进倾向,强调依靠资产阶级和下层民众改造社会,崇尚自由和平等的政治原则,倡导共和制和普选制,主张强化国家机构和实行生产资料的国有化,消灭失业现象。伊朗共产党与社会党的政治立场相似,伊朗共产党的许多成员同时亦是社会党的成员。1921年礼萨汗发动政变后,伊朗共产党在北部里海地区的势力严重削弱,其活动范围遂转向德黑兰和伊朗腹地。至1925年,伊朗共产党在德黑兰、大不里士、马什哈德、伊斯法罕、恩泽里和克尔曼沙赫等地设立诸多分支机构,发行报刊,成立工会以及妇女组织和青年组织。[①]教界保守势力目睹凯末尔在土耳其推行的世俗化举措,极力主张实行君主制,声称共和制是背离伊斯兰教的政治制度,共和制的建立意味着伊斯兰教的终结。[②]

---

① Abrahamian,E.,*Iran:Between Two Revolutions*,pp.120-121,p.124,pp.127-128,pp.158-129.

② Kamrava,M.,*The Political History of Modern Iran:From Tribalism to Theocracy*,p.50.

1925 年 10 月,伊朗第五届议会投票表决,废黜恺伽王朝的末代君主艾哈麦德。同年 12 月,议会以 115 票赞成、4 票反对、30 票弃权的表决结果,拥立礼萨汗即位,建立巴列维王朝。[①]特定历史条件下尖锐的民族矛盾和深刻的民族危机, 制约着伊朗国内诸多社会群体和政治势力之间的冲突,民族主义成为伊朗民众的共同愿望,巴列维王朝的兴起则是伊朗国家主权的体现和民族尊严的象征。巴列维王朝的建立,标志着西方君主立宪的政治形式与伊朗专制主义的历史传统的结合。

---

① Katouzian,H,*State and Society in Iran*,p.297.

二、礼萨汗当政期间的统治政策与改革举措

1

礼萨汗当政期间,实行极权主义的统治政策,致力于国家机器的强化,而军事力量的扩充无疑是礼萨汗时期实行极权统治和强化国家机器的首要条件。1928—1937 年,政府财政支出从 4 亿里亚尔增至 10 亿里亚尔。[①]1926—1941 年,国家岁入的三分之一用于军事开支,军费总额增长 5 倍,兵员总数由 5 个师 4 万人增至 18 个师 13 万人。[②]1926 年颁布的新兵役法扩大了士兵的征募范围,城市、乡村和游牧部落为巴列维王朝提供了充足的兵源。[③]与此同时,礼萨汗不断完善官僚机构,在德黑兰设立内务部、外交部、司法部、财政部、教育部、商务部、邮电部、农业部、交通部和工业部。礼萨汗即位之初,政府雇员仅数千人;1941 年礼萨汗退位时,政府雇员增至 9 万人。[④]礼萨汗还将全国划分为 11 个省和 49 个县,省县两级主要官员由中央任免,德黑兰成为国家真正的权力枢纽。"自近代以来,国家权力第一次超越首都的范围,出现在外省的城市和乡村。"[⑤]

巴列维王朝沿袭 1905—1911 年宪政运动期间形成的政治模式,实行议会君主制,选举产生的议会依旧存在。然而,礼萨汗当政期间,国家权力的天平明显失衡,德黑兰的宫廷重新成为政治生活的核心所在,国王则是

---

① Karshenas, M., *Oil, State and Industrialization in Iran*, p.71.

② Cronin, S., *The Making of Modern Iran: State and Society Under Riza Shah 1921-1941*, p.44.

③ Keddie, N.R., *Roots of Revolution: An Interpretive History of Modern Iran*, p.94.

④ Martin, V., *Creating an Islamic State: Khomeini and the Making of a New Iran*, London 2000, p.12.

⑤ Abrahamian, E., *Iran: Between Two Revolutions*, pp.136-137.

至高无上的绝对君主。议员的人选由国王提名后交地方选区表决,议会选举的整个过程处于内务部的监督之下,议会不再具有任何实质性的作用而徒具形式,成为极权政治的点缀和国王的御用工具。当时的英国官员曾有如下的评论:"波斯的议会不能被看作是严肃的……国王需要的议案,在议会上通过。国王反对的议案,则由议会收回。至于国王犹豫不决的议案,则在议会上争执。"尽管1906年颁布的宪法明确规定内阁对议会负责,然而首相和内阁成员的人选必须首先由国王确定,然后交议会表决通过;首相和内阁成员的去留,取决于国王的态度,而不是取决于议会的是否信任。礼萨汗即位称王之时,曾经得到诸多议会政党的支持。然而,礼萨汗即位后,首先取缔改革党,解散社会党,以新伊朗党取代复兴党,继而以进步党取代新伊朗党,直至取缔进步党,镇压共产党。[1]

游牧群体的长期存在和部落政治的广泛影响,构成挑战君主专制和中央集权的潜在隐患。礼萨汗自1921年入主德黑兰开始,致力于讨伐和平息诸多地区的部落反叛势力。巴列维王朝建立后,解除部落武装、废除部落首领的贵族头衔、征募部落青年从军入伍、没收部落领地和限制部落迁徙,成为礼萨汗政权之部落政策的基本内容。1933年,礼萨汗实行强制性的定居化政策,强迫游牧部落成员入住所谓的"示范村庄",旨在摧毁部落政治的经济社会基础。[2]与此同时,礼萨汗任命军队将领统辖部落,部落酋长成为隶属于军队将领的行政官吏。1934年颁布的选举法,废除了所有的部落选区,部落势力被进一步削弱。至于礼萨汗组建空军和购买德国制造的新式飞机,其主要目的便是用于降服和控制部落势力。礼萨汗政权之部落政策的实质在于强化国家权力对于游牧群体的控制,而上述举措既是礼萨汗极权政治的组成部分,亦体现巴列维王朝排斥部落政治和否定传统秩序的进

---

① Abrahamian,E.,*Iran:Between Two Revolutions*,p.138,p.139.

② Abrahamian,E.,*Iran:Between Two Revolutions*,p.141.

步倾向。巴列维王朝建立初期,部落人口约占伊朗总人口的 25%;至 1932 年,部落人口在伊朗总人口中所占的比例下降到 8%。[①]礼萨汗政权排斥部落的政策收到了明显的效果。

礼萨汗长期奉行世俗主义的政治原则,政治改革、司法改革、教育改革和社会改革构成巴列维王朝排斥教界传统势力的重要举措。恺伽王朝时期,宗教政治与世俗政治处于二元状态,教权与俗权分庭抗礼。宪政运动期间,教俗精英分享议会席位,1906 年颁布的宪法及其补充条款亦明确规定教俗群体分享国家权力的政治原则。礼萨汗即位之初,议会成为什叶派欧莱玛分享国家权力和制约王权的政治舞台,而削减教界议员则是礼萨汗推行世俗化改革的重要举措。1926 年,教界议员约占议员总数的 40%;1936 年,教界议员所剩无几;至 1940 年,教界议员已无一人。[②]

恺伽王朝时期,伊朗的司法体系处于二元状态,国王控制的世俗法庭与什叶派欧莱玛操纵的宗教法庭长期并存。1906 年颁布的宪法及其补充条款强调教界独立的司法地位,在司法领域赋予什叶派欧莱玛广泛权力。礼萨汗即位后,改革伊朗传统的司法体系,设立司法部作为最高司法机构,完善包括终审法院和地方法院在内的世俗审判体系,强化国家法律的权威地位和司法审判的世俗原则。20 年代后期,礼萨汗引进法国的民法和意大利的刑法,颁布新的商业法和婚姻法,修订沙里亚中若干不合时宜的法律条文,缩小宗教法庭的审判权限,进而削弱什叶派欧莱玛在司法领域的传统影响。[③]

学校教育长期处于什叶派欧莱玛的控制之下,教育改革则是巴列维王朝推行世俗化改革的重要内容。礼萨汗当政期间,兴办世俗学校,发展世俗

---

① Arjomand,S.A.,*The Turban for the Crown:the Islamic Revolution in Iran*,p.69.

② Foran,J.,*Fragile Resistance:Social Transformation in Iran from 1500 to the Revolution*,p.223.

③ Banani,A.,*The Modernization of Iran:1921-1941*,Stanford 1961,p.79,p.118.

教育,极力排斥什叶派欧莱玛在教育领域的垄断地位。1934 年,巴列维王朝在德黑兰设立教育部,作为掌管全国教育的最高机构。[①]1925—1941 年,教育经费在政府财政预算中所占比例从 2% 增至 5%,年度教育经费投入增长 12 倍。1925 年,全国共有各类小学 650 所,在学儿童 5.6 万人;1941年,各类小学增至 2300 所,在学儿童近 30 万人。1925 年,全国共有各类中学 74 所,在校学生 1.5 万人;1941 年,各类中学增至 350 所,在校学生近 3万人。[②]相比之下,此间宗教学校培养的神职学员由近 6000 人降至不足 800人。1925 年,伊朗全国仅有世俗高等学校 6 所,即医学院、农学院、法学院、文学院、政治学院和师范教育学院,学生不足 600 人。1934 年,礼萨汗在原有世俗高等学校的基础上创办德黑兰大学;30 年代末,德黑兰大学增设牙医学院、药学院、兽医学院、美术学院和科学技术学院。到 1941 年,德黑兰大学共有注册学生 3300 人。礼萨汗时期,伊朗政府每年资助 100 名青年留学欧洲;至 1940 年,500 人学成回国,另有 450 人亦完成学业。各类世俗学校的毕业生进入社会,成为颇具势力的新兴社会群体,其政治影响随之扩大。与此同时,什叶派欧莱玛在教育领域的垄断地位不复存在。[③]

礼萨汗当政期间,民族主义成为伊朗官方的意识形态,其核心内容在于强调伊朗民族构成和语言文化的单一性,宣扬所谓"王中之王"的统治曾经创造了伊朗辉煌的古代文明,伊斯兰教则是舶来的信仰。与恺伽王朝时期相比,礼萨汗时期宣扬的民族主义以强调伊朗的历史传统取代强调伊斯兰的历史传统,进而以强调国王的权力和尊严取代强调安拉的权力和尊严,具有浓厚的世俗色彩,国王俨然成为伊朗民族的象征和国家的化身。礼萨汗当政期间,波斯语得到迅速的推广,非波斯语如阿扎里语、阿拉伯语、

---

① Kamrava,M.,*The Modern Middle East:A Political History since the First World War*,Berkeley 2005,p.60.

② Ansari,A.M.,*Modern Iran Since 1921:The Pahlavis and After*,p.62.

③ Abrahamian,E.,*Iran:Between Two Revolutions*,pp.140–141.

亚美尼亚语和库尔德语的使用范围明显缩小,巴哈教派被政府取缔,议会中的犹太教议员萨缪尔·哈伊姆和琐罗亚斯德教议员沙赫鲁赫·阿尔巴卜凯伊·胡斯鲁则被处死。[①]1925 年,礼萨汗宣布恢复实行古代伊朗的传统历法,取代伊斯兰历法,作为巴列维王朝的官方历法。[②]1928 年,议会通过法案,取消传统的民族服装,规定除教界外所有成年男子必须身着西式服装和头戴"巴列维帽"。礼萨汗于 1934 年访问土耳其以后,效法凯末尔的世俗化改革,规定各类学校向妇女开放,妇女在电影院、咖啡馆和旅店等公共场所享受应有的保护,禁止妇女披戴面纱和身着传统长袍。与此同时,欧洲礼帽取代巴列维帽,成为伊朗人的时尚头饰。[③]礼萨汗还效仿法西斯意大利和纳粹德国,成立"公众指导协会",利用报纸、杂志、传单、书刊和广播,向伊朗民众灌输民族沙文主义思想。[④]礼萨汗将伊朗许多地区重新更名,如:阿拉伯斯坦改称胡齐斯坦,恩泽里改称巴列维,鲁里斯坦改称克尔曼沙赫,库尔德斯坦改称西阿塞拜疆,乌尔米耶改称雷扎耶,阿斯达拉巴德改称古尔甘,阿里阿巴德改称沙黑,苏勒塔尼耶改称阿拉克,穆哈梅拉改称霍拉姆沙赫尔。1934 年,礼萨汗更将国名由波斯改为伊朗。[⑤]

　　与此同时,礼萨汗宣布废除恺伽王朝与西方国家签订的不平等条约,成立伊朗国家银行,从大英帝国银行收回货币发行权和印钞权,接管印欧电报公司和比利时人掌管的海关,禁止外国人在伊朗开办学校、出任公职、拥有土地和未经允许在伊朗旅行,将外国资本局限于石油开采和里海渔业两个领域。[⑥]1933 年,礼萨汗与英伊石油公司签署协议,英伊石油公司放弃

① Abrahamian, E., *Iran: Between Two Revolutions*, p.163.

② Lenczowski, G., *Iran Under the Pahlavis*, Stanford 1978, p.99.

③ Kamrava, M., *The Modern Middle East: A Political History since the First World War*, p.60.

④ Kamrava, M., *The Political History of Modern Iran: From Tribalism to Theocracy*, p.56.

⑤ Abrahamian, E., *Iran: Between Two Revolutions*, p.143.

⑥ Abrahamian, E., *Iran: Between Two Revolutions*, p.144.

40 万平方英里的土地,同时承诺培训伊朗管理人员,将伊朗政府的利润分成从 16%增加到 20%, 伊朗政府则将英伊石油公司的开采期限延长 32 年即从 1961 年延长至 1993 年。①

2

1905—1911 年宪政运动的宗旨是限制王权和振兴国家,包含民主主义和民族主义的双重倾向。相比之下,礼萨汗当政期间的统治政策,一方面极力强化君主独裁,排斥民众的政治参与和权力分享,构成宪政制度的逆向运动;另一方面致力于强化政府职能,整合社会,摆脱西方列强的控制,建立主权国家,明显区别于恺伽王朝。极权主义和民族主义无疑是礼萨汗所追求的首要目标,而礼萨汗时期极权主义和民族主义的政治模式塑造了相对平静的社会氛围。乡村民众和城市下层偶有反叛,旋即遭到镇压,稳定程度明显超过恺伽王朝时期。新军的组建和官僚化程度的提高,成为礼萨汗政权有效控制伊朗社会的重要手段。在此基础之上,礼萨汗采取一系列的改革举措,旨在从物质层面推动伊朗的现代化进程。

礼萨汗当政期间,中央政府控制地方经济命脉,不断扩大财源,国家岁入呈上升的趋势。1925—1941 年,巴列维王朝从石油开采的利润分成中所得到的岁入由 100 万英镑增至 400 万英镑,从海关税收中所得到的岁入由 9100 万里亚尔增至 4 亿里亚尔。巴列维王朝自 1925 年开始征收所得税,至 1941 年共计征收税款 3 亿里亚尔。巴列维王朝对于糖、茶、烟草和燃料实行专卖制,岁入超过 10 亿里亚尔。②此外,土地税亦构成巴列维王朝的重要岁入来源。自 1937 年开始,政府实行赤字财政,增加货币流通量。1925 年,伊

---

① Ansari, A.M., *Modern Iran Since 1921: The Pahlavis and After*, p.57.

② Foran, J., *Fragile Resistance: Social Transformation in Iran from 1500 to the Revolution*, p.224.

朗政府的财政收支大体相抵,至 1941 年,政府财政赤字高达 7 亿里亚尔。礼萨汗的新政因此被称作"建筑在通货膨胀基础上的大厦"。

礼萨汗当政期间的工业化举措,主要是提高关税、政府垄断经营、国家投资现代工业和由国家银行向私人企业提供低息贷款。国家在工业和贸易领域的投资在财政预算中所占的比例, 从 1928 年的 1%增至 1941 年的 24%。相比之下,军费开支尽管绝对数字增长 4 倍,其在政府财政预算中所占的比例却从 40%下降为 14%。[①]

伊朗的铁路建设落后于奥斯曼帝国和埃及。1913 年,伊朗兴建自西北部边境城市焦勒法至阿塞拜疆首府大不里士的铁路,是为伊朗的第一条铁路。[②]自 1925 年开始,礼萨汗着手建造穿越伊朗的铁路。1929 年,自里海港口城市班达尔沙至马赞德兰中部城市萨里和自波斯湾港口城市班达尔·沙赫普尔至胡齐斯坦北部城市德兹富尔两条铁路完工。1931 年,自班达尔沙经德黑兰向南至班达尔·沙赫普尔的第一列火车正式开通, 成为连接里海与波斯湾的交通纽带。1941 年, 自德黑兰经绥姆纳至马什哈德的东线铁路和自德黑兰经赞赞至大不里士的西线铁路投入运营。1939 年,伊朗铁路达到 1700 公里;1948 年,铁路长度增至 3180 公里。[③]1925 年,伊朗全国的公路不足 2000 公里,而且大都年久失修。到 1941 年,伊朗拥有状况良好的公路约 1.4 万公里。[④]1928 年,伊朗仅有汽车 600 辆;1942 年,伊朗的汽车数量达到 2.5 万辆。[⑤]1920—1933 年,国内货运费用降低至原来的三分之一,货运时间降低至原来的十分之一。[⑥]礼萨汗改善交通的初衷, 无疑是便于调

① Foran,J.,*Fragile Resistance:Social Transformation in Iran from 1500 to the Revolution*,p.223.

② Yapp,M.E.,*The Making of the Modern Near East 1792-1923*, London 1987, p.26.

③ Issawi, C.,*An Economic History of the Middle East and North Africa*,p.54.

④ Ansari,A.M.,*Modern Iran Since 1921:The Pahlavis and After*,p.53.

⑤ Keddie,N.R.,*Roots of Revolution:An Interpretive History of Modern Iran*,p.99.

⑥ Arjomand,S.A.,*The Turban for the Crown:the Islamic Revolution in Iran*,p.67.

动军队和强化对于地方的控制。铁路的贯通和公路里程的增长,标志着礼萨汗独裁专制的君主权力在伊朗各地的广泛延伸。尽管如此,铁路和公路的大规模建造毕竟打破了诸多地区长期形成的闭塞状态,从而为伊朗经济社会的发展特别是市场化程度的提高和工业化的进步提供了有利的条件。

三、工业化进程的启动与经济社会的发展

自 19 世纪起,伴随着西方的冲击,伊朗传统的经济秩序日趋衰落,地权的商品化和农业生产的市场化初露端倪。1925 年巴列维王朝建立以后,现代化进程逐渐扩展到经济社会的诸多领域。"在礼萨汗的独裁统治下,西方的现代化借助东方专制主义的形式被引入伊朗。"[1]

礼萨汗当政期间,伊朗的现代化主要表现为现代工业的兴起和工业化进程的启动。1925 年,伊朗的现代工业企业不足 20 家,其中超过 50 人的企业只有 5 家,包括德黑兰的 1 家兵工厂和 5 家制糖厂、霍伊的钟表厂和大不里士的 2 家纺织厂。1941 年,伊朗的现代工业企业达到 346 家,其中超过 500 人的企业为 28 家。[2]1937 年,现代工业企业在伊朗国内生产总值中所占的比例不足 10 %;1941 年,现代工业企业在伊朗国内生产总值中所占的比例增至 18%。[3]1925—1941 年,工业投资总额为 2.6 亿美元,其中政府投资约占三分之一,私人投资约占三分之二,投资区域主要是德黑兰、大不里士、伊斯法罕和里海沿岸地区,投资的主要领域是纺织业和农产品加工业,包括 34 家纺织厂、8 家制糖厂、1 家大型卷烟厂以及为数众多的茶厂、饮料厂、粮食加工厂和肉类加工厂。此外,政府和私人还投资兴建水泥厂、钟表厂、肥皂厂、造纸厂、玻璃厂和化学品厂,甚至计划建造钢铁厂。[4]工业化的

---

① Parsa,M.,*Social Origins of Iranian Revolution*,London 1989,p.37.

② Foran,J.,*Fragile Resistance:Social Transformation in Iran from 1500 to the Revolution*,p.223,p.234.

③ Parsa,M.,*Social Origins of Iranian Revolution*,p35.

④ Foran,J.,*Fragile Resistance:Social Transformation in Iran from 1500 to the Revolution*,p.235.

进步导致现代产业工人的兴起。1925 年，伊朗现代产业工人不足千人；20 世纪 30 年代末，包括石油工人、渔业工人和铁路工人在内的现代产业工人达到 17 万人的规模。[1]

20 世纪 20—30 年代，政府以实物的形式征纳土地税，而作为工业原料的经济作物则免征土地税，进口农业机械亦免征关税，经济作物的种植面积逐渐扩大，里海沿岸的变化尤为明显。[2]此外，政府聘请外国专家主持改良农作物和牲畜品种，开办农业学校，成立农业银行，由政府提供贷款，鼓励农民改良土壤和开垦荒地。1925—1939 年，伊朗的小麦产量增长 67%，大麦产量增长 36%，水稻产量增长 44%，棉花产量增长 90%，烟草产量增长 114%。棉花和烟草是出口国际市场的主要农产品，至于粮食作物则大都用于满足国内需要。尽管如此，相比于迅速增长的现代工业和石油开采，农业生产的发展速度相对缓慢，其在国民经济中所占的比例逐渐下降。1900 年，农业在国民经济中所占的比例超过 80%，至 30 年代后期，农业生产在国民经济中所占比例下降为 50%。[3]

礼萨汗当政期间，伊朗经历游牧群体的定居化过程；游牧部落的酋长逐渐加入地主的行列，普通部落民则放弃游牧而转入农耕状态。在农耕区域，国家土地所有制逐渐衰落，国有土地明显减少，私人地产呈上升趋势。根据 1928 年颁布的《民法》和 1929 年颁布的《财产登记法》，私人实际占有村社土地如果超过 30 年，即被视作占有者的私产。自 1934 年起，政府向私人出售国有土地，洛雷斯坦、克尔曼、阿塞拜疆和锡斯坦的国有土地随之流入民间。[4]至礼萨汗在位末期，国有土地仅占伊朗全部耕地的 10%。地权的非国有化运动导致土地兼并的不断加剧，乡村的贫富分化现象日趋严重。

① Ansari, A.M., *Modern Iran Since 1921:The Pahlavis and After*, p.63.

② Avery, P., Hambly, G.& Melville, C., *The Cambridge History of Iran*, Vol.7, Cambridge 1975, p.611.

③ Lenczowski, G., *Iran Under the Pahlavis*, pp.31–32.

④ Hooglund, E., *Land and Revolution in Iran 1960–1980*, Texas 1982, p.40.

1941 年,37 家最大的地主拥有 2000 个村庄。另据 40 年代的抽样统计,占农户总数 5% 的地主拥有全部耕地的 83%,拥有土地不足 1 公顷的乡村家庭占农户总数的 25%,无地农户占乡村农户总数的 60%。[1]

分成制作为伊朗乡村传统的租佃形式在礼萨汗当政期间依然占据主导地位,由此形成农民对于地主的依附关系。一般情况下,地主占有农产品收成的三分之一到二分之一,而交纳分成制地租的农民扣除各项费用之后则所剩无几。以礼萨汗当政期间德黑兰附近的一个村庄为例,由 4 个农民组成的劳动队收获 100 担小麦,其中 47.5 担作为地租交给地主,7.5—10 担支付给乡村工匠和教职人员,17—18.5 担支付给耕牛的提供者,最后每个农民只剩 4.5 担。[2]

礼萨汗当政期间,私人大地产成为伊朗最重要的地产形式。在外地主作为礼萨汗政权的支持者,获得统治乡村和农民的广泛权力。"在一定的程度上,在外地主的领地俨然是国中之国。许多大地产主甚至不允许政府官吏进入自己的领地。"[3]1935 年颁布的法令给予在外地主任命村社首领的权力和村社首领管理村社的权力,标志着礼萨汗政权承认在外地主统治乡村和农民的特权地位。[4]与此同时,礼萨汗极力保护地主的利益,将土地税的缴纳人由土地的所有者改为土地的耕作者,规定村社首领即卡德胡达斯不再由村民选举而由地主任命。地主在第一届议会仅占据 8% 的席位,第四届议会中占据 12% 的席位,至礼萨汗退位前夕的第十二届议会中占据 26% 的席位。[5]地主作为礼萨汗时期巴列维王朝的重要社会基础,在乡村拥有广泛的权力,支配着农民的命运。所谓的"一千个家族"体现了礼萨汗当政期间

---

[1] Foran, J., *Fragile Resistance : Social Transformation in Iran from 1500 to the Revolution*, p.228.

[2] Foran, J., *Fragile Resistance : Social Transformation in Iran from 1500 to the Revolution*, p.231.

[3] Karshenas, M., *Oil, State and Industrialization in Iran*, p.68.

[4] Keddie, N.R., *Iran : Religion, Politics and Society*, p.170.

[5] Abrahamian, E., *Iran : Between Two Revolutions*, p.150.

地主阶级在伊朗社会的广泛影响。1941 年礼萨汗退位时,巴列维家族拥有 2670 个自然村落,[①] "成为伊朗 2500 年的历史上最大的地主"[②]。

1900—1926 年,伊朗人口的年增长率只有 0.08%,人口数量处于相对停滞的状态。1926—1940 年,伊朗人口的年增长率达到 1.5%,人口数量呈稳定上升的趋势。1914 年,伊朗人口约 1000 万;1940 年,伊朗人口为 1460 万,增长幅度接近 50%。与此同时,伊朗人口的构成亦发生变化,定居化和城市化的程度逐渐提高。1901 年,城市人口约为 200 万,占总人口的 21%,乡村农业人口约为 530 万,占总人口的 54%,部落游牧人口约为 250 万,占总人口的 25%。1940 年,城市人口增至 320 万,占总人口的 22%,乡村农业人口增至 1000 万,占总人口的 71%,而部落游牧人口下降为 100 万,仅占总人口的 7%[③]。农业劳动力在全部社会劳动力中所占比例,1906 年为 90%,1926 年下降为 85%,1946 年更下降为 75%。1935—1940 年,城市人口的年增长率为 2.3%,乡村人口的年增长率则仅为 1.3%。[④]

礼萨汗当政期间,伴随着官僚政治的发展和工业化进程的启动,城市规模不断扩大,城市人口明显增多。1900—1939 年,德黑兰的人口从 20 万增至 55 万,伊斯法罕的人口从 10 万增至 25 万,大不里士的人口从 10 万增至 20 万。[⑤]1940 年,伊朗已有 6 个人口超过 10 万的城市,其中德黑兰 54 万人,伊斯法罕 25 万人,大不里士约为 20—30 万人,马什哈德 20 万人,设拉子 20 万人,新兴石油城市阿巴丹 10 万人。[⑥]与此同时,城市内部的人口结构逐渐形成新旧社会阶层并存的多元状态。在外地主、手工业者、巴扎商

① Amjad,M.,*Iran:From Royal Dictatorship to Theocracy*,New York 1989,p.24.

② Majd,M.G.,*Resistance to the Shah:Landowners and Ulama in Iran*,Florida 2000,p.33.

③ Bonine,M.E.,*Population,Poverty and Politics in Middle East Cities*,p.258.

④ Foran,J.,*Fragile Resistance:Social Transformation in Iran from 1500 to the Revolution*,p.227.

⑤ Grunwald,K.& Ronall,J.O.,*Industrialization in the Middle East*,New York 1960,p.41.

⑥ Foran,J.,*Fragile Resistance:Social Transformation in Iran from 1500 to the Revolution*,p.227.

人和教职人员无疑是城市传统社会阶层的基本成分,资产阶级和现代产业工人则构成城市新兴的社会阶层。在外地主固然是巴列维王朝的重要社会基础,手工业者和巴扎商人的利益却由于礼萨汗推行的改革举措而受到损害,不满情绪逐渐滋生。与巴扎商人和传统手工业者联系密切的教界利益,亦因礼萨汗的世俗化改革而受到损害;他们被排挤出长期占据的传统阵地即司法和教育领域,进而丧失了相应的经济来源和社会影响,巴扎几乎成为教界在城市中仅存的势力范围。新兴资产阶级可谓礼萨汗当政期间现代化改革举措的受益者,与现代经济成分密切相关;地主、官僚和商人投资兴办现代企业,成为新兴资产阶级的主要来源。世俗知识界与传统教界曾在宪政运动期间结成同盟,礼萨汗当政期间逐渐分道扬镳。

现代工业的发展导致现代产业工人的迅速增长。礼萨汗在位末期,现代产业工人尽管只占劳动力总数的4%,其分布范围却相对集中;75%的大型现代企业位于德黑兰、大不里士、伊斯法罕、吉兰和马赞德兰。德黑兰的62个现代工厂有工人6.4万人,伊斯法罕的9家纺织工厂有工人1.1万人,阿巴丹的炼油厂有1.6万工人,胡齐斯坦的油田亦有4800名工人。低工资、长工时和近乎奴隶的劳动条件,导致工人不满情绪的逐渐增长。1929年,阿巴丹炼油厂的工人举行罢工,要求提高工资、实行8小时工作日、改善居住条件和组织工会。礼萨汗政府出兵镇压,逮捕数百名工人。1931年,伊斯法罕的工人举行罢工,要求提高工资和实行8小时工作日。尽管罢工的组织者遭到逮捕,工人提出的部分要求得到满足。同年,马赞德兰的铁路工人亦举行罢工。英国驻大不里士的领事曾对此间的罢工活动有以下的评述:"我们正处于新旧更替的过渡阶段……旧的秩序业已崩溃,新的制度尚未形成。礼萨汗政府打碎了旧的结构,却未能代之以相应的体制。"[1]

---

[1] Foran, J., *Fragile Resistance: Social Transformation in Iran from 1500 to the Revolution*, p.237, p.163.

第四章

巴列维国王的统治与伊朗现代化的长足进步

极权政治的重建

白色革命

白色革命后经济与社会的发展

"发展的独裁模式"

一、极权政治的重建

1

　　礼萨汗推行的现代化举措,包含西化和民族化的双重内容。礼萨汗当政期间,伊朗社会的诸多方面,从民众服饰到建筑风格,从司法机构到教育体系,从民族国家的世俗意识形态到现代的工业生产和科学技术,皆表现出明显的西化倾向。民族独立和极权政治无疑是礼萨汗致力于追求的首要目标;所谓的西化抑或学习西方的诸多举措,旨在抵御西方列强的侵略,进而服务于民族主义和极权主义的政治目的。礼萨汗极力宣扬,所谓"王中之王"的统治曾经创造了伊朗辉煌的古代文明,伊斯兰教则是舶来的信仰。与恺伽时代相比,礼萨汗当政期间的民族主义,以强调伊朗的历史传统取代强调伊斯兰的历史传统,进而以强调国王的权力和尊严取代强调安拉的权力和尊严,因此更具世俗的色彩。

　　礼萨汗与同时期的土耳其总统凯末尔颇具相似之处。第一,礼萨汗和凯末尔均试图将传统社会整合为现代的民族国家。第二,礼萨汗和凯末尔均采取西化的模式推动现代化的进程,力图提高政府效率,消除部落纷争,排斥教界影响。第三,礼萨汗和凯末尔均希望摆脱外族控制,建立主权国家。第四,礼萨汗和凯末尔均出身军界,依靠军队的支持,主张通过极权政治实现社会的改造。第五,礼萨汗和凯末尔推行的现代化改革主要局限于城市的范围,尚未延伸到传统势力根深蒂固的乡村社会。礼萨汗和凯末尔的不同之处在于,凯末尔借助于政党的形式不断扩大其统治国家的社会基础,礼萨汗则采取君主专制的形式排斥各界民众的政治参与,因而缺乏统治国家的广泛社会基础,具有明显的脆弱性。

综观世界历史,国家机构的完善和政府职能的强化是现代化早期阶段的普遍现象,极权政治的膨胀在诸多地区构成从传统政治模式向现代政治模式过渡的中间环节。宪政运动作为伊朗现代化进程的重要起点,包含限制君主的绝对权力和实现经济社会发展的双重目标。相比之下,礼萨汗当政期间的伊朗历史表现为极权政治日趋膨胀和经济社会剧烈变革的双重倾向,而极权政治的膨胀与经济社会领域的变革并非孤立存在的历史现象,两者之间具有密切的内在联系。礼萨汗一方面通过世俗化的诸多举措,着力扩充国家机构和完善政府职能,进而强化君主专制,在政治层面构成宪政制度的逆向运动;另一方面借助极权政治的外在形式,致力于改造伊朗传统的经济秩序和社会结构,从而形成巴列维王朝与恺伽王朝的明显区别。礼萨汗改造伊朗传统经济秩序和社会结构的主观目的,在于强化君主独裁的政治制度。巴列维王朝君主独裁的世俗政治,无疑中断了宪政运动所开启的政治民主化进程,议会形同虚设,宪法如若一纸空文。然而,宪政运动时期所描绘的发展经济和改造社会的宏伟蓝图,正是通过礼萨汗当政期间君主独裁的政治形式得以付诸实践,礼萨汗的极权政治构成推动伊朗从传统社会向现代社会过渡的有力杠杆。

2

苏德战争的爆发结束了礼萨汗的统治。1941 年 9 月,盟军占领德黑兰,礼萨汗被迫退位, 其子穆罕默德·礼萨·巴列维即位, 是为巴列维国王(1941—1979 年在位)。[①]1941—1953 年,是伊朗社会从极权政治崩溃到极权政治重建的历史阶段。社会的动荡和诸多政治势力的激烈较量,则是此间伊朗历史的突出现象。1941—1946 年盟军占领期间,伊朗经济处于萧条的状态,包括谷物、水稻、棉花和烟草在内的主要农作物产量急剧下降,工业生产亦呈负增长状态,财政赤字,通货膨胀严重,生活物资短缺。[②]另一方面,盟军的占领促使礼萨汗当政期间备受压抑的政治能量得到释放,多元政治凸显,新旧社会势力激烈角逐。部落酋长、在外地主、教界上层人士和世俗知识分子纷纷登上政治舞台,角逐国家权力,进而形成议会政治、政党政治和君主政治多元并存的复杂局面。现代化进程中社会的裂变和新旧势力的消长,构成礼萨汗退位后政治动荡的历史根源。剧烈的贫富分化和尖锐的阶级对抗,则是此间政治动荡的社会基础。

议会自 1925 年礼萨汗即位后形同虚设, 此间再次成为诸多政党角逐权力的重要政治舞台。1941 年 11 月至 1943 年 11 月召开的第十三届议会,经历民族统一联盟、爱国者联盟、阿塞拜疆联盟与正义联盟之间的激烈角逐。[③]民族统一联盟是议会中人数最多的政治派别,代表中西部地主贵族利益,支持宫廷,体现温和党传统的延续。爱国者联盟代表南部英国占领区地

---

① Ansari,A.M.,*Modern Iran Since 1921：The Pahlavis and After*,p.83.

② Foran,J.,*Fragile Resistance：Social Transformation in Iran from 1500 to the Revolution*,p.265.

③ Baktiari,B.,*Parliamentary Politics in Revolutionary Iran：the Institutionalization of Factional Politics*,p.29.

主和商人的利益,持亲英立场。阿塞拜疆联盟代表苏联占领区土地贵族和恺伽家族的利益,反对巴列维家族和英国,持亲苏立场。正义联盟代表新兴中产阶级和知识界的利益,反对宫廷独裁以及英国和苏联的占领,持亲美立场。[1]

1943年底至1944年初,超过800人角逐第十四届议会的136个席位,包括同志党、伊朗党、正义党、民族统一党、祖国党以及人民党、民族意志党在内的诸多政党扮演重要的角色。同志党始建于1942年,代表知识界的激进立场,强调公民的政治平等、社会公正和主要生产资料的国有化。伊朗党具有世俗民族主义色彩,代表知识界的温和立场,主张推动宪政运动期间制定的经济社会改革进程,倡导工业化和土地改革。正义党系正义联盟的政党形式,民族统一党则是民族统一联盟的政党形式,均持反对人民党的立场。祖国党始建于1943年,代表巴扎商人、欧莱玛和部落利益,反对土地贵族、礼萨汗的军事独裁和人民党。[2]1943年,赛义德·齐亚丁·塔巴塔巴伊在英国政府的支持下创建民族意志党,持保守的政治立场,反对礼萨汗当政期间的改革举措,倡导回归伊斯兰教传统,得到欧莱玛、商人、地主和部落贵族的广泛支持,成为伊朗政坛最重要的右翼政党。[3]

人民党始建于1941年秋,早期领导人是苏莱曼·伊斯坎达里。巴列维时代,人民党是最具影响力的反对派政党,主要代表知识分子和产业工人的利益,强调劳动保障、土地改革和政治参与,倡导民族独立和宪政制度,颇具激进倾向。人民党在其政治纲领中明确宣布:"我们的主要目的是动员伊朗的工人、农民、进步的知识分子、商贩和手工业者。我们的社会划分为两个阶层,即占有主要生产资料的富人和缺乏财产的穷人。后者包括工人、

---

① Abrahamian, E., *Iran: Between Two Revolutions*, pp.180–181.

② Abrahamian, E., *Iran: Between Two Revolutions*, p.186, p.188, p.188, p.192, p.193, p.281.

③ Keddie, N.R., *Roots of Revolution: An Interpretive History of Modern Iran*, p.117.

农民、进步的知识分子、手工业者和商贩。他们辛勤劳作,却不能获得劳动的果实。他们处于贵族寡头的压迫之下,一无所有。只有彻底改造整个社会秩序,只有民众占有主要生产资料,才能使他们摆脱目前的处境。我们所反对的独裁和专制,并非特定的独裁者,而是独裁和专制制度赖以存在的社会结构。礼萨汗的退位并不意味着独裁制度的终结,产生独裁者的社会结构依然存在,继续塑造着新的礼萨汗。"[1]

人民党的成员 1942 年约 6000 人,1944 年增至 2.5 万人。1946 年,人民党在 78 个城市设立分支机构,成员达到 5 万人,另有支持者 10 万人,成为伊朗最大的政党和首个名副其实的民众政治组织。[2]40 年代初,人民党获得议会的 6 个席位。1946 年,6 名人民党成员进入内阁。[3]1946 年 5 月,人民党在伊朗的 20 个城市组织声势浩大的民众运动, 其中 4 万人参加了人民党在伊斯法罕组织的民众运动,5 万人参加了人民党在德黑兰组织的民众运动,8 万人参加了人民党在阿巴丹组织的民众运动。同年 10 月,10 万人在德黑兰举行活动,庆祝人民党建立 5 周年。[4]

与人民党联系密切的伊朗工会联盟成立于 1944 年 5 月,设有 33 个分支机构,成员近 30 万人,约占伊朗工业劳动力总数的四分之三,包括 4.5 万石油工人、4.5 万建筑工人、4 万纺织工人、2 万铁路工人、2 万地毯编织工人和 1.1 万码头工人。然而,伊朗工会联盟主要强调改善工人的经济境况,尚无明确的政治要求。[5]

礼萨汗当政期间, 致力于强化国家权力和推行极权主义的统治政策,统治权力只属于礼萨汗一人,政治生活处于相对稳定的状态。礼萨汗退位

---

① Abrahamian, E., *A History of Modern Iran*, p.108.

② Keddie, N.R., *Roots of Revolution: An Interpretive History of Modern Iran*, p.114, p.117.

③ Parsa, M., *Social Origins of Iranian Revolution*, p.40.

④ Afshar, H., *Iran: A Revolution in Turmoil*, London 1985, p.126.

⑤ Abrahamian, E., *A History of Modern Iran*, p.109.

后 12 年间,极权政治急剧衰落,多元政治成为伊朗社会的突出现象,宫廷、议会、内阁和民众组织展开激烈的权力角逐,英国、美国和苏联亦趁机插手,国家机器几近失控,政局动荡,首相和内阁频繁更替。礼萨汗在位 16 年间,共有 8 位首相、10 届内阁和 50 名大臣任职。巴列维国王即位初期的 12 年间即 1941—1953 年,则有 12 位首相、31 届内阁和 148 名大臣任职,首相任职时间平均 8 个月, 每届内阁执政时间平均不足 5 个月。其中,1944—1946 年的两年间经历 9 届内阁,7 人出任首相,110 人出任内阁大臣。首相和内阁的频繁更替并不意味着新兴社会群体的崛起和民众广泛的政治参与,民主政治的客观条件尚不成熟,传统势力依旧垄断着国家政权,新兴资产阶级、巴扎商人和工匠以及教界均被排斥于国家政权之外。此间任职的 12 位首相中,9 人出身贵族家庭,2 人来自礼萨汗时期的官僚政府,1 人系礼萨汗麾下的高级将领。至于此间任职的 148 名大臣中,81 人出身名门望族,13 人曾与宫廷保持密切联系,11 人系军队将领。[1]

3

石油的开采是深刻影响 20 世纪伊朗历史的重要因素。1900 年,英国人威廉·诺克斯·德阿西以支付 20 万英镑的代价,从伊朗政府获得为期 60 年的石油开采特许权。1908 年,伊朗南部的克尔曼沙赫发现石油;同年成立英伊石油公司,英国政府控制英伊石油公司 51% 的股权。[2]此后数十年中,英伊石油公司控制伊朗的石油工业,英国政府从英伊石油公司征纳的税收甚至超过伊朗政府。1933—1949 年,英伊石油公司的净收入为 9 亿英镑,其中净利润为 5 亿英镑,向英国政府缴纳税收 1.8 亿英镑,非伊朗的股民分红

① Abrahamian, E., *Iran: Between Two Revolutions*, p.170, p.200.

② Katouzian, H., *The Political Economy of Modern Iran*, London 1981, p.67.

为 1.2 亿英镑,至于伊朗方面所得的收入只有 1.1 亿英镑,约占英伊石油公司净收入的 12% 或净利润的 15%。1945 年,伊朗的石油产量超过阿拉伯国家石油产量的总和,然而伊朗的石油收入仅为每桶 18 美分,远远低于巴林的每桶 35 美分、沙特阿拉伯的每桶 56 美分和伊拉克的每桶 60 美分。①

1949 年,穆罕默德·摩萨台创建民族阵线,基本宗旨是争取国家资源的民族化、实现议会政治的民主化和推动伊朗经济社会的发展。②民族阵线包括伊朗党、劳工党、民族党和穆斯林战士协会。伊朗党强调社会主义的意识形态,代表新兴中产阶级利益,主张强化宪政制度和限制君主权力,实现民族独立和外交中立,实现石油国有化和工业化,推行土地改革,反对土地贵族,核心人物包括卡里姆·桑贾比、艾哈迈德·齐拉克扎迪和侯赛因·法迪米。劳工党由前民主党成员穆扎法尔·巴卡伊和哈里勒·马里基创建,主张强化宪政,反对特权,实现民族独立,缓和劳资对立。民族党由达里乌什·福鲁哈尔创建,代表世俗知识界利益,倡导社会主义。③穆斯林战士协会由阿亚图拉阿卜杜勒·嘎绥姆·卡萨尼创建,代表巴扎商人和教界利益。1952 年 2 月,伊朗召开第十七届议会;在全部 79 个席位中,民族阵线占 30 席。④

民族阵线首先致力于争取石油资源的国有化,进而掀起声势浩大的民族主义运动。尽管加入民族阵线的政治组织具有不同的阶级属性,穆罕默德·摩萨台的民族主义倾向无疑超越了阶级的界限,得到了包括保守派地主和欧莱玛在内的伊朗社会诸多阶层的广泛支持。1951 年 1 月,穆罕默德·摩萨台领导的民族阵线和阿亚图拉阿卜杜勒·嘎绥姆·卡萨尼为首的教界人士聚集民众,要求将伊朗的石油资源收归国有,首开中东诸国石油国有

---

① Foran, J., *Fragile Resistance: Social Transformation in Iran from 1500 to the Revolution*, p.284.

② Parsa, M., *Social Origins of Iranian Revolution*, p.39.

③ Baktiari, B., *Parliamentary Politics in Revolutionary Iran: the Institutionalization of Factional Politics*, p.39.

④ Abrahamian, E., *Iran: Between Two Revolutions*, p.253, pp.256–258, p.269.

化运动的先河。①随后,阿巴丹的石油工人举行罢工,支持石油国有化。同年
4月,穆罕默德·摩萨台出任首相,继而在议会通过石油国有化法案。5月1
日,石油国有化法案由巴列维国王签署,正式生效,伊朗国家石油公司宣告
成立。②

石油国有化运动具有民族主义的浓厚色彩,而其核心内容在于财富控
制权的争夺。穆罕默德·摩萨台承认:"我们需要依靠石油收入平衡预算,使
我们的人民摆脱贫困、疾病和落后的状态。"③由于英国的抵制和封锁,穆罕
默德·摩萨台政府致力于发展非石油经济,调整外贸结构,扩大国内生产,
强调进口替代型的经济模式。另一方面,穆罕默德·摩萨台政府采取多项自
由化的举措,呼吁改革选举制度和恢复宪政,试图扩大议会和内阁权力,削
弱在外地主和传统贵族的政治影响,限制君主权力,旨在推动政治民主化
的进程。进入1952年,巴列维国王与穆罕默德·摩萨台政府之间的矛盾日
益加剧。1953年8月,在伊朗军队将领、什叶派保守势力和美国中央情报局
的支持下,巴列维国王发动政变,穆罕默德·摩萨台遭到逮捕,石油国有化
运动随之流产。④

石油国有化运动与宪政运动颇多相似之处,皆包含民族主义和民主主
义的双重倾向即摆脱英国的经济束缚和推动国内的政治民主化进程,皆表
现为广泛的社会动员和诸多社会群体的广泛联盟,皆伴随着内部的分裂和
国外势力的介入,皆以失败而告结束,其后皆出现极权政治进一步强化的
趋势。另一方面,石油国有化运动与宪政运动相比,更具民族主义色彩,强
调利用一切国家资源和政治手段实现民族独立。因此,穆罕默德·摩萨台与
同时期印度的甘地和尼赫鲁、埃及的纳赛尔以及印度尼西亚的苏加诺颇具

---

① Fardust, H., *The Rise and Fall of The Pahlavi Dynasty*, Dehli 1999, p.76.

② Ansari, A.M., *Modern Iran Since 1921: The Pahlavis and After*, p.113.

③ Foran, J., *Fragile Resistance: Social Transformation in Iran from 1500 to the Revolution*, pp.287–288.

④ Azimi, F., *Iran: The Crisis of Democracy*, New York 1989, p.331.

共性,皆为民族解放运动的领袖人物。参与石油国有化运动的诸多势力所结成的联盟,包含着明显的非同源性和差异性,具有明显的松散倾向,导致其政治基础的脆弱性,进而决定了矛盾双方力量对比的天平向国王一方倾斜。人民党与民族阵线的分裂和教界与世俗反对派的分裂,削弱了穆罕默德·摩萨台的政治基础,为国王的成功政变铺平了道路。

1954 年,巴列维国王以赔偿 2500 万英镑作为条件,中止英伊石油公司在伊朗享有的石油垄断权。此后,伊朗政府开始与西方数家石油公司联合开发伊朗石油,其中不列颠石油公司拥有 40% 的股份,5 家美国石油公司拥有 35% 的股份,荷兰壳牌石油公司拥有 14% 的股份,利润由伊朗政府与西方数家石油公司对半分成。1962 年,伊朗政府的石油利润分成增至 56%。[①]与此同时,伊朗政府的石油收入从 1955 年的 3400 万美元增至 1963 年的 4.4 亿美元。[②]自 60 年代起,美国资本大量投向伊朗油田,进而操纵伊朗的经济命脉,伊朗与美国的关系随之进入新的阶段,美国成为巴列维王朝的主要支持者,伊朗的政策与美国的利益趋于一致。

4

礼萨汗当政期间,巴列维家族财富剧增,成为伊朗的首富。1930 年,礼萨汗在伊朗国家银行的存款约为 100 万里亚尔。[③]礼萨汗于 1941 年退位时,其在伊朗国家银行的存款增至 6.8 亿里亚尔;相比之下,1941 年伊朗政府的财政岁入不过 12.5 亿里亚尔。[④]礼萨汗家族的地产主要分布在里海南岸盛产水稻的马赞德兰以及相邻的吉兰和古尔甘,约为 300 万英亩,包括

---

① Foran,J.,*Fragile Resistance:Social Transformation in Iran from 1500 to the Revolution*,p.312.

② Abrahamian,E.,*Iran:Between Two Revolutions*,p.420.

③ Foran,J.,*Fragile Resistance:Social Transformation in Iran from 1500 to the Revolution*,p.224.

④ Majd,M.G.,*Resistance to the Shah:Landowners and Ulama in Iran*,p.33.

2000 余个村庄和 23.5 万户家庭。①此外,礼萨汗在许多企业和公司拥有股份。

自 1953 年开始,巴列维国王凭借礼萨汗聚敛的巨额财富,特别是凭借丰厚的石油收入和美国政府的支持,着力强化极权政治,装备精良和规模庞大的军队则是巴列维国王实行极权政治的有力工具。1953—1963 年,巴列维国王从美国获得价值 5 亿美元的军事援助,军费开支从 8000 万美元增至 1.8 亿美元,军队员额则从 12 万人增至 20 万人。②1957 年,伊朗政府依靠美国和以色列情报部门的支持,组建国家安全情报署,亦称萨瓦克,作为军事力量的重要补充。50 年代,德黑兰的中央政府设 12 个部,雇员约 15 万人。③巴列维国王不断强化政府职能和完善官僚政治,日趋膨胀的官僚机构成为巴列维国王控制社会的重要工具。

1953 年,巴列维国王实行党禁,取缔政党,力图遏制反对派的政治活动。议会由 136 个席位增至 200 个席位,议员任期由 2 年延长为 4 年。④与此同时,巴列维国王通过萨瓦克的秘密警察控制工会组织和工人运动。1953 年,伊朗发生罢工 79 次;自 1954 年起,罢工次数明显减少,1955 年至 1957 年三年中只有 3 次。首相伊格巴尔于 1957 年 4 月在其就职演说中声称:"我很讨厌'罢工'这个词,它是人民党带到我们的语言中的。只要我担任首相,我不想听到任何罢工的消息。"⑤

50 年代至 60 年代初,巴列维国王在实施高压政策的同时,极力维护在外地主、什叶派欧莱玛和巴扎商人的既得利益,进而与传统势力建立广泛的政治联盟。摩萨台政府于 1953 年提出的关于提高农民分成的议案被议会束之高阁,贵族世家如阿拉姆斯家族、阿拉斯家族、巴赫提亚尔家族等享

---

① Abrahamian, E., *Iran: Between Two Revolutions*, p.137.

② Abrahamian, E., *Iran: Between Two Revolutions*, p.420.

③ Arjomand, S.A., *The Turban for the Crown: the Islamic Revolution in Iran*, p.94.

④ Ansari, A.M., *Modern Iran Since 1921: The Pahlavis and After*, p.139.

⑤ Abrahamian, E., *Iran: Between Two Revolutions*, p.420.

有诸多特权。巴列维国王多次朝觐麦加，出席在什叶派宗教圣城卡尔巴拉、库姆和马什哈德举行的什叶派宗教庆典，尤其与教界上层特别是阿亚图拉布鲁杰尔迪、阿亚图拉贝赫贝哈尼等人交往甚密。1953—1963 年，巴扎在诸多方面享有自治的地位，巴列维国王亦极力避免干涉巴扎的内部事务，允许行会的自由选举。

二、白色革命

1

农业是伊朗传统社会的经济基础,土地构成伊朗传统社会最重要的生产资料和财富来源。白色革命前夕,乡村人口约占伊朗全国总人口的 70%。封建生产关系在伊朗乡村长期占据统治地位,大地产与分成制租佃关系的结合构成乡村经济的基本模式,自耕农主要分布在伊朗人口稀少和经济相对落后的农业地区边缘。据 1956 年的官方统计,伊朗全部耕地的 10% 属于国有,4% 属于王室,10% 属于宗教地产,76% 属于私人地产。[1]仅占总人口 1% 的在外地主拥有超过 55% 的耕地,控制超过 65% 的乡村人口。[2]

分成制地租的征纳,是地主土地所有权的主要表现方式。根据 1960 年的统计,交纳分成制地租的耕作者 92 万户,占农户总数的 49%,采用分成制租佃方式的耕作面积 700 万公顷,占全部耕作面积的 62%;相比之下,交纳固定地租的耕作者 27 万户,占农户总数的 14%,采用固定地租的耕作面积 98 万公顷,占全部耕作面积的 9%。[3]分成制的租佃方式在人口稠密和经济发达的农业地区尤为盛行, 其中西阿塞拜疆省 91% 的耕地、克尔曼省 89% 的耕地、库尔德斯坦省 87% 的耕地、东阿塞拜疆省 83% 的耕地、德黑兰省 78% 的耕地、胡齐斯坦省 62% 的谷地、伊斯法罕省和吉兰省 59% 的耕地采用分成制的租佃方式。在交纳分成制地租的条件下,耕种土地的农民包括两种类型:一种是享有长期租佃权的农民,另一种是无租佃权的农民。前

---

[1] Najmabadi, A, *Land Reform and Social Change in Iran*, Salt Lake City 1987, p.45.

[2] Karshenas, M., Oil, *State and Industrialization in Iran*, p.141.

[3] Amid, M.J., *Agriculture, Poverty and Reform in Iran*, London 1990, p.34.

者世代耕种从地主手中租佃的土地,采用劳动队的群体形式,每个劳动队包括数名劳动力,按照土地、水源、种子、耕牛和人力五项要素与地主分享收成,此外尚需提供劳役和实物贡赋。后者缺乏稳定的租种耕地和收入来源,被排斥于五项分成之外,通常充当临时性的日工或季节工,处于乡村社会的底层。[1]

自然村落是伊朗乡村社会的传统组织形式,规模从百余人到数千人不等。在自然村落内部,农业生产与手工业生产密切结合,产品交换普遍采用实物的形式,表现为自给自足和相对封闭的状态。根据1956年的官方统计,伊朗共有自然村落51300个。[2]60年代土地改革前,王室拥有2000个自然村落,占自然村落总数的4%;国家拥有3000个自然村落,占自然村落总数的6%;6000个自然村落属于瓦克夫,占自然村落总数的12%;其余的40000个自然村落中,19000个属于37个最大的地产主,7000个属于中等地产主,15000个属于小地主和自耕农。1943—1960年,大地产主占据议会56%的席位。此间17个首相中,15人来自大地产主。[3]

在外地主远居城市,委派管家监督农业生产。[4]白色革命前伊朗乡村社会的显著特征是,在外地主兼有土地所有权与乡村统治权。农民普遍固着于土地,处于依附状态;在外地主及其管家凌驾于耕种土地的农民之上,俨然成为国家权力的象征。"这些地主因为通常不住在自己的领地上,自然就不会注意开发这些土地,也不想进行农业改革来改善他们的社会状况。""多数大地主在土地耕作和经营管理上依然使用古老的、陈旧的方法,而不愿拿出现代化农业所需要的大量资金,结果是,在此发达的国家不断为开

---

[1]　Beaumont,P.& McLachlan,K.,*Agriculture Development in the Middle East*,London 1985,p.152, p.154.

[2]　Najmabadi,A,*Land Reform and Social Change in Iran*,p.45.

[3]　Bashiriyeh,H.,*The State and Revolution in Iran:1962-1982*,Kent 1984,p.12.

[4]　Shakoori,A.,*The State and Rural Development in Post-Revolution in Iran*,New York 2001,p.45.

垦更多土地而努力的时代,我们的农业却几乎仍处在数千年前的状态。"[1]

1960—1963 年,伊朗由于严重的财政赤字和经济危机,被迫向国际货币基金组织和美国政府寻求紧急援助。国际货币基金组织承诺提供 3500万美元的经济援助,条件是伊朗政府调整预算,冻结工资,搁置部分经济开发项目。美国的肯尼迪政府同意提供 8500 万美元的经济援助,条件是巴列维国王吸收自由派人士加入内阁和实行土地改革,以防止出现在许多国家业已发生的红色革命。巴列维国王迫于形势的压力,逐渐放弃拉拢传统势力和控制现代社会群体的二元政策,进而掀开白色革命的序幕。

2

1962 年,由农业大臣阿尔桑贾尼起草的土地改革法案获准实施。该法案规定:地主拥有土地的最高限额是一个自然村落,超过最高限额的土地必须出售给政府,但果园、花园和机耕土地不在其列;政府根据地主以往上报的土地收入和缴纳的地产税确定购买价格,分 10 年付清地款;政府将所购置的土地出售给享有租佃权的无地农民,购地者需要在 15 年内付清地款;政府在乡村组建合作社,加入合作社是无地农民从国家购置土地的先决条件。[2]土地改革首先在阿塞拜疆、吉兰、克尔曼、法尔斯和库尔德斯坦试行,效果颇为显著。[3]

1963 年,巴列维国王正式宣布关于社会发展的六点纲领,其核心内容是土地改革,时称白色革命。[4]在随后举行的全民公决中,99%的选民支持

① 穆罕默德·礼萨·巴列维:《白色革命》,中译本见热拉德·德·维利埃:《巴列维传》,张许萍、潘庆龄译,商务印书馆,1986 年,第 389 页,第 391 页。

② Najmabadi,A,*Land Reform and Social Change in Iran*,pp.92–93.

③ Hooglund,E.J.,*Land and Revolution in Iran 1960–1980*,pp.53–54.

④ Ansari,A.M.,*Modern Iran since 1921:The Pahlavis and After*,p.157.

六点纲领和白色革命。此后,土地改革在全国范围普遍展开。

1965 年,土地改革法案附加条款获准实施,白色革命进入第二阶段。根据该附加条款,在以往实行分成制租佃方式的地区,地主拥有土地的最高限额减至 30—200 公顷,超过部分可做以下五种选择:一、出租土地,租佃期限不得少于 30 年,承租者缴纳货币地租,租额每五年调整一次;二、出售土地,购地者可向国家银行申请低息贷款,10 年内付清购地款;三、与佃农按照传统的五项要素划分土地;四、地主与佃农合资组建农业联合体;五、拥有土地不足 30—200 公顷者,可购买佃农的租佃权,并雇佣他们作为工资劳动者。[1]该附加条款涉及到约 4 万个自然村落和约 150 万农户,其中 6 万农户购置土地,15 万农户与地主分享耕地,11 万农户加入农业联合体,123 万农户与地主订立长期租约。[2]在实施的过程中,各地的做法不尽相同。胡齐斯坦和马赞德兰大都选择出租的形式,德黑兰周围以及吉兰和阿塞拜疆普遍选择出售土地,法尔斯的许多地主选择与农民分享耕地,克尔曼和呼罗珊的地主多与农民组成联合体,锡斯坦和俾路支的农民往往向地主出售租佃权。[3]

1967 年,农场企业建立与管理法获准实施,1968 年,开发水坝下游土地公司建立与管理法获准实施,白色革命随之进入第三阶段。根据农场企业建立与管理法,农场企业由政府投资,实行计划管理;自耕农可以将地产入股农场企业,按照股份获得分红,亦可为农场企业工作,按日计酬。至1978 年,建立农场企业 94 个,包括 850 座村庄、30 余万农民和 40 余万公顷土地,主要分布于法尔斯、胡齐斯坦和阿塞拜疆。[4]根据开发水坝下游土地公司建立与管理法,政府征购土地,出租给私人经营,成立合资性质的农

① Hooglund, E.J., *Land and Revolution in Iran 1960–1980*, p.61.

② Amjad, M., *Iran: From Royal Dictatorship to Theocracy*, p.82.

③ Lenczowski, G., *Iran Under the Pahlavis*, p.274.

④ Schirazi, A., *Islamic Development Policy: The Agrarian Question in Iran*, Boulder 1993, p.17.

业公司,吸收国外资金和国内资金,属于资金密集型、机械化生产和雇佣制的现代农业企业,种植经济作物。至 1978 年建成 36 家公司,主要分布于胡齐斯坦、古尔干、吉兰等地。[1]在许多地区,政府打破自然村落的界限,组建大型农场,采用工资劳动,推广农业机械,实行单一作物的专门生产。政府亦鼓励外国资本投入伊朗农业,组建外资农业公司;1969—1974 年,5 家外资农业公司从伊朗政府租赁国有土地 7 万公顷。[2]此外,分配和出售租佃土地法于 1969 年开始实施,已与农民签订 30 年长期租约的地主须将土地出售给农民,地价由地主与农民协商解决,地款可一次性支付,亦可在 12 年内分期支付,政府为地主提供担保。[3]1971 年,政府宣布土地改革结束。

3

巴列维国王声称,发动白色革命的根本思想是"权利应归全民,而不得为少数人所垄断",其目的是"真正限制大土地占有,以利农民;真正消灭地主和佃农制度;并真正使这些佃农享有人的尊严和有可能直接从劳动中获利"。[4]然而,实际情况并非如此。作为白色革命的核心内容,土地改革只涉及享有租佃权的无地农民;至于没有租佃权的无地农民,约占乡村人口的三分之一,则被排斥于土地改革的范围之外。[5]另一方面,土地改革并未带来乡村人口平等的经济地位,地产规模存在明显差异。据统计,至白色革命结束时,拥有土地不足 2 公顷者约 100 万户,拥有土地 2—10 公顷者约 140 万户;相比之下,拥有土地超过 50 公顷者虽然只有 4.5 万户,其地产总面积

[1] Hooglund, E.J., *Land and Revolution in Iran 1960–1980*, pp.86–87, pp.84–85.

[2] Schirazi, A., *Islamic Development Policy: The Agrarian Question in Iran*, Boulder 1993, p.20.

[3] Lenczowski, G., *Iran Under the Pahlavis*, p.109.

[4] 《白色革命》,见《巴列维传》,第 368 页,第 392 页。

[5] Kazemi, F., *Peasants and Politics in the Modern Middle East*, Miami 1991, p.285.

却占全部耕地的 47%。①土地改革并没有真正满足广大农民对于土地的要求,相当数量的乡村人口仍然处于贫困状态。显然,巴列维国王无意改善下层民众的生活境况;其发起白色革命的真实目的,乃是通过地权的改变,否定在外地主对于乡村的统治,密切国家与农民的联系,扩大君主政治的社会基础,巩固巴列维家族垄断权力的政治地位。"伊朗的白色革命体现一种新的尝试,其目的是采用自上而下的改革,最终维护传统的权力模式。通过土地改革,国王将贵族限制在城市的范围,切断他们与乡村的联系。"②

白色革命期间的突出现象,是合作社的广泛建立。享有租佃权的无地农民从国家购买土地的同时,必须加入合作社和认购合作社的股份。合作社的职能,包括农产品的生产、储存、流通,农业机械、农药、化肥的提供,以及农业贷款的发放。③合作社分为初级合作社和中级合作社,构成乡村基本的行政单位,隶属政府管辖。初级合作社的范围为 2—3 个村社,包括数百农户。1966 年,初级合作社为 2000 个;1972 年,初级合作社达到 9000 个,包括 2.3 万个自然村落和 150 万农户。④若干初级合作社组成中级合作社,构成初级合作社与政府的中间环节。1966 年,中级合作社 54 个;1968 年,中级合作社达到 81 个。⑤合作社建立的实质,在于官僚政治在乡村社会的广泛延伸。合作社建立的结果,是乡村官僚化程度的明显提高。合作社的建立,标志着国王取代在外地主而成为乡村社会的真正主人,农民由长期依附于在外地主转变为直接隶属于巴列维王朝,波斯帝国的古老梦想由于白色革命而得以实现。

---

① Foran, J., *Fragile Resistance : Social Transformation in Iran from 1500 to the Revolution*, pp.320–321.

② Farazmand, A., *The State, Bureaucracy and Revolution in Modern Iran*, New York 1989, p.104.

③ Farazmand, A., *The State, Bureaucracy and Revolution in Modern Iran*, p.119.

④ Hooglund, E.J., *Land and Revolution in Iran 1960–1980*, p.106.

⑤ Farazmand, A., *The State, Bureaucracy and Revolution in Modern Iran*, p.121.

三、白色革命后经济与社会的发展

1

极权政治的强化与经济社会领域的现代化举措,是巴列维当政期间伊朗历史的核心内容。然而,极权政治的强化与经济社会领域的现代化举措两者之间并非孤立的存在,而是具有密切的内在联系。经济社会领域的现代化举措构成强化极权政治的手段,强化极权政治则是在经济社会领域推行现代化举措的目的。尽管如此,经济社会领域的现代化举措无疑是否定传统秩序的有力杠杆,客观上推动了伊朗历史的长足进步。

礼萨汗当政期间,伊朗的现代化主要表现为工业化进程的启动,局限于城市的范围,乡村社会和农业生产依然沿袭传统的模式。不仅如此,礼萨汗通过立法的形式保护在外地主的既得利益,旨在强化巴列维王朝与在外地主的政治联盟。封建主义在乡村的统治,制约着商品货币关系的扩大和自由劳动力市场的形成,是伊朗现代化进程的最大障碍。巴列维国王当政期间,伊朗的乡村社会和农业生产经历了深刻的历史变革,白色革命则是推动乡村农业深刻变革的关键因素。

白色革命期间,伊朗乡村的地权结构与社会结构发生明显的变化。享有租佃权的无地农民中约92%即194万农户获得数量不等的土地,原来拥有少量土地的富裕农民亦在土地改革的第二阶段购置土地,在外地主对于乡村土地的垄断性占有和超经济强制不复存在,人数众多的小所有者成为乡村重要的社会势力。[1]地权结构与社会结构的变化导致经营方式的相应变化,实物分成的传统租佃制明显衰落,货币关系广泛流行。70年代初,约

---

[1] Amid,M.J.,*Agriculture*,*Poverty and Reform in Iran*,pp.102–103.

有 7000 处超过 100 公顷的地产,大都分布于北部的里海沿岸、东部的呼罗珊和西南部的胡齐斯坦地区,采用雇佣劳动和集约化的经营方式,主要种植经济作物。[1]

随着地权的转移和经营方式的改变,封建主义在伊朗乡村日渐崩溃。采用现代经营方式的大地产显然与市场经济密切相关;获得土地的农民由于摆脱传统的依附状态,不同程度上具有支配生产的自主权利,加之货币关系的渗透,亦逐渐卷入市场经济之中。与此同时,农业领域的资金投入呈上升趋势,农业技术不断改进。

伊朗的农业生产长期沿袭传统的耕作模式。自公元前 8 世纪引进称作卡纳特的暗渠以来,直至 20 世纪 50 年代末,农业技术停滞不前。"伊朗的农业生产率,无论是在单位面积产量还是人均产量方面,均处于落后的状态。在过去的许多世纪,农业技术的改进微乎其微,2500 年前奴隶采用的耕作方式至今依然在乡村农业领域延续。"[2]20 世纪 20 年代,拖拉机开始用于农业生产,农业机械化初步显现。然而,在此后相当长的时期内,农业机械未能得到推广,仅仅局限于少数的王室地产。40 年代初,在伊朗东北部里海沿岸降雨丰富的古尔甘地区,土库曼商人购置王室地产,改变经营模式,建立农场,雇佣劳动力,使用农业机械,垦殖荒地。1949 年,古尔甘农业公司成立。古尔甘农业公司最初主要播种传统作物小麦,50 年代末开始播种高利润的经济作物棉花。进入 50 年代,农业机械在古尔甘逐渐推广,使用农业机械和采用现代经营方式的农场数量日渐增多。[3]

1952 年,伊朗政府成立农业机械发展署,采用分期付款的方式,鼓励农民购置农业机械,至 1956 年,共售出拖拉机 300 台。自 1956 年起,农业机

---

[1] Hooglund,E.J.,*Land and Revolution in Iran 1960–1980*,p.72,p.82.

[2] Vali,A.,*Pre-Capitalist Iran*,London 1993,p.214.

[3] Beaumont,P.& McLachlan,K.,*Agriculture Development in the Middle East*,pp.173–174.

械发展署向农民提供低息贷款,同时控制农业机械的售价,旨在鼓励农民购置农业机械。然而,1960年以前,只有富裕农民购置农业机械。1960年以后,不甚富裕的农民亦开始购置农业机械。1957—1962年,农业机械发展署通过贷款的形式售出拖拉机6300台,联合收割机1100台,其中仅占全国耕地1.5%的古尔甘地区购置拖拉机2000台,联合收割机600台,分别占售出拖拉机和联合收割机总数的30%和50%。里海沿岸的水稻播种区吉兰和马赞德兰亦是较早推广农业机械的省份,自1958年开始引进播种机,至70年代初机播面积达到70%。[①]

白色革命和土地改革不仅导致地权的转移,而且促进了农业机械化的推广。1926—1947年,伊朗共计进口拖拉机600台。至1950年,伊朗共有拖拉机900台,联合收割机100台。1960年,使用拖拉机耕种土地的农户仅占农户总数的4%。[②]自白色革命开始,拖拉机和联合收割机的数量呈明显上升的趋势。1962年,伊朗全国共有拖拉机6000台,联合收割机900台。1971年,拖拉机增至23000台,联合收割机增至1800台。1977年,拖拉机达到53000台,联合收割机达到2500台。[③]德黑兰、古尔甘、吉兰、马赞德兰、东阿塞拜疆、西阿塞拜疆和伊斯法罕是农业机械化程度最高的省份。根据1974年的统计,在马赞德兰,115公顷耕地平均1台拖拉机;在伊斯法罕,124公顷耕地平均1台拖拉机;在德黑兰,165公顷平均1台拖拉机;在阿塞拜疆,277公顷耕地平均1台拖拉机。拖拉机的进口数量,1952—1956年为300台,1957年700台,1960年1300台,1970年5100台,1977年4700台,1979年2800台。拖拉机的保有量,1966年为16000台,1977年50000台,1980年58000台。1974年,吉兰的耕地共计15万公顷,播种机

---

① Beaumont,P.& McLachlan,K.,*Agriculture Development in the Middle East*,p.176,p.177,p.180.

② Moghadam,F.E.,*From Land Reform to Revolution*,London 1996,p.52.

③ Amid,M.J.,*Agriculture,Poverty and Reform in Iran*,p.122.

近10000台，平均每台播种机播种15公顷；马赞德兰的耕地共计12万公顷，播种机10000台，平均每台播种机播种8公顷。吉兰和马赞德兰两省进口的播种机数量，1960年为120台，1963年4000台，1972年10000台，1977年8500台，1980年2900台。①

1958—1967年，政府投资兴建大型水坝12座，灌溉面积由1960年的280万公顷增至1972年的360万公顷。②白色革命前，化肥在伊朗乡村的大多数地区尚鲜为人知。即使在最发达的农业地区马赞德兰和古尔干，施肥面积仅占播种面积的3.5%。③自60年代开始，化肥的投入量急剧上升，1959—1977年年均增长率为21%，其中1959—1961年年均投入3.2万吨，1968—1970年年均投入21万吨，1975—1977年年均投入68万吨。④1960—1975年，主要农作物小麦播种面积从401万哈增至557万哈，年产量从292万吨增至437万吨，大麦播种面积从119万哈增至144万哈，年产量从81万吨增至102万吨，水稻播种面积从33万哈增至40万哈，年产量从71万吨增至102万吨。⑤

尽管如此，白色革命期间，伊朗农业生产的增长速度相对缓慢。1969—1973年的第四个五年计划和1974—1978年的第五个五年计划期间，农业产值的预计年均增长率分别为4.4%和7.0%，而实际年均增长率仅为3.9%和4.6%，远远落后于国内生产总值的年均增长率，其中1978年农业产值增长率为−0.8%。⑥1960—1975年，小麦单位面积产量从每哈0.73吨增至每哈0.78吨，大麦单位面积产量从每哈0.68吨增至0.71吨，水稻单位面积产

① Beaumont,P.& McLachlan,K.,*Agriculture Development in the Middle East*,p.184,p.179,p180.

② Lenczowski,G.,*Iran Under the Pahlavis*,pp.147–148.

③ Moghadam,F.E.,*From Land Reform to Revolution*,p.52.

④ Karshenas,M.,Oil,*State and Industrialization in Iran*,p.152.

⑤ Najmabadi,A,*Land Reform and Social Change in Iran*,p.156.

⑥ Nattagh,N.,*Agriculture and Regional Development in Iran*,Cambridge 1986,p.14.

量从每哈2.12吨增至2.55吨,增长幅度有限。[1]1959—1977年,主要农作物小麦年均增长4.3%,大麦年均增长3.0%,水稻年均增长4.9%。[2]1956年,伊朗总人口为1900万,其中农业劳动力为330万人;1966年,伊朗总人口增至2600万,农业劳动力下降为320万人;1976年,伊朗总人口达到3400万,而农业劳动力仅为360万人。[3]农业产值在国内生产总值中所占的比例,1963年为29%,1977年下降为10%。[4]白色革命期间,160余万农户获得土地,拖拉机保有量增长16倍,化肥使用量增长20倍,然而农业合作社大都经营不善,农产品价格过低,农作物产量徘徊不前,农民生活水平亦无明显提高。

白色革命前的50年代,伊朗的农产品不仅满足国内市场的需求,而且出口国际市场。60年代初,伊朗农业尚且自给有余。自白色革命开始,随着人口的爆炸性增长和城市化的长足进步,农产品的国内市场需求量呈明显的上升趋势。1960年,伊朗耕地面积为1140万公顷,国内市场的粮食需求量为700万吨;1975年,伊朗耕地面积为1570万公顷,国内市场的粮食需求量增至1900万吨。[5]人口的增长速度超过农业生产的增长速度,粮食进口不断增加。1963年,非农业人口的粮食需求为740亿里亚尔,其中进口粮食20亿里亚尔;1977年,非农业人口的粮食需求增至5820亿里亚尔,其中进口粮食增至780亿里亚尔。[6]另据统计,1973年,伊朗从国际市场进口谷物96万吨;1978年,伊朗从国际市场进口谷物增至218万吨。1973—1977

---

[1] Najmabadi, A., *Land Reform and Social Change in Iran*, p.156.

[2] Karshenas, M., *Oil, State and Industrialization in Iran*, p.152.

[3] B.R.米切尔编:《帕尔格雷夫世界历史统计》,亚洲、非洲和大洋洲卷(1750—1993),贺力平译,经济科学出版社,2002年,第102页,第1077页。

[4] Schirazi, A., *Islamic Development Policy:The Agrarian Question in Iran*, p.23.

[5] Rahnema, S., *Iran after the Revolution:Crisis of an Islamic State*, London 1995, pp.30–31.

[6] Karshenas, M., *Oil, State and Industrialization in Iran*, p.243.

年,伊朗进口谷物累计支出 66 亿美元。①巴列维国王甚至宣称,"伊朗的小农生产水平相对落后,浪费财富,使国家无法继续负担"②。

然而,据此认为伊朗农业呈衰落趋势,否定白色革命对于伊朗乡村社会和农业生产的积极影响,尚有进一步商榷的余地。③伊朗乡村的生产关系和社会结构无疑由于白色革命的诸多举措而发生明显的变化。封建地产、家庭经济和资本主义农场的此消彼长标志着伊朗乡村传统经济社会模式的崩坏与现代经济社会模式的长足发展,而农业生产关系的转变与农民生活水平的提高并非必然表现为同步的状态。

2

白色革命前,伊朗的工业化处于起步阶段,规模尚小,轻工业企业居多,石油工业几乎是唯一的重工业部门。工业产值在国内生产总值中所占的比重,1947 年为 5%,1962 年不足 10%。④50 年代和 60 年代初,伊朗政府相继制定第一个七年发展计划 (1949—1955 年) 和第二个七年发展计划 (1955—1962 年),旨在发展农业、改善交通、建立现代工业体系和实现进口替代的经济战略,然而由于资金投入不足,均未取得明显的效果。

伊朗是中东地区最早发现石油的国家。进入 60 年代,伊朗的石油产量急剧上升。1959 年,伊朗石油产量约占世界石油总产量的 4.6%。1974 年,伊朗石油日产量达到 600 万桶,伊朗石油产量在世界石油总产量中所占的份额增至 10.5%。⑤自 1963 年起,伊朗政府的石油收入呈大幅增长的趋势,

---

① Schirazi,A.,*Islamic Development Policy:The Agrarian Question in Iran*,p.7.

② Arjomand,S.A.,*The Turban for the Crown:the Islamic Revolution in Iran*,p.107.

③ Foran,J.,*Fragile Resistance:Social Transformation in Iran from 1500 to the Revolution*,p.323.

④ 张俊彦主编:《中东国家经济发展战略研究》,北京大学出版社,1987 年,第 78 页。

⑤ Clawson,P.& Rubin,M.,*Eternal Iran:Continuity and Chaos*,p.73.

1964 年为 5.6 亿美元,1969 年为 9.6 亿美元,1971 年为 12 亿美元,1974 年为 50 亿美元,1976 年达到 200 亿美元。从 1964 年到 1974 年,伊朗政府的石油收入累计 130 亿美元;从 1974 年到 1977 年,伊朗政府的石油收入累计 380 亿美元。①石油经济的迅速发展和石油收入的急剧增长,导致政府投资的明显扩大。与此同时,白色革命期间,在外地主被迫出售相当数量的地产之后,其投资方向亦由乡村和农业领域转向城市和工业领域,成为推动工业化进程的积极因素。

1963 年,伊朗政府制定第三个五年发展计划,预计投资 19 亿美元,主要投资领域是冶金工业和机械工业,国内生产的年增长率预计达到 8.8%。1968 年,伊朗政府制定第四个五年发展计划,预计投资 107 亿美元,主要投资领域是运输业、电力工业和石油化学工业,国内生产的年增长率预计达到 9%。1973 年,伊朗政府制定第五个五年发展计划,预计投资 365 亿美元,后增至 700 亿美元,主要投资领域是石油化学工业、冶金工业、电力工业、机械工业和运输业,国内生产的年增长率预计达到 26%。②

1973 年以前,主要工业企业大都位于德黑兰。1973—1977 年,诸多新兴工业基地迅速崛起,阿塞拜疆成为机器制造业中心,伊斯法罕成为冶金工业中心,法尔斯成为化学工业中心,胡齐斯坦成为石油工业中心,吉兰成为电力工业中心,工业分布渐趋合理。③巴列维国王甚至夸口,到 20 世纪末,伊朗将成为世界五大工业强国之一。④

1963—1977 年可谓伊朗历史上的工业革命时期,现代工业的生产规模明显扩大。伊朗工业的年增长率从 5%升至 15%,其增长速度相当于发展中

---

① Abrahamian, E., *Iran : Between Two Revolutions*, p.427.

② 张俊彦主编:《中东国家经济发展战略研究》,第 84—88 页。

③ Rahnema, S., *Iran after the Revolution : Crisis of an Islamic State*, p.134.

④ Abrahamian, E., *Iran : Between Two Revolutions*, pp.430–431.

国家平均增长速度的两倍。①雇佣工人 10—49 人的小型企业数量从 1500 家增至 7000 家，雇佣工人 50—500 人的中型企业数量从 300 家增至 830 家，雇佣工人超过 500 人的大型企业数量从 100 家增至 160 家。②此外，尚有不足 10 人的作坊 20 万家。1977 年，各类作坊、工厂和其他相关行业的工人数量约为 250 万人。③与此同时，产业结构发生明显的变化，石油工业、冶金工业、化学工业、机械工业和电力工业逐渐成为颇具影响的支柱产业，制造业在国内生产总值中所占比例从 11%增至 17%。1965—1975 年，主要工业品的产量急剧增长，其中煤炭产量从 29 万吨增至 90 万吨，钢铁产量从 3 万吨增至 28 万吨，水泥产量从 140 万吨增至 430 万吨，棉布和化纤制品从 3.5 亿米增至 5.3 亿米，电话产量从零部增至 19 万部，电视机产量从 1.2 万台增至 3 万台，拖拉机产量从 100 台增至 7700 台，汽车产量从 7000 辆增至 11 万辆。1963—1977 年，国家在德兹福勒、卡拉季和曼杰勒建造大型水利枢纽，发电量从 5 亿千瓦小时增至 155 亿千瓦小时。国家投资改造恩泽里、沙赫普尔港、布什尔和霍拉姆沙赫尔等主要港口，港口吞吐量增长 4 倍。国家投资铺设超过 500 英里的铁路和 13000 英里的公路，从而完成了以德黑兰为中心连接大不里士、伊斯法罕和马什哈德以及里海沿岸和波斯湾港口的铁路干线和四通八达的交通网。④

工业投资的增长无疑是工业化长足进步的重要内容，政府投资、私人投资和国外投资构成巴列维国王时期伊朗工业投资的基本形式。"早在 20 年代巴列维王朝建立之初，君主制已经成为伊朗经济发展的渠道。然而，直到 50 年代，政府在经济领域的作用依然相当有限，只是私人经济的辅助和补充。国家机构的完善和政府职能的强化，并未导致国家资本主义的

① Foran, J., *Fragile Resistance: Social Transformation in Iran from 1500 to the Revolution*, pp.326–327.

② Abrahamian, E., *Iran: Between Two Revolutions*, p.430.

③ Foran, J., *Fragile Resistance: Social Transformation in Iran from 1500 to the Revolution*, pp.326–327.

④ Abrahamian, E., *Iran: Between Two Revolutions*, pp.430–431, p.428.

建立。"①

白色革命初期，政府投资的规模尚不及私人投资。自 60 年代后期开始，伊朗的投资结构发生明显的变化，政府的经济干预随之扩大。进入 70 年代，政府投资逐渐构成伊朗工业投资的主导形式，主要投资领域包括石油工业、冶金工业、机械工业和化学工业，国有企业控制国家的经济命脉。1976 年，国家拥有 130 家大型工业企业，另外在 55 家工业企业拥有股份。政府控制油田和 4 家大型石油化工企业以及阿巴丹、德黑兰、设拉子和克尔曼沙赫的炼油厂，同时拥有大不里士和阿拉克的机械制造厂、大不里士的拖拉机厂、伊斯法罕和阿拔斯港的炼钢厂，垄断烟草企业。②"如果说礼萨汗是伊朗最大的地主，那么巴列维国王则是伊朗最大的资本家。"③与政府投资相比，私人投资的主要领域是纺织工业、食品加工业和建筑业。白色革命前的 1959 年，政府投资占投资总额的 34%，私人投资占投资总额的 66%；巴列维王朝覆灭前的 1978 年，政府投资在全部投资中所占的比例上升为 66%，私人投资在全部投资中所占的比例下降为 34%。1968—1978 年，国有企业的固定资产从 740 亿里亚尔增至 6630 亿里亚尔，私人企业的固定资产从 770 亿里亚尔增至 4120 亿里亚尔，国有企业固定资产的增长幅度明显超过私人企业固定资产的增长幅度。1978 年，来自国有企业的政府财政收入达到 11077 亿里亚尔，仅次于 13142 亿里亚尔的石油收入，远远高于 3976 亿里亚尔的税收。④

尽管如此，自白色革命开始，工业领域的私人投资无疑呈上升的趋势。私人企业主的数量，1956 年不足 7 万人，1966 年增至 15 万人，1976 年超过

① Ehteshami, A., *After Khomeini: The Iranian Second Republic*, London 1995, p.80.

② Parsa, M., *Social Origins of Iranian Revolution*, p.66.

③ Milani, M.M., *The Making of Iran's Islamic Revolution*, p.60.

④ Ehteshami, A., *After Khomeini: The Iranian Second Republic*, p.78, p.79, p.81.

20 万人。[1]1977 年,伊朗共有工业企业 5000 余家,其中政府投资的企业约 400 家,其余企业均系私人投资兴建。[2]此外,巴列维国王时期,国外商家在伊朗境内的投资规模亦不断扩大, 投资金额从 1963 年的 1.3 亿美元增至 1973 年的 12.3 亿美元。1977 年,国外投资累计达到 52 亿美元,投资领域主要是资金密集型企业和技术密集型企业, 包括 5 家大型石化企业中的 3 家、5 家大型化工厂中的 4 家、18 家制药厂中的 14 家、全部的汽车制造厂和 42 家机械制造厂中的 37 家。[3]

　　白色革命期间工业化的长足进步, 导致伊朗产业结构的相应变化。1956—1976 年,农业劳动力在全部劳动力中所占比例从 56% 下降为 34%,而工业劳动力在全部劳动力中所占比例从 20% 增至 35%。1963—1978 年,伊朗国内生产总值从 104 亿美元增至 510 亿美元,其中农业产值在国内生产总值中所占的比例由 28% 下降为 9%, 石油业产值在国内生产总值中所占的比例由 19% 增至 32%,非石油的工业产值在国内生产总值中所占的比例由 16% 增至 23%。[4]

3

　　白色革命至伊斯兰革命之间伊朗社会的突出现象,是城市人口的膨胀和城市规模的扩大。1956 年,伊朗的总人口为 1900 万,其中乡村人口 1300 万,占总人口的 69%,城市人口 600 万,占总人口的 31%。1966 年,伊朗的总人口为 2500 万,其中乡村人口 1500 万,占总人口的 62%,城市人口 1000 万,占总人口的 38%。1976 年,伊朗的总人口为 3370 万,其中乡村人口

---

[1]　Foran,J.,*Fragile Resistance：Social Transformation in Iran from 1500 to the Revolution*,p.329.

[2]　Milani,M.M.,*The Making of Iran's Islamic Revolution*,p.61.

[3]　Foran,J.,*Fragile Resistance：Social Transformation in Iran from 1500 to the Revolution*,p.329.

[4]　Milani,M.M.,*The Making of Iran's Islamic Revolution*,p.60.

1780 万,占总人口的 53%,城市人口 1590 万,占总人口的 47%。①换言之,
1956—1976 年,城市人口约增长 3 倍,而乡村人口仅增长三分之一。

工业化的长足进步,导致伊朗人口流向的明显改变。越来越多的劳动
力脱离农业,从乡村涌入城市,构成城市人口膨胀的主要因素。据统计,移
入城市的乡村农民,30 年代平均每年 3 万人,1941—1956 年平均每年13 万
人,1957—1966 年平均每年 25 万人,1967—1976 年平均每年 33 万人。②
1962—1971 年,约 200 万人从乡村移居城市。③1966—1976 年,伊朗新增城
市人口 600 万,其中自然增长的城市人口 260 万,占新增城市人口总数的
44%,移居城市的乡村人口 210 万,占新增城市人口总数的 35%。④1978 年,
伊朗的城市人口为 1780 万,其中半数系 1963 年以后来自乡村的移民及其
后裔。⑤

与此同时,城市规模不断扩大。人口超过 10 万的城市,1900 年只有 3
个,1956 年增至 10 个,1976 年达到 23 个。人口超过 10 万的城市居民,
1900 年为 50 万人,占城市人口总数的 24%,1956 年增至 320 万人,占城市
人口总数的 53%,1976 年达到 990 万人,占城市人口总数的 63%。1956—
1976 年,德黑兰从 150 万人增至 450 万人,伊斯法罕从 25 万人增至 67 万
人,马什哈德从 24 万人增至 67 万人,大不里士从 29 万人增至 60 万人,设
拉子从 17 万人增至 42 万人,阿瓦士从 12 万人增至 33 万人,阿巴丹从 23
万人增至 30 万人,克尔曼沙赫从 13 万人增至 29 万人,库姆从 10 万人增
至 25 万人, 拉什特从 11 万人增至 19 万人。⑥1966—1976 年, 人口超过

---

① Bonine,M.E.,*Population,Poverty and Politics in Middle East Cities*,p.258.

② Foran,J.,*Fragile Resistance:Social Transformation in Iran from 1500 to the Revolution*,p.337.

③ Bashiriyeh,H.,*The State and Revolution in Iran:1962-1982*,p.88.

④ Kazemi,F.,*Poverty and Revolution in Iran*,p.14.

⑤ Farazmand,A.,*The State,Bureaucracy and Revolution in Modern Iran*,p.154.

⑥ Kazemi,F.,*Poverty and Revolution in Iran*,p.13,p.17.

5000 人的城市从 249 个增至 373 个,人口超过 5 万人的城市从 29 个增至 45 个。[①]1976 年,伊朗最大的 10 个城市即德黑兰、伊斯法罕、马什哈德、大不里士、设拉子、阿瓦士、阿巴丹、克尔曼沙赫、库姆、拉什特的人口占城市人口总数的 52%,其中德黑兰的人口占城市人口总数的 29%。[②]1975 年,62% 的城市人口生活在 19 个人口超过 10 万的大城市,20%的城市人口生活在 55 个 2.5—10 万人的中等城市,18%的城市人口生活在 225 个不足 2.5 万人的小城市。[③]

伴随城市化的进程,作为伊朗传统社会重要组成部分的游牧人口数量呈急剧下降的趋势。1900 年,伊朗有游牧人口 250 万,约占总人口的 25%。礼萨汗在位的 1932 年,游牧人口 100 万,约占总人口的 8%。白色革命初期的 1966 年,游牧人口下降为 71 万,约占总人口的 3%。伊斯兰革命前夕的 1976 年,游牧人口仅 35 万,约占总人口的 1%。[④]

4

自白色革命至伊斯兰革命的 14 年间,伊朗在社会福利方面取得长足的进步,医疗和教育领域的成就尤为明显。1966—1976 年,政府投资 19 亿美元,用于发展卫生和教育事业,医疗机构从 700 家增至 2800 家,医生人数从 4500 人增至 13000 人,护士人数从 2000 人增至 4000 人,医院床位从 2.4 万张增至 4.8 万张。卫生条件的改善,明显降低了瘟疫发病率和婴儿死亡率,人口总数随之呈大幅增长的趋势。1963—1977 年,小学在校人数从

---

① Parsa,M.,*Social Origins of Iranian Revolution*,p.76.

② Kazemi,F.,*Poverty and Revolution in Iran*,p.13,p.17.

③ Roberts,M.H.P.,*An Urban Profile of the Middle East*,London 1979,p.89.

④ Arjomand,S.A.,*The Turban for the Crown:the Islamic Revolution in Iran*,p.69,p.215.

160 万人增至 400 万人,普通中学在校人数从 37 万人增至 74 万人,职业学校人数从 1.4 万人增至近 23 万人,高等学校在校人数从 2.5 万人增至 15 万人。1956—1976 年,人口的识字率从 15%上升为 47%;其中,乡村人口的识字率从 6%上升为 30%,城市人口的识字率从 33%上升为 65%。[1]尽管如此,伊朗仍然是中东地区医疗条件最差和婴儿死亡率最高的国家,接受高等教育的人口比例亦居于中东诸国的末位。[2]

经济的繁荣和财富的增长固然构成社会福利事业长足进步的物质基础,特定的政治制度与社会福利的改善之间亦具有内在的逻辑联系。白色革命期间,教育和卫生领域的发展表现为明显的不平衡性。1973 年,德黑兰拥有全国二分之一的医生,医生与人口的比例为 1:800;相比之下,德黑兰以外地区的医生与人口的比例为 1:5000,在遥远的伊拉姆省则为 1:12600。德黑兰所在的中央省拥有 160 所医院和 2.4 万张病床,平均 4 万人拥有 1 所医院;相比之下,赞赞省只有 3 所医院和 200 张病床,平均 20 万人拥有 1 所医院,而 24 万人的伊拉姆省和 25 万人的波耶尔·艾哈迈德省各有 1 所医院。1977 年,乡村地区的婴儿死亡率高达千分之一百二。1977 年,德黑兰的识字率为 76%,其他地区平均为 38%,伊拉姆省和库尔德斯坦仅为 22%。超过 60%的学龄儿童无法完成学校的学业。1975 年,68%的成年人不识字;1963—1977 年,成年的文盲从 1300 万人增至 1500 万人。[3]

5

巴扎商人和手工工匠作为伊朗传统社会的重要组成部分,相互依存,

---

[1] Milani, M.M., *The Making of Iran's Islamic Revolution*, p.67.

[2] Abrahamian, E., *Iran: Between Two Revolutions*, pp.446-447.

[3] Parsa, M., *Social Origins of Iranian Revolution*, p.79, p.80.

长期处于共生的状态。现代工商业的发展排斥着巴扎商人和手工工匠的物质利益,极权政治的膨胀否定着巴扎商人和手工工匠传统的自治地位。尽管如此,现代工商业的发展并没有使传统手工业和巴扎商业退出历史舞台;相反,城市化的进程在一定程度上甚至为传统手工业和巴扎商业的扩大提供了空间,巴扎商人和手工业者的人数亦呈缓慢上升的趋势。1966—1976 年,巴扎商人从 48 万人增至 56 万人,手工工匠从 53 万人增至 100 万人。70 年代,巴扎商人依然活跃在伊朗的流通领域,控制全部批发贸易的四分之三和零售贸易的三分之二,手工作坊则提供伊朗工业产品的三分之一和非石油出口商品的四分之一。巴扎商人和手工工匠遍布城市和乡村的各个角落,与民众生活息息相关,仍不失为具有广泛影响的社会群体。尽管如此,巴扎商人和手工业者的经济活动处于相对萧条的状态,其经济实力和社会地位已非往日可比。现代化的长足进步,特别是现代工商业的发展,导致传统手工业者和巴扎商人每况愈下的经济社会地位。1972 年,手工作坊使用的劳动力占全部工业劳动力的 65%,手工作坊的产值仅占工业总产值的 36%;1976 年,手工作坊使用的劳动力在全部工业劳动力中所占的比例下降为 36%,手工作坊的产值在工业总产值中所占的比例则下降为 23%。[1]两项数字表明,资金和劳动力非密集型的小生产无力与现代工业竞争,处于惨淡经营的状态。1972 年,政府强行推广机制面包,面包业六千余名手工工匠因此失业。1970 年,政府强行规定城市行会的首领,剥夺行会传统的自治权利。1975—1976 年,政府取缔巴扎商人和手工工匠的行会组织,强化对于巴扎商人和手工工匠的控制,进而利用复兴党掀起反对奸商牟取暴利的运动,致使八千巴扎商人身陷囹圄,约两万名巴扎商人流亡他乡,二十余万个店铺被迫关闭。[2]与此同时,政府建立国营贸易公司和现代商场,

---

①　Foran,J.,*Fragile Resistance:Social Transformation in Iran from 1500 to the Revolution*,pp.333-335.

②　Arjomand,S.A.,*The Turban for the Crown:the Islamic Revolution in Iran*,p.107.

挑战巴扎在流通领域的主导地位。巴扎商人和手工工匠无力单独对抗巴列维王朝,被迫转向教界寻求保护。

现代化的历史进程不仅改变着城市与乡村的人口比例,而且塑造着新兴的社会群体,现代中产阶级的规模不断扩大。现代中产阶级起源于工业化、城市化、政府官僚化和教育世俗化,是现代化进程的产物,其主要政治倾向在于要求实现民主化和社会改革,以求分享国家权力和提高社会地位。白色革命的重要内容,是发展世俗的教育体系和司法体系,完善政府机构和官僚制度。1963—1977 年,伊朗政府雇员从 15 万人增至 56 万人,包括教师、医生在内的知识界人数亦不断增多。[1]与此同时,产业工人队伍明显扩大,进而成为举足轻重的社会群体。1966—1976 年,产业工人从 137 万人增至 192 万人,其在全部劳动力中所占比例从 19% 增至 22%。[2]另据统计,1968 年,产业工人约为 146 万人,其中 17% 即 25 万人分布在 10 人以上的大中型企业;1977 年,产业工人达到 250 万人,其中 29% 即 72 万人分布在 10 人以上的大中型企业。[3]产业工人作为巴列维当政期间现代化进程的受益者,最初并不热衷于政治活动,经济境况的改善是产业工人关注的首要问题。所谓的棚户民缺乏稳定的收入来源,居于城市社会的最底层,大都属于来自乡村的移民,20 世纪 70 年代人数约为 160 万人,占全部劳动力的 18%。[4]

---

[1] Abrahamian, E., *Iran: From Royal Dictatorship to Theocracy*, p.94.

[2] Milani, M.M., *The Making of Iran's Islamic Revolution*, p.64.

[3] Moaddel, M., *Class, Politics, and Ideology in the Iranian Revolution*, New York 1993, p.125.

[4] Milani, M.M., *The Making of Iran's Islamic Revolution*, p.65.

四、"发展的独裁模式"

1

君主制度是伊朗传统的政治制度。巴列维王朝建立以后,伊朗的君主政治日趋强化。1941 年礼萨汗被迫退位以后,君主政治一度削弱,诸多社会群体激烈角逐国家权力, 进而形成多元的政治局面。自 1953 年政变开始,巴列维国王选择了亨廷顿所谓的"发展的独裁模式",极力排斥民众的政治参与。巴列维国王把持着统治国家的绝对权力,凌驾于宪法和议会之上。宪政制度徒具形式,宪法如若一纸空文,议会形同虚设。巴列维国王当政期间,议员任期由 2 年延长为 4 年,议员的人选由国王确定。1953—1977 年,8 人先后出任内阁首相,其中 6 人为巴列维国王的宠臣,首相胡韦达甚至自称是"国王的奴仆"[①]。"巴列维国王俨然是国家权力的化身……伊朗民众并无公民的权利,而被视作是君主的臣民。"[②]白色革命的发生,既是君主政治日趋强化的必然结果,亦是君主政治极度膨胀的集中体现。

巴列维国王沿袭其父礼萨汗当政时期的传统,倚重军队和官僚机构作为首要的统治工具,极力强化独裁专制的政治制度。1963—1977 年,伊朗官僚机构急剧膨胀, 中央政府由 12 个部和 15 万雇员增至 19 个部和 30 万雇员。巴列维国王还重新划分全国政区,省区由 10 个增至 23 个。[③]国家权力通过庞大的官僚机构渗透到城市和乡村的各个角落,传统地方势力作为国家与民众之间的桥梁和纽带由于国家权力的广泛扩张而不复存在。1963—

[①] Abrahamian,E.,*A History of Modern Iran*,p.128.

[②] Farazmand,A.,*The State, Bureaucracy and Revolution in Modern Iran*, p.22.

[③] Amjad,M.,*Iran: From Royal Dictatorship to Theocracy*,p.94.

1977 年,伊朗军队人数从 20 万人增至 41 万人,其中陆军从 18 万人增至 20 万人,海军从 0.2 万人增至 2.5 万人,空军从 0.75 万人增至 10 万人,宪兵从 2.5 万人增至 6 万人,特种部队从 0.2 万人增至 1.7 万人,国王卫队从 2000 人增至 8000 人。1963—1973 年,军费预算从不足 3 亿美元增至 18 亿美元,1977 年甚至高达 73 亿美元。1977 年时的伊朗拥有波斯湾地区最强大的海军和中东地区最先进的空军,号称世界第五军事强国。军队构成伊朗社会的特权阶层,享受优厚的物质待遇,具有广泛的政治影响。巴列维国王作为军队的最高统帅,亲自任免所有高级将领,参与军事演练,并且经常身着军装主持国务活动。始建于 1953 年的萨瓦克由 5000 余名秘密警察组成,遍布各地和各个角落,被称作"国王的耳目和铁拳"①。庞大的官僚机构和装备精良的军队以及秘密警察成为巴列维国王独裁专制的三大支柱,国王控制军队而军队通过国家机器控制社会则是巴列维国王当政期间伊朗政治生活的突出现象。

据西方权威机构估计,巴列维家族的私产在 50 亿到 200 亿美元之间。其一是广袤的良田,主要分布在里海沿岸的马赞德兰、吉兰和古尔甘以及西南部的法尔斯和胡齐斯坦。其二是石油收入,巴列维王朝灭亡前夕,约 20 亿美元的石油收入从伊朗国内存入巴列维家族成员在国外的账户。其三是工商业利润,巴列维家族成员凭借特权从国家银行获得低息贷款,投资工商业领域,牟取暴利。其四是巴列维基金会,巴列维基金会始建于 1958 年,至 1977 年在 200 余家企业和金融机构拥有超过 30 亿美元的股份。②巴列维家族的巨额私产,构成巴列维王朝独裁专制的重要物质保证。

2

　　巴列维国王当政期间,政党政治并非民众政治参与的外在形式,却成

---

① Abrahamian, E., *Iran: Between Two Revolutions*, p.435, p.436.

② Abrahamian, E., *A History of Modern Iran*, p.127.

为君主独裁的御用工具。1958年,巴列维国王宣布实行两党制,授意首相曼努切赫尔·伊格巴尔和内务部长阿萨杜拉·阿拉姆分别创建民族党(Mel-liyun)和国民党(Mardom),其中民族党系议会多数党和执政党,国民党系议会少数党和反对党;两党作为国王御用的政治工具,其成员均为唯命是从的王室宠臣。[1]1963年,民族党改称新伊朗党(Iran Novin Party),首相胡韦达出任新伊朗党总书记。[2]"新伊朗党是国王推行改革举措以及控制内阁和议会的政治组织……新伊朗党控制所有的职业协会、工会、巴扎行会、民间服务性组织和土改合作社。"[3]

1975年,巴列维国王宣布取缔国民党,复兴党(Rastakhiz Party)取代新伊朗党,成为唯一合法的政党。[4]"'一个国家、一个国王和一个政党'成为新的政治座右铭。"[5]巴列维国王宣布,伊朗迈向"伟大的文明"需要统一的思想,复兴党的历史任务是铲除背离官方理论的思想倾向,实现伊朗人民的思想统一,实现国王领导的白色革命,推动国王的伊朗走向新的文明。复兴党声称,国王是雅利安人的灯塔,消灭了伊朗的阶级对立,解决了伊朗所有的社会冲突;国王不仅是伊朗的政治领袖,而且是伊朗的精神领袖;国王不仅为民众建造了道路、桥梁、水坝和沟渠,而且指引着民众的精神、思想和心灵。[6]

复兴党设立50人组成的执行委员会和150人组成的中央委员会作为核心机构,在全国各地设立分支机构,据称拥有党员500万人,而拥护宪法、忠于国王和支持白色革命是加入该党的先决条件。复兴党中央委员会

---

① Katouzian,H,*The Political Economy of Modern Iran*,p.197.

② Fardust,H.,*The Rise and Fall of The Pahlavi Dynasty*,p.63.

③ Bashiriyeh,H.,*The State and Revolution in Iran:1962–1982*,p.30.

④ Chehabi,H.E.,*Iranian Politics and Religious Modernism*,London 1990,p.40.

⑤ Moaddel,M.,*Class,Politics,and Ideology in the Iranian Revolution*,p.63.

⑥ Abrahamian,E.,*Iran:Between Two Revolutions*,pp.441–442.

包括几乎所有的议员和内阁成员,首相胡韦达出任秘书长。①复兴党发行《复兴报》《工人复兴报》《农民复兴报》《青年复兴报》和《复兴思想报》等多种报刊,操纵和控制诸多政府部门和舆论媒体,同时实行严格的新闻监督,查封与其思想观念不符的出版物。②与此同时,复兴党极力削弱什叶派欧莱玛的政治影响和社会影响,严格禁止妇女在校园身着伊斯兰教的传统服饰,清查宗教地产的账目,派出大批人员前往乡村宣传"真正的伊斯兰教。"③复兴党甚至用传统的伊朗历取代伊斯兰历,进而于1976年将伊朗的纪年由伊斯兰历1355年改为伊朗历2535年,旨在美化君主制的悠久历史。④1975年,复兴党操纵的国民议会无视沙里亚的相关规定,将男女青年的法定结婚年龄分别从15岁和18岁改为18岁和20岁,并且重申1967年家庭保护法,赋予世俗法庭审理家庭纠纷的权力,尤其对男子的婚姻行为加以限制,规定男子休妻必须提供有效的理由,男子另娶妻子必须征得现有妻子的同意,妇女享有申诉离婚的权利,妇女外出从业无须征得丈夫的允许。复兴党的诸多举措导致教界的激烈反抗。阿亚图拉鲁哈尼宣布,复兴党的行为违背宪法,违背伊朗人民的利益,违背伊斯兰教的原则。阿亚图拉霍梅尼在伊拉克公开指责复兴党是背离宪法和伊斯兰教的政治组织,号召伊朗真正的穆斯林远离复兴党,声称复兴党不仅侵犯人权、自由和国际法,而且意在毁灭伊斯兰教和出卖国家利益。政府随后逮捕了霍梅尼在伊朗的主要支持者,包括阿亚图拉贝赫什提、阿亚图拉蒙塔泽里、阿亚图拉侯赛因·库米、阿亚图拉拉巴尼·设拉齐、阿亚图拉赞贾尼、阿亚图拉安瓦里、霍贾特伊斯兰卡尼、霍贾特伊斯兰哈梅内伊、霍贾特伊斯兰拉呼提、霍贾特伊斯兰塔赫里。⑤

---

① Abrahamian, E., *A History of Modern Iran*, p.150.

② Amjad, M., *Iran : From Royal Dictatorship to Theocracy*, p.99.

③ Abrahamian, E., *Iran : Between Two Revolutions*, p.444.

④ Ansari, A.M., *Modern Iran Since 1921 : The Pahlavis and After*, p.189.

⑤ Milani, M.M., *The Making of Iran's Islamic Revolution*, p.69.

巴列维国王建立复兴党的目的,是扩大政治基础,排斥政治异己,消除潜在的政治威胁。复兴党的建立,标志着君主独裁达到顶峰。巴列维国王甚至狂言:"伊朗人可以选择支持或反对君主制、宪法和白色革命三位一体的基本原则。支持君主制、宪法和白色革命的人应当加入复兴党,致力于实现君主制、宪法和白色革命的目标。不支持君主制、宪法和白色革命的人可以保持冷漠和旁观的态度,然而他们将不得分享伊朗繁荣的果实。至于那些坚决反对君主制、宪法和白色革命的人,将被允许离开自己的国家。"①"那些反对宪法、君主制度、国王与人民的革命(即白色革命)的人,只能在监禁和流亡之中作出选择。那些不肯加入这个政治组织(即复兴党)的人只有两种可能:他们或者属于某一非法政党,例如人民党,在这种情况下,他们应当入狱;或者有幸无须提供出境签证,便可携带护照,去到他们喜欢的地方。"②

巴列维当政期间,世俗政治在伊朗政治领域长期居于主导地位,世俗化构成伊朗政治演进的主流倾向。所谓世俗政治,在不同的国家和不同的历史条件下,具有不同的政治内涵。巴列维当政期间伊朗的世俗政治,包含排斥教界传统政治影响和强化君主统治地位的双重倾向。排斥教界传统政治影响和强化君主统治地位并非孤立存在的历史现象,两者之间无疑具有密切的内在联系。排斥教界传统政治影响的目的是服务于强化君主统治地位的客观需要,而政治世俗化的逻辑结果则是极权政治的日趋膨胀。换言之,所谓的世俗政治,在伊朗现代化进程的特定历史条件下,表现为打破传统社会权力分配的二元结构,削弱宗教政治,强化政府职能,进而完善巴列维王朝君主独裁的极权政治。君主政治构成世俗政治的外在形式,世俗政治、君主政治和极权政治的三位一体则是巴列维当政期间伊朗政治的基本模式。

---

① Moaddel,M.,*Class,Politics,and Ideology in the Iranian Revolution*,p.64.

② Milani,M.M.,*The Making of Iran's Islamic Revolution*,p.69.

第五章
伊斯兰革命与伊朗现代化的
历史走向

一、伊斯兰革命的起源

1

20 世纪伊朗政治生活的突出现象,在于民主与专制的激烈抗争。经济秩序的深刻变革与新旧社会势力的此消彼长,则是民主挑战专制的物质基础。

1905—1911 年的宪政运动,揭开了民主与专制抗争的序幕,首开伊朗政治现代化进程的先河。然而,由于客观条件的限制,宪政运动未能从根本上触动封建主义的经济基础和传统的社会秩序,议会的召开和宪法的颁布并没有带来民主政治的崭新时代。

自 1925 年巴列维王朝建立开始,君主专制的政治制度空前强化,宪政制度成为君主专制的御用工具。礼萨汗当政期间,特定的历史条件即尖锐的民族矛盾和深刻的民族危机制约着伊朗国内诸多社会群体和政治势力之间的冲突,捍卫国家主权和民族尊严是伊朗各界民众的共同愿望,国王凌驾于社会之上,俨然成为国家主权的体现和民族尊严的象征。

1941 年礼萨汗退位后,君主权力一度衰微,伊朗政坛出现群雄逐鹿的局面,议会成为角逐国家权力的主要舞台。1951—1953 年,首相摩萨台及其支持者利用石油国有化运动,挑战王权,掀起新的民主化浪潮。始建于 1949 年的民族阵线,作为代表资产阶级利益的世俗政治组织,构成此次民主化浪潮的中坚力量。摩萨台及其领导的民族阵线试图恢复 1906 年宪法,实行立宪制,扩大议会权力,进而达到限制王权的目的。然而,在外地主和教界传统势力支持君主政治,反对挑战王权的民主倾向。1953 年,巴列维国王发动政变,恢复君主独裁,民主浪潮在昙花一现之后宣告流产。

"1953 年的政变落下了伊朗政治的铁幕……此前 13 年间,诸多政治力量的怒吼震撼着伊朗。此后的 24 年中,除 1960—1963 年外,伊朗政坛颇显平静。"[1]巴列维国王声称,政坛的平静归功于其卓越的治理。实际上,政坛的平静只是政治风暴的前奏。巴列维国王君主独裁的铁幕只能掩盖社会矛盾和政治对抗,却不能消除社会矛盾和政治对抗。在君主独裁的铁幕掩盖下,伊朗的社会矛盾和政治对抗不断加剧。

2

20 世纪 50 年代至 60 年代初,伊朗国内的政治反对派大都表现为世俗的形式。人民党始建于 30 年代,是十月革命以后马克思主义传入伊朗的产物,系伊朗左翼的激进政治派别。礼萨汗当政期间,人民党被视作非法政治组织,屡遭打击。1941 年礼萨汗退位后,人民党死灰复燃,其成员甚至出任内阁部长。人民党尽管在 1949 年由于涉嫌暗杀国王而遭到政府的取缔,50 年代初依然具有广泛的影响,成为摩萨台政府的重要政治盟友。[2]1953 年

---

① Abrahamian, E., *Iran : Between Two Revolutions*, p.450.

② Parsa, M., *Social Origins of Iranian Revolution*, p.40.

政变后,人民党遭受重创,仅在阿塞拜疆和库尔德人地区勉强维持。巴列维国王称人民党是莫斯科的第五纵队和苏联的特洛伊木马,指责人民党勾结苏联、出卖国家利益、反对私有制和亵渎伊斯兰教信仰,进而取缔人民党,迫害人民党成员。1956 年起,人民党与苏联支持的阿塞拜疆民主党合并,自称伊朗工人阶级的政党,坚持马克思列宁主义的意识形态和无神论信仰,反对财产私有制,支持苏联和国际共产主义运动,主张在伊朗建立民族民主共和国和实行社会主义制度。1964 年,人民党出现分裂,库尔德知识分子宣布脱离人民党,组建库尔德民主党,主张通过武装斗争的方式建立联邦制的国家,实行伊朗的民主和库尔德人的自治。1965 年,人民党再度分裂,其资深成员卡塞姆和弗鲁坦退出人民党,组建马克思列宁主义风暴,反对人民党的亲苏倾向,主张走中国式的革命道路。[①]人民党尽管长期得到苏联政府以及境外诸多马克思主义组织的支持,然而其思想纲领与伊朗的历史传统及伊斯兰教信仰相去甚远,缺乏必要的社会号召力,难以形成广泛的政治影响。

民族阵线始建于 1949 年,50 年代初支持石油国有化运动和摩萨台政府,系相对温和的世俗政治派别。50 年代初,民族阵线无疑是动员民众政治参与和反对君主独裁的重要角色。民族阵线于 1953 年政变后遭受重创,1954 年改称民族抵抗运动。民族抵抗运动缺乏具有权威性影响的领袖人物,亦无统一的政治纲领和严密的组织结构,"从未成为严格意义的政党",只是若干政治群体的松散联合。60 年代初,民族抵抗运动内部由于政治观点的分歧,形成伊朗党、民族党、解放运动和社会主义协会四个派别,是为第二民族阵线。伊朗党和民族党的政治活动主要是批评巴列维政府的具体政策,要求解除对于摩萨台的软禁和扩大新闻自由以及向私人出售国有企业,解放运动和社会主义协会则主张发动反对国王的思想战争。伊朗党、民

---

① Abrahamian,E.,*Iran:Between Two Revolutions*,p.456.

族党和社会主义协会将整个教界视作反动势力,解放运动则强调与反对巴列维国王的教界势力建立广泛的政治联盟。伊朗党极力倡导实现第二民族阵线内部的高度统一,民族党、解放运动和社会主义协会则主张继续维持第二民族阵线的松散状态。1965 年,第二民族阵线正式分裂。其中,伊朗党沿用民族阵线的名称,主张在伊朗建立世俗的民主共和国,民族党、解放运动和社会主义协会组成第三民族阵线,认为欧莱玛是自 1891 年反对烟草专卖运动以来伊朗反对殖民侵略和独裁专制的斗争中举足轻重的政治力量,主张联合教界进步势力,建立反对巴列维国王的广泛政治同盟。①

3

　　世俗与宗教长期并存的二元体系以及世俗倾向与宗教倾向的此消彼长,是伊朗政治与社会领域的明显特征。自 1501 年萨法维王朝建立开始,什叶派取代正统的逊尼派伊斯兰教,成为伊朗官方的宗教信仰,进而在伊朗诸地广泛传播。什叶派不同于正统的逊尼派伊斯兰教,属于穆斯林社会中的少数派,在中世纪曾经长期被排斥于哈里发国家的政治舞台。由于特定的历史环境,教俗并立的二元倾向和独立于世俗政治的宗教政治逐渐成为什叶派区别于逊尼派伊斯兰教的显著特征,伊玛目学说则是广泛影响什叶派穆斯林政治生活的信仰原则。在什叶派穆斯林看来,只有欧莱玛才是沙里亚的体现者和伊斯兰教的捍卫者,至于国王的统治只能局限于世俗的范围。

　　萨法维时代,王权膨胀,宫廷凌驾于教界之上,什叶派欧莱玛构成从属于王权的御用工具。恺伽王朝时期,王权衰微,什叶派欧莱玛构成伊朗政坛中举足轻重的社会势力。恺伽王朝时期伊朗政治生活的突出现象,在于世

① Parsa, M., *Social Origins of Iranian Revolution*, pp.169–170.

俗君主与什叶派欧莱玛的权力分享;首都德黑兰无疑是宫廷的所在和世俗权力的中心,什叶派宗教圣城库姆则是欧莱玛的据点和宗教权力的象征。然而,伊朗的什叶派教界不同于西方的天主教会,并非浑然一体,缺乏严密的组织体系,其与宫廷之间关系各异,或与宫廷保持密切来往,接受国王的赐封,充当国家与民众之间的纽带,或远离宫廷,以民众利益的代言人自居。尽管如此,恺伽王朝与什叶派欧莱玛有着共同的国内敌人即巴布教派和共同的国外敌对势力即西方列强。巴布教派的起义和西方列强的入侵制约着恺伽王朝与什叶派欧莱玛之间的矛盾,却为两者的联合提供了必要的政治基础。宪政运动集中体现了什叶派欧莱玛在伊朗社会的广泛政治影响;1906 年宪法及其补充条款的相关规定, 诸如承认什叶派伊斯兰教作为伊朗官方的宗教信仰、由欧莱玛上层即穆智台希德组成的最高委员会享有监督议会和政府的绝对权力以及沙里亚具有至高无上的神圣地位,标志着伊朗传统政治模式的延续。

自 1925 年礼萨汗即位至 60 年代初白色革命前夕,什叶派传统的宗教政治与巴列维王朝的世俗政治处于共生的状态。1925 年礼萨汗建立巴列维王朝和 1953 年巴列维国王发动政变,皆曾得到什叶派欧莱玛的有力支持。不仅如此,什叶派传统的宗教理论构成巴列维王朝的官方信仰和御用学说,什叶派传统的宗教政治则是巴列维王朝世俗政治的延伸和补充。另一方面,什叶派欧莱玛长期构成伊朗传统社会势力的重要组成部分,是伊朗传统社会秩序的既得利益者和捍卫者。采用传统经营方式的宗教地产瓦克夫是什叶派欧莱玛的主要经济来源,清真寺与巴扎的广泛联盟则是伊朗传统宗教政治的社会基础。

巴列维王朝前期,什叶派欧莱玛属于伊朗社会的保守势力,支持君主政体。什叶派欧莱玛与巴列维王朝两者之间不无矛盾;礼萨汗和巴列维国王两代君主的世俗化倾向和世俗政治的膨胀导致什叶派传统教界的政治影响日渐衰微,白色革命的相关举措导致什叶派传统教界的不满和反抗。

尽管如此,什叶派传统教界毕竟构成君主制度的历史参与者和传统政治模式的重要社会基础,其对巴列维王朝的不满和反抗大都局限于传统秩序的框架之内。强调沙里亚的神圣地位、遵循 1906 年宪法关于维护教界利益的相关内容和反对白色革命期间巴列维国王推行的土地改革,是什叶派欧莱玛与巴列维王朝之间矛盾的焦点所在。什叶派欧莱玛无意倡导民主政治,承认传统政治秩序的合法性是什叶派欧莱玛所奉行的基本原则。因此,什叶派欧莱玛首先于 1925 年支持礼萨汗建立巴列维王朝,试图借助于君主制维护教界的既得利益,抵制共和制的世俗化倾向,继而于 1953 年再度与巴列维国王携手,共同反对摩萨台政府,旨在通过君主制的政治形式捍卫传统的私有制和遏制共产主义。

1953—1960 年,巴列维王朝与什叶派欧莱玛保持良好的合作关系,教界领袖布鲁杰尔迪以及贝赫贝哈尼和卡萨尼作为 1953 年政变的重要支持者深得国王的宠幸。[①]巴列维国王经常前往马什哈德和库姆拜谒圣地,以示虔诚。[②]即使是阿亚图拉霍梅尼,最初亦曾承认立宪君主制的合法地位。

教俗关系的核心内容是权力的角逐,而教俗双方的力量对比决定着教俗关系变化的走向和权力角逐的结局。1906 年颁布的宪法及其补充条款,可谓 20 世纪初伊朗教俗之间力量对比的产物,亦是教俗关系的集中体现。然而,法律条款与现实的政治生活处于互动的状态。巴列维王朝建立后,教俗之间的力量对比经历此消彼长的历史运动。由于君主专制的强化和极权政治的膨胀,1906 年宪法及其补充条款成为一纸空文。日趋紧张的教俗关系抑或官方的世俗政治与民间的宗教政治之间的抗争,成为巴列维王朝时期伊朗政治生活的突出现象。

1959 年,首相伊格巴尔在国民议会提出土地改革法案,导致教界与政

---

① Martin, V., *Creating an Islamic State: Khomeini and the Making of a New Iran*, p.19.

② Milani, M.M., *The Making of Iran's Islamic Revolution*, p.48.

府之间关系的变化。阿亚图拉布鲁杰尔迪声称,土地改革法案背离伊斯兰教和沙里亚的原则,议会应当阻止土地改革法的通过。由于布鲁杰尔迪的反对,土地改革法案被迫搁置。①

60 年代初,巴列维国王羽翼丰满,欲求垄断权力,遂发动白色革命。在外地主和教界传统势力的既得利益受到严重损害,其与巴列维王朝的政治联盟随之瓦解。1963 年初,巴列维国王避开议会,采取全民公决的形式强行通过白色革命的六点纲领, 同时宣布授予妇女在地方议会的选举权,引起教界的强烈不满。同年 3 月,什叶派欧莱玛在宗教圣城库姆抗议巴列维国王的土地改革政策和妇女选举权政策,示威者与警察发生冲突,20 余人遇害,另有多人被捕。②此间,阿亚图拉霍梅尼开始向巴列维国王发难,进而登上伊朗的政治舞台, 成为宪法的捍卫者和反对巴列维国王的风云人物。霍梅尼指责巴列维国王为实施白色革命而举行的全民公决既违背 1906 年宪法的原则,亦与伊斯兰教不符,呼吁民众抵制全民公决,捍卫宪法的尊严。巴列维国王随后向教界发起攻击,官方媒体将全民公决的反对者称作得到企图把伊朗拉回黑暗时代的封建主支持的黑色反动派,指责霍梅尼及其追随者反对土地改革和抵制白色革命的进步思想。③

1963 年 6 月 3 日,在德黑兰、库姆、伊斯法罕、马什哈德、设拉子和大不里士,巴扎商人和工匠、教界和政府雇员、知识分子和产业工人涌上街头,举行示威,抗议巴列维国王的统治。同日,霍梅尼在什叶派宗教圣城库姆向巴列维国王公开宣战。霍梅尼并未明确反对巴列维国王实行的土地改革和妇女政策,而是抨击巴列维政府独裁专制、操纵选举、侵犯宪法、禁止新闻自由、取缔反对派政党和侵犯民众权利,谴责巴列维国王投靠美国、出卖伊

---

① Milani, M.M., *The Making of Iran's Islamic Revolution*, p.48.

② Heikal, M., *The Return of the Ayatollah: The Iranian Revolution from Mossadeq to Khomeini*, London 1981, p.89.

③ Milani, M.M., *The Making of Iran's Islamic Revolution*, pp.50–51.

朗的民族利益以及支持犹太复国主义和出卖巴勒斯坦的解放事业,谴责巴列维国王如同杀害伊玛目侯赛因的倭马亚哈里发叶齐德,号召什叶派穆斯林推翻巴列维王朝。[1]霍梅尼声称:"我们决不允许父辈用自己的鲜血换来的宪法受到侵犯。"[2]霍梅尼甚至发出警告:"如果国王仍然肆意妄为,那么当他某一天不得不离开这个国家时,人民将会感到无限的喜悦。"[3]次日,霍梅尼遭到逮捕,罪名是反对土地改革和白色革命。霍梅尼于1964年获释返回库姆以后,政治威望倍增,成为深受民众拥戴的宗教领袖和民族英雄。

1965年,霍梅尼被巴列维国王驱逐至土耳其,而后流亡伊拉克,1978年移居法国。[4]此后数年,霍梅尼致力于反对巴列维王朝的政治活动,俨然成为披着宗教外衣的民主斗士,其在伊朗民众中的政治影响逐渐扩大。1970年,霍梅尼的追随者甚至将霍梅尼称作"波斯的伊玛目",而此前尚无人获得如此的称谓。[5]

4

马克思主义经典作家认为,阶级社会的诸多宗教作为阶级对抗的产物和体现,具有双重的社会功能。一方面,阶级社会的宗教是阶级统治的工具,是统治阶级维护统治秩序和压迫民众的精神枷锁,是"人民的鸦片"。另一方面,在阶级社会,"宗教里的苦难既是现实的苦难的表现,又是对这种现实的苦难的抗议。宗教是被压迫生灵的叹息"[6]。在特定的历史条件下,宗教为民众反抗

---

[1] Abrahamian,E.,*Iran:Between Two Revolutions*,p.425.

[2] Keddie,N.R.,*Roots of Revolution:An Interpretive History of Modern Iran*,p.158.

[3] Hiro,D.,*Holy Wars:The Rise of Islamic Fundamentalism*,New York 1989,p.159.

[4] Heikal,M.,*The Return of the Ayatollah*,p.91.

[5] Arjomand,S.A.,*The Turban for the Crown:the Islamic Revolution in Iran*,p.101.

[6] 《马克思恩格斯选集》,第1卷,人民出版社,1972年,第2页。

现实的苦难提供神圣的外衣,进而构成社会革命的外在形式。至于理性通过神性的扭曲形式而得以体现和发扬,在历史长河中亦非鲜见。穆罕默德时代的伊斯兰教无疑是革命的意识形态和改造阿拉伯社会的重要武器。"穆罕默德的宗教革命……是一种表面上的反动,是一种虚假的复古和返朴。"[1]

在中世纪的漫长历史时期,伊斯兰教作为官方的学说趋于保守和僵化,进而演变为维护封建秩序的思想理论。然而,伊斯兰教并非孤立存在的意识形态,什叶派欧莱玛亦非一成不变的社会群体。通常认为,伊朗的什叶派欧莱玛始终代表传统的社会秩序,构成现代化进程中的保守势力和逆向因素。阿约曼德认为,什叶派教界尽管与世俗统治者不无矛盾,毕竟构成君主制和传统政治模式的参与者和重要社会基础;巴列维时代的世俗化倾向,特别是白色革命的诸多举措,极力排斥什叶派教界的政治参与和权力分享,摧毁了什叶派教界与世俗统治者之间的政治联盟,进而改变了什叶派教界的政治立场,导致什叶派教界从君主制和传统政治模式的捍卫者转变为君主制和传统政治模式的对立面,成为民众利益的代言人和民主政治的倡导者。然而,实际情况不尽如此。

自 19 世纪以来,伊斯兰世界现代化进程的长足发展导致新旧社会力量的尖锐对立,伊斯兰教作为伊斯兰世界的意识形态随之形成官方学说与民众信仰的明显差异。伊斯兰教的官方学说大都具有浓厚的保守色彩,而民众信仰则往往包含挑战现存秩序的革命思想。20 世纪初,现代伊斯兰主义悄然兴起,集中体现了伊斯兰世界之民众信仰与官方学说的激烈抗争。

60 年代,现代伊斯兰主义思潮自埃及和巴基斯坦传入伊朗,哈桑·班纳、赛义德·库特布和阿布·阿拉·毛杜迪的宗教政治学说逐渐影响伊朗教俗各界,进而冲击长期占据统治地位的什叶派教界的传统理论。[2]

---

[1] 《马克思恩格斯全集》,第 28 卷,人民出版社,1973 年,第 250 页。

[2] Arjomand,S.A.,*The Turban for the Crown:the Islamic Revolution in Iran*,pp.80–87,p.104.

巴列维王朝时期无疑是伊朗现代化进程的重要阶段,传统经济秩序的衰落与新旧社会群体的此消彼长构成此间伊朗历史的突出现象。伴随着伊朗现代化的长足进步和新旧社会力量的尖锐对抗,伊斯兰教作为意识形态在诸多方面发生相应的变化,什叶派教界内部亦经历着裂变的过程,进而形成官方教界与民众教界之间的差异和对立。官方教界恪守传统的意识形态,极力维护传统秩序的合法地位。与此同时,民众教界倡导激进的意识形态,现代伊斯兰主义成为挑战君主政治的革命理论。作为阿亚图拉的霍梅尼,并非传统教界势力的代表,而是特定历史条件下民众教界的化身和民主政治的象征。正因为如此,霍梅尼自1963年起在民众之中久享盛誉,而在教界内部却曾势单力孤。

特定的政治制度决定政治运动的相应形式,巴列维国王的统治模式决定着伊朗民众的反抗模式。现代世俗政治的重要形式是政党政治。然而,巴列维王朝长期操纵议会选举,排斥世俗政党的政治参与,直至取缔政党,禁止民众的自由结社。世俗形式的政治斗争缺乏必要的存在条件和发展空间,世俗反对派政党已无立足之处,宗教几乎成为民众反抗的仅存空间,宗教反对派应运而生,政治斗争随之由世俗领域的议会政治逐渐转化为神权形式的宗教运动,宗教情感成为政治情感的扭曲反映,宗教的狂热成为民众发泄不满和寄托希望的首要形式,清真寺则取代议会而成为反抗巴列维王朝独裁专制的主要据点。

1963年教界掀起的政治风波平息以后,民众建立的宗教组织如雨后春笋,遍布伊朗各地,仅德黑兰就有民间宗教组织达12300个之多,其中大都出现于1965年以后。新兴民间宗教组织大都具有行业背景或地域背景,在巴扎成员和来自乡村的城市贫困人口中颇具影响,成为凝聚下层民众的社会载体,而宗教书刊和音像制品的广泛发行则是民间宗教组织满足民众宗教需要的重要形式。据统计,1976年,仅德黑兰便有48家宗教书刊和音像制品出版商,其中25家系1965—1975年间开始经营。①现代伊斯兰主义的宗教政治思想,正是通过这样的渠道而在伊朗社会广泛传播。

5

什叶派教界的传统理论作为传统社会的客观现实在意识形态领域的体现,与传统社会群体的既得利益密切相关,是维护传统社会秩序的舆论工具。相比之下,现代伊斯兰主义强调《古兰经》和"圣训"的基本原则以及早期伊斯兰教的历史实践,崇尚穆罕默德和麦地那哈里发国家的社会秩序,其核心内容在于倡导平等和民主的政治原则。现代伊斯兰主义貌似复古,实为否定教界传统理论及其所维护的传统社会秩序,是颇具革命倾向的宗教学说和政治理论。现代伊斯兰主义在伊朗的广泛传播,根源于巴列维王朝极权政治的客观环境以及民主与专制激烈抗争的政治需要,标志着崭新的政治文化借助于宗教的形式初露端倪。

自60年代开始,法赫里丁·沙德曼、贾拉勒·艾哈麦德、马赫迪·巴扎尔甘和马哈茂德·塔里甘尼等人积极倡导通过什叶派伊斯兰教的途径寻求伊朗的进步和解放,阐述宗教政治化的社会原则。

法赫里丁·沙德曼从民族主义的立场出发,强调伊朗的现代化并非等同于完全抛弃本国的传统和简单的西化,声称伊朗在历史上屡遭外族的侵略,而西方列强是目前伊朗面临的最危险的敌人,他们正在通过文化的形式而不是武力的手段侵略伊朗,他们试图剥夺伊朗民族的尊严和宗教,直至奴役伊朗民族。"西方文明在伊朗的胜利将是伊朗最终的失败,伊朗民族将不复存在。"②伊朗抵御西方列强的唯一途径是被西方列强征服之前首先

---

① Arjomand, S.A., *The Turban for the Crown: the Islamic Revolution in Iran*, p.92.

② Milani, M.M., *The Making of Iran's Islamic Revolution*, p.79.

战胜西方文明,学习西方文明的先进经验进而丰富伊朗文明则是抵御西方列强和战胜西方文明的先决条件。

贾拉勒·艾哈麦德反对模仿西方,主张通过回归什叶派伊斯兰教抵御包括马克思主义在内的西方思潮,将欧莱玛视作解放伊朗的潜在政治力量,进而倡导欧莱玛与世俗知识分子建立共同反对独裁专制和帝国主义的政治联盟。[①]"每当欧莱玛和知识分子为了共同的事业而携手一致的时候,我们总是能够看到成功、进步和社会发展。"[②]

马赫迪·巴扎尔甘和马哈茂德·塔里甘尼领导的解放运动沿袭摩萨台的政治立场,支持摩萨台创立的民族阵线,是伊朗最具宗教色彩的世俗政治派别。与法赫里丁·沙德曼和贾拉勒·艾哈麦德的民族主义立场相比,马赫迪·巴扎尔甘具有浓厚的民主主义倾向,强调西方现代的科学、理性、自由、民主诸多概念与伊斯兰教的统一,尤其强调民主主义与伊斯兰主义的结合,反对教俗分离,认为参与政治活动是欧莱玛和什叶派穆斯林不可推卸的宗教责任。马赫迪·巴扎尔甘声称:"我们是穆斯林、伊朗人、宪政主义的信徒和摩萨台的追随者。我们是穆斯林,因为我们反对信仰与政治分离;我们是伊朗人,因为我们遵循我们的民族传统;我们是宪政主义的信徒,因为我们憧憬自由;我们是摩萨台的追随者,因为我们向往国家的独立。"

马哈茂德·塔里甘尼更具激进思想,构成解放运动中的左翼倾向,支持伊斯兰圣战者等民兵组织的暴力活动,崇尚宪政革命,强调伊斯兰教框架内的自由、民主和社会公正。马哈茂德·塔里甘尼认为,君主独裁与伊斯兰教之独尊安拉的信仰原则存在根本的对立,专制主义则是偶像崇拜的逻辑延伸。在经济方面,马哈茂德·塔里甘尼认为伊斯兰教并非维护地主土地所有制的意识形态,人民的需要应当得到满足,伊斯兰教倡导公正和平等的

---

① Keddie,N.R.,*Roots of Revolution:An Interpretive History of Modern Iran*,p.204.

② Milani,M.M.,*The Making of Iran's Islamic Revolution*,p.80.

社会原则,而社会的公正与平等源于被压迫者的解放。①在政治方面,马哈茂德·塔里甘尼主张联合一切进步的教俗力量,克服摩萨台时代民主阵营的脆弱和分裂。

6

阿里·沙里亚蒂是什叶派现代伊斯兰主义的先驱和伊朗现代宗教政治的杰出理论家,被誉为伊朗和什叶派伊斯兰教的马丁·路德。②阿里·沙里亚蒂出身于呼罗珊的乡村教师家庭,早年留学法国,1965年获得社会学博士学位,回国后曾在马什哈德大学和德黑兰侯赛因·伊尔沙德经学院任教,1977年被伊朗政府驱逐出境,流亡英国,同年遭到暗杀。阿里·沙里亚蒂援引《古兰经》的相关启示,阐释人文主义的信仰理念,强调人的自由和尊严是现代文明的基础。在此基础之上,阿里·沙里亚蒂认为,人生而平等,男人与女人同样享有平等的权利,③"历史前进的方向是正义的胜利、被压迫民众的解放和邪恶的最终灭亡"④。与此同时,阿里·沙里亚蒂认为,早期的伊斯兰教是革命的意识形态和民众利益的体现,《古兰经》则是规范穆斯林生活方式和行为准则的蓝本;自16世纪起,什叶派蜕变为历代王朝统治人民的官方学说和君主制度的舆论工具,是保守势力的象征和君主制度的卫士,而现存的伊斯兰教恪守传统的社会秩序,是业已僵化的神学理论;应当摒弃教界传统理论,回归经训的道路,恢复伊斯兰教的本来面目,实现安拉与人民的原则,建立平等和民主的社会

---

① Jahanbakhsh,F.,*Islam, Democracy and Religious Modernism in Iran 1953-2000*,Leiden 2001, pp.92-93,p.71,pp.78-79.

② Downes,M.,*Iran's Unresolved Revolution*,Aldershot 2002,p.94.

③ Khater,A.F.,*Sources in the History of the Modern Middle East*,pp.332-336.

④ Shariati,A.,*Awaiting the Religion of Protest*,Tehran 1991,p.47.

秩序。①阿里·沙里亚蒂主张通过革命而不是改革的方式改造伊朗的社会秩序；"民主制是最进步的和最符合伊斯兰教的政治制度。"②

阿里·沙里亚蒂明确区分两种类型的伊斯兰教，即阿里家族的伊斯兰教与萨法维王朝以及巴列维王朝的伊斯兰教，前者作为民众的伊斯兰教，代表进步和革命的运动，后者作为统治者的伊斯兰教，背离经训的教诲。③"两者之间存在着巨大的差别：前者是被压迫民众的宗教，后者则是哈里发和宫廷的宗教……真正的伊斯兰教并不仅仅是穷人的宗教，而是追求公正、平等和根除贫困的宗教"，"我们需要的是自由和进步的伊斯兰教……我们需要的是战斗者的伊斯兰教……我们需要的是阿里家族的伊斯兰教，而不是萨法维王朝的伊斯兰教。"④阿里·沙里亚蒂极力强调，真正的伊斯兰教并非远离政治的个人信仰，而是革命的意识形态，反抗邪恶的统治既是伊玛目的事业，更是所有穆斯林的神圣职责。在阿里·沙里亚蒂看来，伊斯兰教的精髓在于生命的奉献。阿里·沙里亚蒂的名言"殉难是历史的核心"和"时时都是阿舒拉，处处皆为卡尔巴拉"，⑤在后来的伊斯兰革命期间成为广泛流传的政治口号。⑥

然而，阿里·沙里亚蒂所倡导的是伊斯兰教的革命而不是教界的革命，否认什叶派欧莱玛抑或教法学家具有神圣的地位和至高无上的权力。阿里·沙里亚蒂激烈抨击教界保守势力，谴责教界保守势力已经沦为统治阶级的组成部分，已经与统治者和富人沆瀣一气。"在先知的时代，穆斯林具有独立的见解，相互之间商讨不同的看法。相比之下，现在的许多冒牌宗教

---

① Downes, M., *Iran's Unresolved Revolution*, p.95.

② Jahanbakhsh, F., *Islam, Democracy and Religious Modernism in Iran 1953–2000*, p.119.

③ Keddie, N.R., *Roots of Revolution: An Interpretive History of Modern Iran*, p.217.

④ Abrahamian, E., *Iran: Between Two Revolutions*, p.470.

⑤ 阿舒拉指什叶派伊玛目侯赛因的殉难日，卡尔巴拉系侯赛因的殉难地。

⑥ Foran, J., *Fragile Resistance: Social Transformation in Iran from 1500 to the Revolution*, p.370.

学者极力使信众成为驯服的羊群,使信众失去抗争的意识而成为统治者的顺民。"①"宗教学者并非法定的权威……伊斯兰教中没有教士,教士是从基督教借用的词汇。"②在阿里·沙里亚蒂看来,回归真正的伊斯兰教意味着对现存秩序的否定,而回归真正的伊斯兰教不能在教界的领导下付诸实践,只有进步的知识分子才能领导民众回归真正的伊斯兰教。③

7

20世纪40—50年代,霍梅尼持传统的宗教政治立场,倡导欧莱玛参与国家事务,却并不主张建立教界的政权。早在1942年,霍梅尼遵循1906年宪法的基本思想,撰文阐述欧莱玛的政府监督权。霍梅尼认为:"穆智台希德从来不反对国王的统治,即使国王实行的政策与伊斯兰教的原则不尽一致。"④"我们无意强调国家政权必须掌握在教法学家的手中,只是强调政府必须遵循安拉的法度,因为国家和人民的利益要求政府遵循安拉的法度,而宗教领袖的监督是政府遵循安拉法度的保证。这样的政治原则已经由1906年宪法批准,而且符合公共秩序和国家利益。"霍梅尼认为,欧莱玛的立法监督有助于社会各阶层与政府之间保持良好的合作。⑤

60年代初,霍梅尼致力于捍卫1906年宪法,谴责巴列维国王独裁专制和出卖伊朗的国家利益,抨击巴列维国王充当帝国主义和犹太复国主义的工具。1964年,霍梅尼在批评议会授予美国公民享有外交豁免权时明确表示:"过去,英国人奴役伊斯兰国家;现在,这些(伊斯兰)国家处于美国的奴

---

① Shariati,A.,*Awaiting the Religion of Protest*,p.34.

② Benard,C.,*The Government of God:Iran's Islamic Republic*,New York 1984,p.31.

③ Shariati,A.,*Awaiting the Religion of Protest*,p.29.

④ Moslem,M.,*Factional Politics in Post-Khomeini Iran*,New York 2002,p.12.

⑤ Benard,C.,*The Government of God:Iran's Islamic Republic*,p.37.

役之下","来自美国的大资产阶级涌入伊朗,以投资的名义奴役我们的人民……这种现象一方面说明西方的政治和经济剥削……另一方面说明现行的政府屈服于殖民主义……现行的政府力图毁灭伊斯兰教及其神圣的法律。只有伊斯兰教和欧莱玛能够阻止殖民主义的侵犯。"①然而,直至1965年被巴列维国王驱逐出境时,霍梅尼并未提出发动革命和推翻君主制的政治主张,承认君主制是合法的政治制度。②

自60年代后期开始,霍梅尼在反对巴列维国王独裁专制的基础之上,将攻击的矛头指向伊朗传统的君主制度,同时强调宗教应当超越信仰的范围而走进政治领域,强调顺从欧莱玛是穆斯林的宗教义务,将宗教视作反对巴列维王朝独裁专制的政治武器,主张建立教法学家统治的伊斯兰政府,进而发展了现代伊斯兰主义的宗教政治理论。霍梅尼认为,世俗统治与经训阐述的原旨教义不符,君主制度背离早期伊斯兰教的历史实践,伊斯兰世界的君主制是倭马亚人从罗马帝国和萨珊王朝继承的异教制度,伊马目侯赛因与倭马亚人抗争的实质在于反对君主制的统治。③"在伊斯兰教中,既没有君主制,也没有王朝的世袭。""伊斯兰教与君主制的全部观念存在根本的对立。"④另一方面,霍梅尼将社会成员划分为相互对立的两大群体,即"剥夺者"与"被剥夺者"。所谓的"剥夺者"指富人、剥削者和压迫者,所谓的"被剥夺者"指穷人、被剥削者和被压迫者。巴列维王朝的独裁政府保护"剥夺者"的利益,损坏"被剥夺者"的利益。只有推翻世俗化的君主制度,重建教俗合一的神权政治,才能摆脱独裁专制,保护"被剥夺者"的利益,实现社会秩序的平等和民主。⑤在此基础上,霍梅尼声称:"我们所需要

---

① Foran, J., *Fragile Resistance: Social Transformation in Iran from 1500 to the Revolution*, p.368.

② Abrahamian, E., *Khomeinism: Essays on the Islamic Republic*, California 1993, p.21.

③ Abrahamian, E., *Khomeinism: Essays on the Islamic Republic*, p.24.

④ Hiro, D., *Holy Wars: The Rise of Islamic Fundamentalism*, p.161.

⑤ Abrahamian, E., *Khomeinism: Essays on the Islamic Republic*, p.47.

的伊斯兰政府将是宪政的而不是专制的。然而,伊斯兰政府并不是通常意义上的立宪政府即由选举产生的议会制定法律。新的国家将严格遵循《古兰经》《圣训》和沙里亚所规定的原则。"[1]"既然伊斯兰教的原则是法律的原则,那么只有教法学家而不是别人负有治理国家的使命。他们是理解先知意图的人和按照安拉的旨意管理社会的人。""教法学家有权支配国家机构、传播公正、保障安全和调整社会关系。教法学家具有确保人民的自由、独立和进步的知识。"[2]"伊斯兰政府不同于现行的其他政府形式。它不是专制的政府,那种政府的首脑支配着民众的思想,损害民众的生活和财产。先知以及信士的长官阿里和其他的伊玛目都无权毁损民众的财产或他们的生活。伊斯兰政府不是专制的,而是立宪的……伊斯兰政府是法治的政府,安拉是唯一的统治者和立法者……成千上万的人饥寒交加,得不到起码的医疗和教育,却有许多人腰缠万贯,挥金如土……我们的义务是拯救被剥夺者和被虐待者。我们有责任帮助被虐待者和与压迫者斗争。"[3]

所谓的霍梅尼主义,其核心内容在于强调共和政体与教法学家统治的合一。"启示关于教法学家是先知代表的内容并不意味着教法学家的权力局限于解释先知的话语。相反,先知的首要目的是建立公正的社会秩序和实行法治,而这样的目的只能由执行法律的政府完成。既然先知是政府的象征,那么伊玛目和他们的继承人即教法学家也应当是政府的象征。""既然伊斯兰的统治是法律的统治,那么只有教法学家而不是其他人负有管理政府的责任;只有他们能够实践先知的意愿,只有他们能够执行安拉的意志。""当代的教法学家是先知权力的继承人。安拉托付先知的,就是伊玛目托付教法学家的。教法学家对于一切事务拥有权力。他们被托付的是治理

---

① Jahanbakhsh, F., *Islam, Democracy and Religious Modernism in Iran 1953–2000*, p.131.

② Foran, J., *Fragile Resistance: Social Transformation in Iran from 1500 to the Revolution*, p.368.

③ Sidahmed, A.S.&Ehteshahmi, A., *Islamic Fundamentalism*, Boulder 1996, pp.136–138.

国家的权力。""教法学家应当在治理国家方面行使权力,应当在传播公正、提供安全和调整社会关系方面行使权力。教法学家具有相应的知识,以保证人民的自由、独立和进步……我深信你们(即欧莱玛)有能力在暴虐和压迫的基础崩溃的时候治理国家。你们可以在伊斯兰教中找到所需要的一切法规,无论是关于治理国家的法规,还是关于税收、权利、惩罚或其他方面的法规。"在此基础之上,霍梅尼批评脱离政治的宗教倾向。"不要让西方人和他们的走狗统治你们。应当向人民宣传真正的伊斯兰教……殖民主义者传播阴险的思想,那就是宗教应当与政治分离,教界不得参与政治和社会活动。在先知的时代,宗教与国家是分离的吗?教职人员与政治家是分离的吗?"与此同时,霍梅尼批评教界中的温和反对派,强调伊斯兰教的政治革命是根除暴虐、腐败和背叛的唯一途径,进而主张司法审判的权力必须交还教界,伊斯兰国家必须由教界行使最高权力。霍梅尼认为,君主制是与伊斯兰教背道而驰的政治制度,因为先知将世袭王权视作邪恶和蒙昧的现象。"宪政革命期间,英国的代理人欺骗民众,引进外国的法律,意在削弱沙里亚。当革命家坐下来起草国家的宪法时,这些英国的代理人求助于比利时大使,采用比利时宪法。这些英国的代理人复制了比利时宪法,补充了英国和法国宪法的若干内容,然后用伊斯兰教的词语加以掩饰。结果,(伊朗的)宪法成了欧洲的舶来之物,却与伊斯兰教毫无干系。""我们需要的伊斯兰政府应当是宪政的,而不是专制的。但是,这个政府将不是通常意义上的立宪政府——法律将由民众选举的议会制定。这个政府之所以是立宪政府,在于国家的制度和法规将严格遵循《古兰经》《圣训》和沙里亚。"[1]然而,霍梅尼在公开场合往往回避关于建立教法学家统治的国家即法基赫体制的政治设想,却着力谴责巴列维国王勾结美国和以色列而背叛伊斯兰教的信仰和出卖伊朗民族的利益,抨击政府操纵选举和践踏宪法以及维护富人

---

① Abrahamian, E., *Iran: Between Two Revolutions*, p.478.

的利益而压迫穷人,强调反对帝国主义和实现国家的真正独立,恢复伊斯兰教的公正秩序,捍卫劳动人民的利益,改善民众生活,建立民主和自由的伊斯兰国家。[1]

---

[1] Keddie, N.R., *Roots of Revolution: An Interpretive History of Modern Iran*, p.207.

二、巴列维王朝的覆灭与法基赫制度的建立

1

巴列维王朝与在外地主的政治联盟，是 20 世纪伊朗君主制度的社会基础。什叶派教界传统的宗教思想,则是维护巴列维王朝君主制度的重要舆论工具。白色革命期间伊朗历史的突出现象,是经济秩序的剧烈变动与新旧社会势力的此消彼长。"发展的独裁模式"与巴列维国王实行的诸多改革举措无疑构成推动伊朗现代化进程的有力杠杆,乡村封建土地所有制的瓦解、现代工业的发展和城市化程度的提高标志着伊朗现代化的长足进步。礼萨汗当政期间,着力改造传统工业和发展现代工业,却不肯触及乡村农业的传统秩序和触动在外地主的既得利益。相比之下,白色革命的核心内容是改变乡村地权的分布状态和否定分成制的租佃关系,在外地主由于土地改革而丧失原有的势力和影响,巴列维王朝与在外地主的政治联盟亦因白色革命而趋于崩溃。另一方面,巴列维工朝长期奉行世俗化的政策,旨在强化世俗君主对于什叶派欧莱玛的控制。礼萨汗当政期间,致力于克服宗教势力的离心倾向。巴列维国王发动的白色革命,则是礼萨汗当政期间世俗化举措的逻辑延伸。土地改革直接触及约占全国耕地面积 30% 的宗教地产瓦克夫,而所谓的"知识大军"和"公正之家"明显削弱了什叶派欧莱玛在教育和司法领域的传统影响。60 年代初, 伊朗全国共有穆智台希德约 100 人,欧莱玛约 10000 人,清真寺约 20000 处,宗教学校约 100 所,宗教学校学生约 10000 人。[①]1965 年至 1975 年,伊朗全国的清真寺由 20000 处减少到 9000 处,教界控制的宗教学校数量锐减。与此同时,巴列维政府在马

---

① Martin, V., *Creating an Islamic State;Khomeini and the Making of a New Iran*, p.23.

什哈德创建伊斯兰大学,在德黑兰大学设立经学院,强化控制宗教教育,极力使伊斯兰教成为巴列维王朝的御用工具,实现什叶派伊斯兰教的"国有化"和"巴列维化"。[①]

1960—1963 年,教界与国王之间的关系发生明显的变化。与此同时,教界内部趋于分裂,形成不同的政治倾向。布鲁杰尔迪和贝赫贝哈尼代表教界内部的保守势力,维护传统教界的既得利益,主张远离政治舞台,潜心传布安拉的启示,其与国王之间的矛盾在于极力抵制土地改革,可谓现代化进程中的逆向因素。沙里亚特玛达里和塔里甘尼代表教界内部的温和反对派,无意反对土地改革,甚至声称地主对于农民的剥削并不符合伊斯兰教的原则,其政治目标在于反对国王解散议会和独断专行,强调宪政和恢复议会的地位。霍梅尼以及蒙塔泽里、贝赫什提、穆塔赫里、拉夫桑贾尼和哈梅内伊代表教界内部的激进反对派,谴责巴列维国王对内独裁专制以及对外勾结美国和以色列而出卖国家利益,攻击矛头指向巴列维王朝的政治制度和统治地位,俨然是披着宗教外衣的民主斗士。[②]

1953—1958 年,贝赫贝哈尼是巴列维国王的重要支持者,布鲁杰尔迪亦与巴列维国王处于合作的状态。1961 年布鲁杰尔迪死后,众望所归的宗教领袖不复存在,马什哈德的米拉尼、大不里士的沙里亚特玛达里、纳杰夫的哈基姆和库姆的霍梅尼相互抗衡,什叶派教界随之分裂为诸多派别。[③]白色革命的相关举措和巴列维王朝世俗统治的强化,导致教界的广泛不满,进而使教界与巴列维王朝分道扬镳。君主政治的膨胀和现代伊斯兰主义思想的传播,助长着教界内部的革命倾向,进而形成国王的伊斯兰教与民众的伊斯兰教两者之间的激烈对抗。

[①] Milani, M.M., *The Making of Iran's Islamic Revolution*, p.63.

[②] Abrahamian, E., *Iran: Between Two Revolutions*, pp.473–475.

[③] Milani, M.M., *The Making of Iran's Islamic Revolution*, p.48.

伊朗乡村的生产关系和社会结构无疑由于白色革命的诸多举措而经历深刻的变化,封建地产、家庭经济和资本主义农场的此消彼长标志着伊朗乡村传统经济社会模式的崩坏与现代经济社会模式的长足发展。然而,自耕农作为白色革命后伊朗乡村的主要社会阶层,无缘分享政治权力。70年代,巴列维政府致力于工业化和城市化的发展,诸多政策损害农民的利益,进而导致乡村社会广泛的不满情绪。

传统的巴扎商人和手工工匠是现代化长足进步的牺牲品,尽管其人数呈缓慢增长的趋势,然而经济活动处于相对萧条的状态,经济实力和社会地位已非往日可比。1953年摩萨台政府垮台后,行会丧失了原有的权力和独立地位。1957年的行会法规定,行会的建立必须经过政府的批准,行会联合会必须接受政府的监督。1971年,政府解散行会联合会,代之以新伊朗党控制的行会委员会,负责监督行会活动。[①]白色革命期间,巴列维政府兴办国营贸易公司和现代商场,导致巴扎商人在流通领域的地位每况愈下。与此同时,巴列维政府通过实行各种优惠政策,积极扶植和发展现代工业,许多传统的手工业产品由于缺乏竞争力而渐遭淘汰,手工工匠深受其害。

现代化的长足进步塑造着诸多的新兴社会群体。白色革命期间,在外地主相继投资现代工业,兴办工厂,使用雇佣劳动,进而加入新兴资产阶级的行列。随着世俗教育的发展和现代官僚机构的膨胀,包括知识分子和政府雇员在内的所谓知识界亦开始成为举足轻重的社会群体。工业化程度的提高,导致现代产业工人的明显增长。城市化进程的突出现象,则是棚户区的急剧扩展。尽管如此,诸多新兴的社会群体无缘分享国家权力,长期徘徊于政治舞台的边缘地带。作为资产阶级政治组织的民族阵线和代表下层民众政治利益的人民党长期处于非法状态,左翼激进组织人民圣战者和人民敢死队屡遭镇压。工人缺乏结社和集会的合法权利,自发组织的民间工会

---

① Bashiriyeh, H., *The State and Revolution in Iran: 1962–1982*, p.31.

遭到取缔。

1960—1975 年，伊朗人均国内生产总值从 177 美元增至 346 美元，增长幅度接近 100%。[1]然而财富的增长本身并不能带来现代的社会；相反，财富的增长与财富合理分配的社会愿望两者之间的矛盾日益成为伊朗现代化进程的突出现象。"石油收入的增长并没有消除贫困，而只是带来了贫困的现代化。"[2]伴随着财富的急剧增长，财富的分配表现为明显的不平衡倾向：富者愈富而中下层民众获益甚少，德黑兰愈富而外省获益甚少。"国家的财富变成了私人汽车而不是公共巴士，变成了奢侈品而不是公共医疗，变成了军警的俸禄而不是教师的薪水。"[3]1963—1976 年，约占乡村人口 60% 的贫困农户在乡村消费支出中所占的比例从 36% 下降为 27%，约占乡村人口 40% 的富裕农户在乡村消费支出中所占的比例从 64% 上升为73%，其中约占乡村人口 20% 的富裕大户在乡村消费支出中所占的比例从42% 上升为 52%，所谓的基尼系数从 0.34 上升为 0.47。[4]进入 70 年代，伊朗城乡差距呈不断扩大的趋势。1971 年，伊朗个人消费支出共计 7000 亿里亚尔，其中城市个人消费支出 4700 亿里亚尔，占个人消费支出总额的67%，乡村个人消费支出 2300 亿里亚尔，占个人消费支出总额的 33%；1978 年，伊朗个人消费支出共计 1.7 亿里亚尔，其中城市个人消费支出 1.4 亿里亚尔，占个人消费支出总额的 81%，乡村个人消费支出 3000 亿里亚尔，占个人消费支出总额的 19%。[5]

城市化进程的加快导致棚户区的扩张。70 年代中期，德黑兰约有 50 处棚户区，房屋拥挤，道路狭窄，居住环境恶劣。大不里士、克尔曼沙赫、哈马

---

① Alizadeh,P.,*The Economy of Iran:the Dilemmas of an Islamic State*,London 2000,p.32.

② Abrahamian,E.,*Iran:Between Two Revolutions*,p.448.

③ Abrahamian,E.,*A History of Modern Iran*,p.143.

④ Karshenas,M.,Oil, *State and Industrialization in Iran*,p.162.

⑤ Nattagh,N.,*Agriculture and Regional Development in Iran*,p.60.

丹、阿拔斯港、阿瓦士、布什尔、设拉子和马什哈德亦有相当数量的棚户区，其中大不里士的棚户区人口占城市人口总数的 7.6%，阿瓦士的棚户区人口占城市人口总数的 4%。①棚户区的扩张，标志着城市下层民众生活水准的急剧下降。1959 年，占城市人口 20% 的富人的消费支出占城市消费总量的 52%，占城市人口 40% 的中等阶层的消费支出占城市消费总量的 28%，占城市人口 40% 的下层人口的消费支出占城市消费总量的 20%，基尼系数为 0.47；1975 年，占城市人口 20% 的富人的消费支出上升为占城市消费总量的 58%，占城市人口 40% 的中等阶层的消费支出占城市消费总量的 28%，占城市人口 40% 的下层人口的消费支出下降为占城市消费总量的 14%，基尼系数上升为 0.54。②伊斯兰革命前夕，占总人口 0.005% 的富人支配 4% 的国民收入，占总人口 17% 的下层贫困人口仅仅获得不足 1% 的国民收入；占总人口 1% 的富人占有 52% 的财富，占总人口 91% 的穷人仅仅占有 18% 的财富。③另据资料统计，70 年代中期，德黑兰人口不足伊朗总人口的 20%，却有 82% 的注册公司、50% 的工业产值、66% 的大学生、50% 的医生、42% 的医院床位。在德黑兰，平均每十人拥有一辆汽车；相比之下，在其他地区，平均每九十人拥有一辆汽车。④"石油价格的上涨为巴列维政府提供了使伊朗成为地区性经济和军事强国的绝佳时机，而巴列维政府却把这个绝佳时机引向了革命。"⑤

　　白色革命摧毁了旧的政治基础，却未能代之以新的政治基础，巴列维国王由此陷于空前孤立的尴尬状态。随着极权政治的膨胀，巴列维国王一方面成为国家权力的象征，另一方面则成为社会矛盾的焦点和众矢之的。

① Bayat, A., *Street Politics: Poor People's Movement in Iran*, New York 1997, p.26.

② Karshenas, M., *Oil, State and Industrialization in Iran*, p.200.

③ Schirazi, A., *Islamic Development Policy: The Agrarian Question in Iran*, p.75.

④ Abrahamian, E., *A History of Modern Iran*, p.142.

⑤ Milani, M.M., *The Making of Iran's Islamic Revolution*, p.95.

传统社会势力的不满和新兴社会群体的反抗融为一体,结束独裁专制的共同目标导致伊朗民众的广泛联合,政治革命的客观形势日渐成熟。

2

20世纪70年代中叶,巴列维王朝拥有装备精良的现代化军队、组织严密的官僚机器和数量可观的石油美元,表面上稳若磐石。大多数观察家认为,巴列维王朝的统治是稳定的和持久的。另一些观察家尽管深知巴列维王朝的统治缺乏广泛的社会基础和伊朗日趋紧张的政治气氛,仍然断定大规模的革命运动在未来十年不可能发生。然而,一系列事件的发生改变了巴列维王朝的命运,而经济的萧条和自由化的政治环境构成导致革命的直接因素。

伊朗的物价在60年代尚且维持稳定的状态, 进入70年代开始出现通货膨胀。1970—1974年, 物价指数从100上升为126,1975年上升为160,1976年上升为190。1970—1975年,德黑兰的房租上涨300%[1]。自1975年开始, 经济形势进一步恶化。基本生活消费品价格的上涨幅度,1976年为17%,1977年增至25%。非石油产业的年增长率,1976年为14%,1977年下降为9%。由于政府大幅削减投资项目和压缩投资规模, 失业率从1974年的1%急剧上升为1977年的9%。[2]1974年,巴列维政府尚有20亿美元的财政盈余;1978年,政府财政赤字高达73亿美元。[3]

"通货膨胀自1973年逐渐加剧,到1976年夏季达到相当惊人的程度,而国王却用军人的眼光看待经济问题,向奸商宣战。"1975年,巴列维国王

---

[1]　Abrahamian, E., *Iran: Between Two Revolutions*, p.497.

[2]　Foran, J., *Fragile Resistance: Social Transformation in Iran from 1500 to the Revolution*, p.377.

[3]　Milani, M.M., *The Making of Iran's Islamic Revolution*, p.97.

宣布实行两项新的经济政策，即私人和公共所有权的延伸和反暴利运动，作为白色革命的增补内容。

所谓的私人和公共所有权的延伸，即规定私人企业 49% 的股份和国有企业 99% 的股份向民众出售，政府向购买者提供低息贷款。巴列维国王声称，在未来三年中，将有 450 万伊朗人成为国家主要产业的股份所有者。此外，政府规定最低工资标准，甚至强迫许多私人企业主满足工人提高工资的要求。此项政策被认为是政府在经济领域的不公正干预，引起私人企业主的强烈不满。

所谓的反暴利运动，其主要攻击目标是被称作商业封建主的巴扎商人。巴列维国王声称，封建领主在 1963 年已经被消灭，目前应当与商业封建主进行斗争，直至最后的胜利。1975 年，巴列维政府强迫巴扎商人主动降低物价，进而对数百种基本生活消费品实行严格的价格控制，同时进口小麦、糖和肉用以平抑物价，成立消费者保护委员会。复兴党组织 1 万名学生进驻巴扎，与所谓的奸商进行斗争。萨瓦克匆忙组建的行会法庭对 25 万人实行罚款，将 2.3 万人赶出家乡，另有 8000 人被投入监狱，18 万人遭到指控。到 1976 年初，几乎所有的巴扎商人都受到反暴利运动的牵连。[1]反暴利运动的实施，明显加剧了巴扎商人与国王之间的矛盾。由于受到政府和复兴党的威胁，巴扎商人无力单独对抗巴列维政府，遂转向教界寻求保护。

1977 年初，巴列维政府削减向教界发放的年金，导致欧莱玛的不满。许多欧莱玛上层人物颁布宗教法令，指责复兴党违背宪法和伊斯兰教的原则，霍梅尼则抨击复兴党意在毁灭整个伊朗和伊斯兰教。与此同时，被捕入狱的欧莱玛人数前所未有。[2]

与此同时，伊朗的政治形势发生变化。1975 年，国际人权组织指责伊朗是世界上人权状况最差的国家之一，要求巴列维国王改善国内的人权环

---

[1] Abrahamian, E., *Iran: Between Two Revolutions*, pp.497–498.

[2] Abrahamian, E., *A History of Modern Iran*, p.153.

境。①美国总统卡特亦于 1976 年开始批评巴列维国王的独裁专制,要求巴列维国王改善伊朗的人权状况和恢复民主政治。②巴列维国王迫于国际形势的压力,开始在国内尝试实行自由化政策,许诺在伊朗创造自由的政治气氛,同时释放 357 名政治犯,邀请国际红十字会参观 20 所监狱,允许外国律师出席军事法庭的审判,复兴党则宣布欢迎社会各界发表不同的政见。③自由化的改革举措,无疑使反对派势力获得了必要的政治环境。然而,巴列维国王"只是打算给反对派提供有限的喘息空间,却不打算与任何人分享权力"④。

3

1977—1979 年伊朗的伊斯兰革命,最初表现为世俗知识界发起的自由化运动,具有明显的温和倾向。早在 1976 年即巴列维王朝建立 50 周年之际,流亡政治家巴尼萨德尔在巴黎发表题为"背叛的五十年"的文章,列举巴列维王朝 50 年间的诸多罪状,包括 1921 年和 1953 年两次发动政变、践踏宪法、投靠西方世界、出卖国家主权、损害民族利益、镇压民众运动、杀害反对派人士、清洗爱国将领、推行一党制和个人崇拜。⑤

1977 年 5 月,53 名律师发表致巴列维国王的公开信,抗议政府侵犯司法独立和干预司法审判。同年 6 月,40 名作家致信首相胡韦达,要求恢复 1964 年遭到取缔的作家协会,取消新闻审查,实行言论自由和结社自由。⑥

---

① Abrahamian,E.,*Iran:Between Two Revolutions*,p.498.

② Parsa,M.,*Social Origins of Iranian Revolution*,p.54.

③ Chehabi,H.E.,*Iranian Politics and Religious Modernism*,p.225.

④ Milani,M.M.,*The Making of Iran's Islamic Revolution*,p.110.

⑤ Abrahamian,E.,*A History of Modern Iran*,p.157.

⑥ Keddie,N.R.,*Roots of Revolution:An Interpretive History of Modern Iran*,p.233.

与此同时,前民族阵线领导人卡里姆·桑贾比、沙赫普尔·巴赫蒂亚尔和达里乌什·福鲁哈尔致信巴列维国王,批评君主独裁,要求尊重人权和释放政治犯,声称"恢复国家统一和民众权利的唯一方式是放弃专制、尊重宪法、遵守联合国人权宣言、废除一党制、允许言论自由、释放政治犯、建立得到公众信任和履行宪法的政府"①。7月,64名律师聚集德黑兰,起草宣言,要求尊重宪法和实行司法独立,包括作家协会、律师协会、大学教师全国委员会和保卫自由与人权委员会在内的诸多民间政治组织随之在知识界相继建立,业已遭到政府取缔的世俗反对派民族阵线和解放运动亦卷土重来。1977年秋,德黑兰学生走上街头游行,要求校园的政治自由。②此间,反对派势力主要来自世俗知识界,教界尚未直接介入,民众运动仅仅表现为政治宣传和组建社团。反对派并无明确的政治纲领和严密的政治组织,只是强调恢复1906年宪法和立宪君主制以及限制巴列维国王的统治权力,斗争方式亦颇具温和倾向。民众运动的范围局限于首都德黑兰,并未波及其他地区。

1978年1月7日,复兴党操纵的官方报纸发表文章,诋毁什叶派欧莱玛是"中世纪的黑色反动派",指责教界勾结国外势力破坏白色革命,诬陷霍梅尼具有外国血统和充当外国间谍。该文章的发表引起伊朗各地的轩然大波。教界由此开始放弃旁观的立场,加入反对巴列维国王的队伍。教界的介入得到巴扎商人和手工工匠的积极响应,而反对巴列维国王的民众运动亦逐渐由德黑兰蔓延到诸多城市。该文章发表的次日,在宗教圣城库姆,数千名经学院的学生举行游行,抗议政府玷污教界,高喊口号"我们不要叶齐德的政府""我们要我们的宪法""我们要阿亚图拉霍梅尼的归来",进而与警察发生冲突,5名学生遭到杀害。③1月10日,霍梅尼发表声明,称赞库姆

---

① Abrahamian, E., *Iran: Between Two Revolutions*, p.502.

② Arjomand, S.A., *The Turban for the Crown: the Islamic Revolution in Iran*, pp.116-118.

③ Kurzman, C., *The Unthinkable Revolution in Iran*, Harvard 2004, p.33, p.37.

经学院学生的做法是英雄的举动,谴责国王勾结美国、败坏伊斯兰教、损害伊朗农业和将伊朗变成外国货的垃圾场。另一著名的教界领袖沙里亚特玛达里抱怨政府诽谤欧莱玛,声称如果政府将要求恢复宪法视作是黑色反动派的标志,那么自己宁愿成为黑色的反动派。教界势力的介入以及巴扎商人和工匠的响应,标志着反对巴列维国王的民众运动开始由世俗的形式转化为宗教的形式,遍布各地的清真寺成为反对巴列维国王的重要据点。

2 月 18 日是库姆惨案的四十天祭日,各地的巴扎和大学纷纷关闭以示哀悼死者,和平示威发生在德黑兰、库姆、伊斯法罕、马什哈德、阿瓦士、设拉子、拉什特和大不里士等 12 座城市。在大不里士,反对巴列维国王的和平示威演变为民众与警察之间的暴力冲突,示威的民众一度占领警察局和复兴党党部,直至 2 天后被政府军镇压。[①]3 月 29 日是大不里士惨案的四十天祭日,各地的巴扎和大学再度关闭,55 座城市举行哀悼死者的活动。[②]在德黑兰、叶兹德和伊斯法罕等地,愤怒的示威者进攻警察局和复兴党党部及其他政府机构,叶兹德的民众甚至高喊"处死国王"的口号。5 月 10 日又是一个四十天祭日,德黑兰爆发大规模的民众抗议活动,巴列维国王被迫取消出访欧洲的计划,派出 2000 名军警封锁巴扎和大学校园,使用催泪瓦斯驱散示威的民众。在前后三次的四十天祭日示威中,官方宣布死亡22人,受伤约 200 人,而据反对派的说法,死亡人数为 250 人,受伤人数超过600 人。[③]

白色革命期间,随着工业化程度的迅速提高,产业工人队伍明显扩大。1966—1976 年十年间,伊朗的产业工人从 137 万增至 192 万,成为举足轻重的社会群体。[④]与此同时,产业工人的工资收入急剧攀升。21 个主要工业

---

① Kurzman, C., *The Unthinkable Revolution in Iran*, p.46.

② Foran, J., *A Century of Revolution Social Movements in Iran*, p.176.

③ Abrahamian, E., *Iran: Between Two Revolutions*, p.508.

④ Abrahamian, E., *The Making of Iran's Islamic Revolution*, p.64.

部门的平均工资,1974—1975 年增长 30%,1975—1976 年增长 48%。熟练工人的工资增长幅度尤为明显。制造业工人的平均日工资,1971 年时为220 里亚尔,1977 年增至 850 里亚尔。由于生活境况的不断改善,产业工人最初大都安于现状,并不热衷于反对国王的政治活动。进入 1978 年以后,经济危机波及工业领域,产业工人工资下降,失业率上升。[1]1978 年 6 月,德黑兰工人举行罢工,抗议政府取消年度分红。7 月初,阿巴丹工人举行罢工,要求提供医疗保险、恢复年度分红和增加 20% 的工资。7 月底,贝赫沙赫尔的 1750 名纺织工人举行罢工,要求提高工资和实行工会的自由选举。8 月,大不里士的 2000 名工人举行罢工,要求恢复年度分红、提高工资和改善居住条件。8 月 19 日,阿巴丹工人区的一处电影院发生火灾,死者超过 400人,而萨瓦克被认为是纵火的元凶。此后,产业工人的反抗活动由罢工演变为示威,政治要求取代经济要求而成为工人运动的首要目标,"烧死国王"和"推翻巴列维家族"成为产业工人的政治口号。[2]随着产业工人接连举行的罢工和示威,反对巴列维国王的伊朗民众与巴列维政府之间的力量对比出现明显的变化。"工人、巴扎商人、学生和欧莱玛建立起广泛的联盟"[3],政治角逐的天平开始向反对派方面倾斜。

1978 年 8 月,巴列维国王迫于民众运动的压力,解除首相阿姆泽加尔的职务,起用温和派人士沙里夫·艾玛米出任首相,采取安抚政策,许诺实行西方式的多党制度和民主制度,释放在押的政治犯,笼络沙里亚特玛达里、桑贾比、巴扎尔甘和福鲁哈尔等反对派领袖。然而,形势并未出现转机。1978 年 9 月 7 日,德黑兰 50 万人举行示威,高呼激进的政治口号"处死巴列维家族成员""赶走美国人""侯赛因是我们的向导,霍梅尼是我们的领

---

[1] Abrahamian, E., *Iran : Between Two Revolutions*, pp.511–512.

[2] Kurzman, C., *The Unthinkable Revolution in Iran*, p.62.

[3] Downes, M., *Iran's Unresolved Revolution*, p.111.

袖""独立、自由、伊斯兰""我们要伊斯兰共和国",巴列维国王则宣布在德黑兰、卡拉季、库姆、马什哈德、大不里士、伊斯法罕、设拉子、阿巴丹、阿瓦士、加兹温、朱赫拉姆和卡兹伦等11座城市实行军事管制。[1]9月8日,德黑兰民众与巴列维王朝的军警发生冲突,死伤者不计其数,时称"黑色星期五"[2]。此后,伊朗国内的政治形势急转直下。

世俗的知识界无疑是挑战巴列维王朝独裁专制的重要政治力量,然而其政治纲领相对温和,代表新兴资产阶级的利益,排斥下层民众的政治参与,主张恢复宪政,进而与国王分享国家权力,却无意推翻君主制度。解放运动的领导人巴扎尔甘曾向美国驻伊朗大使表示:"如果国王愿意实施宪法的所有条款,那么我们便会接受君主制和参与选举。"[3]巴扎尔甘后来说道:"我们原本企盼甘霖的降临,结果到来的却是洪水。"[4]相比之下,霍梅尼尽管只是什叶派的多位阿亚图拉之一,在教界内部并无十分显赫的地位,却由于其长期反对巴列维王朝而毫不妥协的坚定立场和民主斗士的政治形象而在伊朗民众之中久享盛誉。"霍梅尼赢得了不同的社会群体,众多的民众把他视作期待已久的拯救者。在小资产阶级看来,他不仅是独裁的夙敌,而且是私有财产、传统价值观念和身陷困境的巴扎商人的保护者。在知识界看来,他尽管具有宗教身世,却颇似富于战斗精神的民族主义者,将会完成摩萨台的未竟事业,使国家从帝国主义和专制主义的双重压迫下得到解放。在城市的工人看来,他将实现社会公正和财富的重新分配,把权力从富人手中转移到穷人手中。在乡村民众看来,他将带来土地、水源、电力、道路、学校和医疗机构,即白色革命未能带来的物质内容。对于所有的人来说,他象征着宪政革命的精神,在他身上寄托着此前的革命仅仅燃起却未

---

[1] Abrahamian, E., *Iran: Between Two Revolutions*, p.515.

[2] Kurzman, C., *The Unthinkable Revolution in Iran*, p.75.

[3] Milani, M.M., *The Making of Iran's Islamic Revolution*, p.114.

[4] Amjad, M., *Iran: From Royal Dictatorship to Theocracy*, p.138.

能实现的希望。"①

随着政治形势的发展和民主与专制的激烈冲突，特别是"阿巴丹纵火案"和"黑色星期五"之后，世俗知识界之恢复 1906 年宪法的妥协倾向逐渐失去赖以存在的土壤；推翻巴列维王朝的统治、实现共和取代回归宪政，成为民众运动的崭新政治目标。现代伊斯兰主义由于超越以往各种政治要求的狭隘界限，强调平等和民主的原则，代表诸多不同社会群体的共同利益，适应政治斗争的客观需要，提供了凝聚反对巴列维王朝的社会力量进而实现广泛政治联合的崭新理论工具。流亡巴黎的霍梅尼宣布，国王已经听到了革命者的呼声——他必须退位并接受伊斯兰的审判；民众与国王之间绝无妥协的余地，加入巴列维政府意味着背叛伊斯兰教；民众运动不会停止，直至将"卑鄙的君主制"扔进历史的垃圾堆，代之以崭新的伊斯兰共和国。"战斗的伊斯兰"体现民众的愤怒，具有强烈的革命倾向。

1978 年 10 月底和 11 月初，解放运动的领导人巴扎尔甘和民族阵线的领导人桑贾比相继从德黑兰前往巴黎，会晤霍梅尼。随后，巴扎尔甘代表解放运动宣布，目前的民众运动表明人民拥护阿亚图拉霍梅尼和要求用伊斯兰政府取代君主制。桑贾比代表民族阵线宣布，目前的君主制是独裁和腐败的制度，不能履行法律和沙里亚，不能抵抗外国的压力，需要建立以伊斯兰、民主和国家主权作为基础的民族政府。桑贾比、巴扎尔甘和霍梅尼一致认为，现存的君主制度与伊斯兰教的原则不符，是政治独裁、社会腐败和民族屈辱的根源所在。三人共同宣布，结束伊朗的君主制度，建立伊斯兰共和国，"借以保卫伊朗的独立和民主"②。此次会晤标志着"霍梅尼成为伊朗革

---

① Abrahamian, E., *Iran: Beteen Two Revolution*, pp.532–533.

② Milani, M.M., *The Making of Iran's Islamic Revolution*, p.122.

命运动之无可争议的政治领袖"①,反对巴列维王朝的各个阶层实现空前广泛的政治联合。

1978 年 12 月,巴列维国王指定前民族阵线成员巴赫提亚尔出任首相。②巴赫提亚尔宣布国王将去欧洲休假,许诺解除军事管制和实行自由选举,取消与美国签署的 70 亿美元的武器交易计划,停止向以色列和南非出口石油,释放政治犯,解散萨瓦克,冻结巴列维基金会资产,称赞霍梅尼是"伊朗的甘地"并欢迎霍梅尼回国。反对派领导人对巴赫提亚尔政府态度各异。沙里亚特玛达里和许多温和的教界人士宣布支持新首相,以免国家陷于混乱。桑贾比和弗鲁哈尔坚持国王必须退位。霍梅尼则声称任何由国王任命的政府均属非法,顺从巴赫提亚尔便是顺从撒旦。罢工和示威并未由于巴赫提亚尔的许诺而停止,越来越多的民众要求国王退位、巴赫提亚尔辞职、霍梅尼回国和废除君主制。1979 年 1 月 16 日,巴列维国王逃往埃及。2 月 1 日,霍梅尼自巴黎返回德黑兰。③

1979 年 3 月,伊朗举行全民公决;在 2280 万选民中,2040 万选民拥护国家采用共和制政体。同年 5 月,霍梅尼正式宣布废除君主制,实行共和制。④

4

通常认为,教俗合一是传统政治模式的典型特征,而现代化与世俗化呈同步状态。巴列维王朝的支持者认为,伊斯兰革命发生的根源在于巴列维国王推行的现代化举措超越了观念保守和思想落后的伊朗民众所能承受的范围,巴列维王朝的统治是伊朗走向现代文明的象征,而巴列维王朝

① Downes,M.,*Iran's Unresolved Revolution*,p.114.

② Downes,M.,*Iran's Unresolved Revolution*,p.115.

③ Fardust,H.,*The Rise and Fall of The Pahlavi Dynasty*,p.403,p.415.

④ Parsa,M.,*Social Origins of Iranian Revolution*,p.252.

的覆灭标志着伊朗现代化进程的中断,伊斯兰革命的政治实践则构成伊朗
现代化进程的逆向运动。亦有学者认为,伊斯兰革命的社会基础在于伊斯
兰原教旨主义者,包括所谓的传统伊斯兰原教旨主义者、自由伊斯兰原教
旨主义者和激进伊斯兰原教旨主义者。①实际情况并非如此。伊朗伊斯兰革
命尽管具有宗教政治的浓厚色彩,却非教界传统势力与世俗政治的对抗抑
或什叶派欧莱玛与巴列维国王世俗政权的较量,而是宗教形式下诸多社会
群体反抗独裁专制的深刻政治革命。

白色革命期间,新兴阶层与传统势力之间无疑存在着种种矛盾。然而,
巴列维王朝的独裁专制与民众分享国家权力的政治倾向两者之间的尖锐
冲突,作为伊斯兰革命前夕伊朗社会的主要矛盾,制约着其他层面的次要
矛盾,导致反对巴列维王朝的诸多社会群体在争取民主的政治基础之上形
成空前广泛的联合,巴列维国王则是社会矛盾的焦点、民众的公敌和反对
派政治势力的众矢之的。经济社会的长足进步与政治体制的严重滞后两者
之间的矛盾作为巴列维时代伊朗历史的突出现象,是导致伊斯兰革命的根
本原因。

现代伊斯兰主义作为 1977—1979 年伊斯兰革命的意识形态,并非伊
朗的特有现象,而是存在于伊斯兰世界的诸多地区,埃及和南亚则是现代
伊斯兰主义的主要发源地。现代伊斯兰主义自 70 年代在伊朗的广泛传播,
并非霍梅尼个人能力所致,而是根源于伊朗社会的客观需要,标志着崭新
的政治文化借助于宗教的形式初露端倪。

如果说官方的什叶派伊斯兰教是巴列维王朝的统治工具和麻痹人民
的精神鸦片,那么民众的什叶派伊斯兰教,特别是阿里·沙里亚蒂和霍梅尼
阐述和倡导的现代伊斯兰主义,则是"被压迫生灵的叹息"和反抗巴列维王
朝独裁专制的革命手段。巴列维时代伊朗教俗关系演变的实质,在于什叶

---

① 曲洪:《当代中东政治伊斯兰:观察与思考》,中国社会科学出版社,2001 年,第 237—239 页。

派伊斯兰教从麻痹人民的精神鸦片转化为"被压迫生灵的叹息"抑或从政治宗教化转变为宗教政治化。特定的社会背景和政治环境,无疑是什叶派伊斯兰教发生转化的物质根源。巴列维时代深刻的社会矛盾和政治对抗从根本上改变了伊朗教俗关系的传统模式,什叶派伊斯兰教由官方的学说转变为民众的信仰,由麻痹人民的精神鸦片转变为民众反抗的政治武器,进而由捍卫传统社会秩序的意识形态转变为倡导现代社会秩序的意识形态。

霍梅尼的政治思想表面上包含传统主义和现代主义的双重内容,看似截然对立抑或水火不容,实则不然。霍梅尼主义借助于回归宗教的传统形式,阐述独立、自由、平等和公正的现代政治理论,强调以安拉的尊严取代国王的尊严和以伊玛目之神圣的宗教权力取代巴列维王朝的世俗权力,旨在否定传统的政治模式和君主独裁的政治制度,代表反对君主专制的诸多传统社会势力与新兴阶层共同的利益和愿望,是伊斯兰革命期间凝聚民众的主导思想和反抗巴列维王朝君主专制的革命理论。正是巴列维国王的独裁统治和高压政策,促使诸多社会群体走向霍梅尼的阵营。霍梅尼作为什叶派现代宗教政治的灵魂人物,俨然是伊斯兰革命的象征和民主的化身,成为众望所归的政治领袖。"霍梅尼赢得了不同的社会群体……堪称克里斯玛式的革命领袖。"[1]霍梅尼的克里斯玛式的领袖地位,根源于白色革命期间伊朗深刻的社会矛盾和尖锐的政治对抗。特定的社会背景和政治环境,塑造了霍梅尼作为克里斯玛式领袖的历史形象。

什叶派现代伊斯兰主义并非"反现代化基调的和传统主义的意识形态",而是反抗巴列维王朝独裁专制和实现民众广泛政治参与的理论工具和革命手段。阿亚图拉霍梅尼与巴列维国王之间的对抗,并非宗教与世俗的冲突,而是民主与专制的对抗。民主主义与现代宗教政治模式的结合,则是伊朗伊斯兰革命的核心内容。

---

[1]　abrahamian,E.,*Iran：Between Two Revolutions*, pp.531–532.

1977—1979 年的伊斯兰革命与 1953 年摩萨台领导的世俗民主化运动以及 1963 年教界掀起的政治风波尽管不乏相似之处，却有根本的差别。1953 年的世俗民主化运动以及 1963 年政治风波期间，教俗反对派貌合神离，社会环境尚未塑造出克里斯玛式的领袖人物，普通民众的介入程度相当有限。现代化的发展水平和新旧社会力量的对比，决定着 1953 年摩萨台领导的世俗民主化运动以及 1963 年教界掀起的政治风波之目标的非同一性、纲领的温和性与基础的脆弱性。1953 年摩萨台领导的世俗民主化运动和 1963 年教界掀起的政治风波表明，相对孤立的社会阶层抑或政治群体皆不足以抗衡巴列维王朝控制的国家机器。与 1953 年摩萨台领导的世俗民主化运动和 1963 年教界掀起的政治风波相比，1977—1979 年伊朗伊斯兰革命的突出特点在于教俗各阶层广泛的政治联合，是为 1979 年伊斯兰革命区别于 1963 年政治风波直至取得胜利的至关重要的条件。现代化进程中社会矛盾的加剧，导致反对派政治势力的广泛联合。教俗各阶层的广泛政治联合，改变了民主与专制之间的力量对比，决定了巴列维王朝寿终正寝的历史结局。

弗兰认为，霍梅尼主义的社会基础是教界下层、巴扎商人和手工工匠，其他诸多社会群体则被霍梅尼主义所吸引，伊斯兰革命的性质在于传统势力抵制巴列维王朝现代化的逆向运动。[1]实际情况并非如此。霍梅尼在反对巴列维国王的斗争中，与诸多政治群体建立了广泛的联盟，从而获得了从巴扎和教界到世俗知识界和城市贫民以及解放运动和民族阵线的有力支持。巴扎、行会和清真寺无疑提供了伊斯兰革命期间反对国王的重要阵地，然而正是新兴的世俗社会势力点燃了革命的火花并且给以巴列维王朝的统治致命的打击，最终敲响了巴列维王朝覆灭的丧钟。

有学者认为，伊斯兰革命的受益者只是霍梅尼领导的伊斯兰原教旨主

---

① Foran, J., *Fragile Resistance : Social Transformation in Iran from 1500 to the Revolution*, p.369.

义势力,什叶派欧莱玛则是伊斯兰革命的唯一赢家。[①]实际情况并非如此。政治斗争服务于经济目的。历史的进步,包括现代化进程中的改良与革命,均以追求财富作为根本动力。巴列维王朝借助于独裁专制的政治形式,混淆国家与王室的界限,进而极尽所能地控制和占有民众创造的物质财富。至于反对巴列维王朝和参与革命的诸多社会群体,旨在通过伊斯兰的宗教形式,改变国家的政治制度,进而改变财富的分配原则。

伊斯兰革命的发生,不应简单归结为什叶派穆斯林的宗教狂热,而是根源于巴列维时代世俗领域的社会矛盾,其实质在于世俗的社会反抗与宗教的外在形式两者的结合。纵观 20 世纪的伊朗历史,宪政革命首开伊朗现代化进程中政治革命的先河,伊斯兰革命则是宪政革命的逻辑延伸;特定的历史环境,尤其是新兴社会力量的脆弱,决定了宪政革命的失败结果,而巴列维王朝在经济社会层面的现代化举措,为伊斯兰革命的成功创造了必要的物质条件。民主主义与现代宗教政治模式的结合,无疑是伊朗伊斯兰革命的核心内容。巴列维王朝的覆灭标志着伊朗政治现代化的崭新起点;伊斯兰革命的胜利宣告了伊朗传统政治模式的寿终正寝,进而为现代政治模式的诞生和民众广泛的政治参与开辟了道路。霍梅尼作为克里斯玛的领袖地位和所谓阿亚图拉的统治,构成从传统政治模式向现代政治模式过渡的中间环节。

---

① Milani,M.M.,*The Making of Iran's Islamic Revolution*,pp.142–143.

三、教法学家的统治与伊朗现代化的历史走向

1

自 1979 年伊斯兰革命胜利到 1982 年伊斯兰共和国建立的三年间,是伊朗政治制度从君主制向法基赫制过渡的中间环节。此间伊朗政治生活的突出现象,是世俗政治与宗教政治的二元倾向以及世俗权力与宗教权力的激烈角逐。

巴列维王朝的覆灭,导致整个国家机器处于瘫痪状态,政局混乱,罢工持续,石油生产锐减,失业率急剧上升,通货膨胀严重,经济濒临崩溃的边缘,诸多方面与宪政运动结束初期颇具相似之处。[①]

霍梅尼于 1979 年 2 月自巴黎返回德黑兰后,指定巴扎尔甘出任总理,组建临时政府,负责恢复国家秩序。临时政府的成员主要来自民族阵线和解放运动两大政治组织,其中民族阵线的成员占据内阁席位的 33%,解放运动的成员占据内阁席位的 50%。[②]与此同时,霍梅尼授意组建伊斯兰革命议会、伊斯兰共和党、伊斯兰革命法庭、伊斯兰革命卫队和"被剥夺者"基金会,独立于巴扎尔甘领导的临时政府。

"1979 年 2 月到 11 月,原教旨主义者在临时政府的管辖范围之外创造了国中之国。在这个国中之国,霍梅尼成为无可争议的领袖和精神的源泉,伊斯兰共和党成为议会和智囊,考米泰成为地方警察,帕斯达兰成为武装力量,革命法庭成为审判机构,被剥夺者基金会成为从属的财源。"[③]

---

① Keddie, N.R., *Modern Iran: Roots and Results of Revolution*, Yale 2003, p.244.

② Chehabi, H.E., *Iranian Politics and Religious Modernism*, p.255.

③ Milani, M.M., *The Making of Iran's Islamic Revolution*, p.151.

伊斯兰革命议会的成员包括世俗政治家巴尼萨德尔、巴扎尔甘、叶兹迪、库特卜扎迪以及教界人士贝赫什提、穆塔赫里、拉夫桑贾尼、哈梅内伊、巴赫纳尔，负责协调各派政治势力和监督临时政府。[①]

伊斯兰共和党始建于 1979 年 2 月，由阿亚图拉贝赫什提领导，巴赫纳尔、哈梅内伊和拉夫桑贾尼均系该党的核心成员。[②]伊斯兰共和党借助于宗教形式倡导激进的社会倾向，旨在实现现代伊斯兰主义与下层民众的政治联盟，创造由什叶派欧莱玛抑或教法学家统治的伊斯兰社会。伊斯兰共和党在传统中产阶级和社会下层民众具有广泛的政治影响，很快发展为伊朗最大的和最有势力的政治组织，在许多城市设立分支机构，拥有独立的民兵武装。[③]

萨迪克·哈勒哈里主持的伊斯兰革命法庭，执行伊斯兰教法，是现代伊斯兰主义者清洗政治异己的重要机构和霍梅尼角逐权力的主要工具，革命后初期曾经处死包括首相胡韦达在内的数以百计的前政权高官，数千人被革命法庭关押或流放。

伊斯兰革命期间，伊朗各地出现许多民众自发建立的政治组织，即伊斯兰革命委员会，亦称考米泰。"考米泰"（komiteh）源于法语 comite，始建于 1978 年底，最初系自治性的下层民众组织。[④]巴扎尔甘曾说："考米泰无处不在，没有人知道考米泰的数目，即使伊玛目亦不清楚。"[⑤]巴列维王朝覆灭以后，各地的考米泰被霍梅尼委派的阿亚图拉麦赫达维·卡尼接管，负责控制各地的政治局势。在德黑兰和其他诸多主要城市，追随霍梅尼的教界人士领导的考米泰，依靠巴扎商人、传统工匠、知识分子和城市贫民的支持，行

① Parsa, M., *Social Origins of Iranian Revolution*, p.252.

② Kamrava, M., *The Political History of Modern Iran: From Tribalism to Theocracy*, p.88.

③ Downes, M., *Iran's Unresolved Revolution*, p.122.

④ Keddie, N.R., *Modern Iran: Roots and Results of Revolution*, pp.244-246.

⑤ Arjomand, S.A., *The Turban for the Crown: the Islamic Revolution in Iran*, p.135.

使政府的职能,成为现代伊斯兰主义者角逐权力和控制局势的政治工具。

伊斯兰革命卫队称作帕斯达兰,是现代伊斯兰主义的军事组织,成员招募于下层民众,1979 年 9 月时规模超过 1 万人。"被剥夺者"基金会创建于 1979 年 3 月,隶属于法基赫和伊斯兰革命议会,负责接管巴列维基金会,控制革命期间政府没收的财产,拥有数以百计的公司和企业,为现代伊斯兰主义运动提供了雄厚的财力支持。

伊斯兰革命议会、伊斯兰共和党、伊斯兰革命法庭、伊斯兰革命卫队和"被剥夺者"基金会,借助于宗教形式倡导激进的社会倾向,成为什叶派现代伊斯兰主义动员和争取下层民众进而控制国家权力的重要机构。

2

伊斯兰共和国成立伊始,最初的宪法草案由巴扎尔甘领导的临时政府成员负责拟定。该宪法草案具有世俗政治的浓厚色彩,强调主权在民和三权分立的政治原则,强调民众选举构成国家权力的合法来源,赋予选举产生的总统以治理国家的广泛权力。根据该宪法草案,宪法监护委员会包括 5 名教职人员和 7 名非教职人员,由议会选举产生,权力有限。[1]该宪法草案既未提及实行法基赫制度,亦未赋予教法学家以直接治理国家的相应权力,在诸多方面与 1906 年宪法颇显雷同。[2]

1979 年 6 月,霍梅尼授意成立立宪会议,重新制定伊斯兰共和国宪法。立宪会议由 73 人组成,其中 55 人来自伊斯兰共和党,包括 15 位阿亚图拉和 40 位霍贾特伊斯兰。[3]阿亚图拉蒙塔泽里出任立宪会议的主席,阿亚图

---

[1]　Schirazi,A.,*The Constitution of Iran:Politics and the State in the Islamic Repoblic*, London 1997, p.22.

[2]　Downes,M.,*Iran's Unresolved Revolution*,p.120.

[3]　Keddie,N.R.,*Modern Iran: Roots and Results of Revolution*,p.247.

拉贝赫什提作为副主席负责主持立宪会议的制宪工作。霍梅尼要求立宪会议不得效仿西方或东方的宪法模式,必须制定百分之百的伊斯兰共和国宪法。[1]霍梅尼的支持者声称,所谓的三权分立纯属西方的政治概念;在伊斯兰的政治概念中,所有的权力具有共同的来源,法基赫应当监督伊斯兰政府的一切活动,遵循安拉的经典是法基赫的行为准则。[2]

伊朗伊斯兰革命的参与者并非浑然一体,而是包含教俗各界的诸多社会阶层。霍梅尼阐述的什叶派现代伊斯兰主义固然是伊斯兰革命的指导思想和理论武器,桑贾比领导的世俗政治组织民族阵线和巴扎尔甘领导的世俗政治组织解放运动以及阿亚图拉穆塔哈里和阿亚图拉沙里亚特玛达里代表的传统教界亦是伊斯兰革命期间举足轻重的政治力量。教俗各界的广泛联合无疑是伊斯兰革命得以成功的根本条件,反对巴列维国王独裁专制的共同政治目标构成教俗各界实现广泛联合的政治基础。一旦巴列维王朝覆灭,教俗各界广泛联合的政治基础不复存在,反对巴列维王朝的诸多政治派别随之分道扬镳。

巴列维王朝覆灭后出现的权力真空,直接导致诸多政治派别的激烈角逐,教俗各界围绕着是否采取法基赫制度形成明显的意见分歧。反对派认为,采取法基赫制度和赋予法基赫以无限的权力势必导致独裁政治的再现。反对法基赫制度的社会势力,包括传统的什叶派欧莱玛和诸多世俗政治组织。伊斯兰革命议会主席阿亚图拉穆塔哈里作为传统教界的代表人物,认为什叶派学说中的法基赫制度并不意味着法基赫本人对于国家的直接治理,所谓的法基赫只是信仰的引领者而不是国家的统治者,法基赫应当充当理论家而不是统治者的角色。[3]传统教界的另一重要代表人物阿亚

---

[1]　Moslem,M.,*Factional Politics in Post-Khomeini Iran*,p.27.

[2]　Milani,M.M.,*The Making of Iran's Islamic Revolution*,p.157.

[3]　Milani,M.M.,*The Making of Iran's Islamic Revolution*,p.161.

图拉沙里亚特玛达里亦反对教法学家直接行使统治国家的政治权力,倡导主权在民的政治原则,强调法基赫的主要作用在于宣传宗教、引导信众和充当意识形态的监护者,法基赫只能在非常时期直接干预政治生活。[1]沙里亚特玛达里认为,伊斯兰教法应当通过正确的和进步的方式付诸实践,伊斯兰革命的首要目标是结束独裁统治和实现民主政治,而伊斯兰国家"必须建立在民众意志的基础之上"[2]。沙里亚特玛达里声称,伊斯兰共和国宪法一方面强调民众主权的模糊概念,另一方面却赋予法基赫以至高无上的统治地位,两者之间无疑存在着根本的对立,要求取消伊斯兰共和国宪法中关于法基赫制度的条款。"因为解散原有政府的基础在于全民公决,所以民众的意志应当构成新政府的基础。"[3]巴扎尔甘认为,法基赫制度排斥宪法赋予的公民权利,无异于宗教专制主义。[4]桑贾比领导的世俗政治组织民族阵线认为,立宪会议由"宗教集团、独断专行者和戴头巾的人"所操纵,背叛伊斯兰革命的理想,企图创造欧莱玛统治的神权政体和法基赫的政治独裁。左翼政治派别伊朗人民敢死队声称,法基赫制度的真实用意是用霍梅尼式的哈里发国家取代巴列维的国家。另一左翼政治派别伊斯兰圣战者组织则声称,既然伊斯兰教否认任何社会阶层或群体享有特权的地位,新的伊斯兰共和国宪法关于法基赫制度的条款纯属宗教异端。逊尼派穆斯林和库尔德人出于与什叶派欧莱玛的教派差异,亦反对伊斯兰共和国宪法关于法基赫制度的相关规定。

伊斯兰革命开始于世俗知识界的发难,却结束于下层民众的广泛政治参与,进而导致下层民众政治力量的急剧膨胀,反对巴列维王朝的政治运

---

[1] Schirazi, A., *The Constitution of Iran: Politics and the State in the Islamic Repoblic*, p.48.

[2] Menashri, D., *Post-revolutionary Politics in Iran: Religion, Society and Power*, London 2001, p.22.

[3] Milani, M.M., *The Making of Iran's Islamic Revolution*, p.161.

[4] Moslem, M., *Factional Politics in Post-Khomeini Iran*, p.14.

动随之经历了由温和向激烈的转变。特定的环境决定了伊斯兰革命后伊朗社会的激进倾向,贫困的消除和社会财富的重新分配则是下层民众的迫切愿望。桑贾比领导的世俗政治民族阵线和巴扎尔甘领导的世俗政治解放运动代表现存经济社会秩序的既得利益者, 具有明显的右翼色彩与温和倾向,反对激进的经济社会改革,被视作保守派和富人的代言人。沙里亚特马达里支持的穆斯林人民共和国党具有阿塞拜疆的地方色彩,强调阿塞拜疆的地方分权和民族自治。左翼世俗政治组织人民党以及伊斯兰圣战者组织和伊朗人民敢死队尽管在意识形态领域存在差异, 却分享共同的政治目标,即反对美国、重新分配社会财富、主要工业部门的国有化和改善下层民众的生活境况。然而,左翼组织强调通过阶级斗争的方式消灭剥削秩序,创建新社会,其思想纲领在诸多方面与伊斯兰教不符,加之派别林立,缺乏广泛的社会基础。[1]相比之下,霍梅尼强调保护"被剥夺者"的利益,宣布伊斯兰革命的目的在于解放"被剥夺者",实现"被剥夺者"的广泛政治参与和财富分享,在下层民众中具有广泛的政治号召力。

立宪会议制宪期间, 什叶派现代伊斯兰主义阵营的统治地位尚未确立,反对法基赫制度的诸多派别亦未结成政治联盟,沙里亚特玛达里为首的传统教界以及形形色色的世俗政治组织犹如一盘散沙。巴列维王朝覆灭后,巴扎尔甘领导的临时政府曾经致力于改善与美国的关系。然而,当卡特总统允许巴列维国王自墨西哥前往美国治疗以后, 伊朗民众反应强烈,政治形势急转直下,权力的天平逐渐失去了原有的平衡,进而向霍梅尼一方倾斜。1979 年 11 月,美国驻伊朗大使馆被激进的学生占领。临时政府谴责占领美国大使馆的事件违背国际法准则,要求立即释放扣押的人质。霍梅尼支持占领美国大使馆的激进行为,将美国使馆的占领誉为"第二次伊斯兰革命",俨然成为反对帝国主义的民族英雄。巴扎尔甘则被视作美国的追

---

① Keddie, N.R., *Modern Iran: Roots and Results of Revolution*, pp.242–243.

随者,成为激进势力的攻击目标,被迫辞职,临时政府由伊斯兰革命委员会接管,解放运动的政治影响明显削弱。反美情绪的高涨,为什叶派现代伊斯兰主义的最后胜利铺平了道路。[1]

1979 年 12 月,伊朗举行伊斯兰共和国宪法的全民公决;约 1600 万人参加投票,伊斯兰共和国宪法的支持率达到 99.5%。[2]根据新的伊斯兰共和国宪法,伊朗采用共和政体,什叶派的十二伊玛目派是伊朗伊斯兰共和国的官方信仰,保留其他教法学派诸如逊尼派之哈奈菲派、沙菲仪派、马立克派、罕百里派以及什叶派之宰德派的合法地位,保护私有财产不受侵犯,公民享有宗教信仰自由、新闻出版自由、组建和参加政党的自由、结社和集会的自由,保障妇女权利。伊斯兰共和国宪法具有宗教政治的浓厚色彩,强调法基赫制度的基本政治框架,明确规定法基赫作为隐遁伊玛目的代表行使治理国家的最高权力,具有超过 1906 年宪法赋予国王的绝对地位;法基赫作为至高无上的宗教领袖,终身任职,统率武装力量,有权罢免总统和解散议会。总统是名义上的国家元首,总理和内阁人选由议会确定,总理作为政府首脑对法基赫、议会和宪法监护委员会负责。伊斯兰共和国宪法规定,最高司法委员会由什叶派欧莱玛组成,作为国家最高司法机构,负责向议会提交法律议案、执行伊斯兰教法和任免法官。[3]根据伊斯兰共和国宪法,成立宪法监护委员会,由 12 人组成,其中 6 人由法基赫任命,另外 6 人由议会选举产生并由法基赫批准。[4]伊斯兰共和国宪法第 96 款规定,议会通过的所有法案必须经过宪法监护委员会的审查并获得批准方可生效。[5]

1906 年宪法规定,国王必须尊重民众的意志和遵守宪法以及在议会接

① Parsa, M., *Social Origins of Iranian Revolution*, p.252.

② Daniel, E.L., *The History of Iran*, London 2001, p.193.

③ Schirazi, A., *The Constitution of Iran: Politics and the State in the Islamic Repoblic*, p.13.

④ Moaddel, M., *Class, Politics, and Ideology in the Iranian Revolution*, p.210.

⑤ Rahnema, S., *Iran after the Revolution: Crisis of an Islamic State*, p.106.

受政府的就职宣誓。相比之下,伊斯兰共和国宪法赋予法基赫以凌驾于民众意志以及宪法和议会之上的绝对地位;法基赫的罢免权只属于宪法监护委员会,而宪法监护委员会的半数成员却由法基赫任命,另外半数成员由法基赫任命的最高司法委员会提名并由议会推选。伊斯兰共和国宪法规定,什叶派欧莱玛具有特殊的政治地位;最高司法委员会由什叶派欧莱玛组成,是国家最高法律机构,沙里亚构成一切法律的最高准则。伊斯兰共和国宪法的明显特点是以法基赫至上的政治原则取代主权在民的政治原则,集中体现了什叶派特有的非民众性的政治理念和历史传统。法基赫制度的建立标志着现代宗教政治在伊朗社会的广泛实践,阿里·沙里亚蒂和霍梅尼所阐述的什叶派现代伊斯兰主义亦随之由巴列维时代的民间思想转化为伊斯兰共和国的官方理论。

3

1979 年 12 月,由于抵制伊斯兰共和国宪法的全民公决,沙里亚特玛达里被伊斯兰革命卫队软禁于家中,沙里亚特玛达里领导的穆斯林人民共和党遭到取缔。1980 年 1 月,伊朗举行大选,独立候选人巴尼萨德尔获得全部 1400 万张选票中的 1070 万张选票, 当选为伊朗伊斯兰共和国的第一任总统。[1]随后选举产生的第一届议会由 263 名议员组成,其中 134 名议员来自欧莱玛。[2]伊斯兰共和党控制议会的 131 个席位,是制约总统权力和政府职能的重要机构。[3]"除以色列议会外,伊朗议会是中东诸国最具独立地位的议会。议员在议会公开地和激烈地批评政府的政策。"[4]根据伊斯兰共和国

① Zabih, S., *Iran Since the Revolution*, London 1982, p.64.

② Moaddel, M., *Class, Politics, and Ideology in the Iranian Revolution*, p.225.

③ Keddie, N.R., *Modern Iran: Roots and Results of Revolution*, p.250.

④ Milani, M.M., *The Making of Iran's Islamic Revolution*, p.199.

宪法,总理人选由总统提名而由议会批准。然而,由巴尼萨德尔提名的总理人选穆斯塔法·萨里姆被议会否决,拉贾伊在伊斯兰共和党和议会的支持下成为伊朗伊斯兰共和国政府的第一任总理。此后,巴尼萨德尔与伊斯兰共和党及议会之间的矛盾趋于白热化。

1980年6月,霍梅尼公开谴责民族阵线,进而取缔民族阵线的合法地位。巴尼萨德尔指责霍梅尼无视宪法和总统,旋即遭到罢免。在随后举行的大选中,拉贾伊获得全部1414万张选票的1300万张选票,以88%的得票率当选为伊朗伊斯兰共和国第二任总统,巴赫纳尔出任政府总理。[①]

形形色色的左翼激进派别曾经积极参与反对巴列维王朝的伊斯兰革命,进而试图分享国家权力。然而,左翼激进派别大都缺乏必要的民族基础和宗教基础,往往表现为异族色彩和异教倾向。巴尼萨德尔退出政坛之后,主要左翼激进派别人民圣战者组织不断挑战伊斯兰共和党的政治权威,而恐怖袭击则是人民圣战者组织角逐政权的主要手段。1981年6月,伊斯兰共和党的会议场所遭到人民圣战者组织的炸弹袭击,包括贝赫什提在内的70余名伊斯兰共和党重要成员死于非命,巴赫纳尔继任伊斯兰共和党主席。同年8月,人民圣战者组织再次发动炸弹袭击,总统拉贾伊和总理巴赫纳尔以及其他许多政府要员被害身亡。[②]

1981—1985年,人民圣战者组织遭受重创,约9000人死于反政府的恐怖袭击活动或被政府处决,残部大都流亡伊拉克。[③]"至1983年5月,除伊斯兰共和党和解放运动外,所有政治组织均被迫转入地下或遭到破坏。"[④]

1981年10月,伊朗举行大选,哈梅内伊获得全部1700万张选票中的1679万张选票,以近90%的得票率当选为伊朗伊斯兰共和国第三任总统,

---

① Zabih,S.,*Iran Since the Revolution*,p.144.

② Esposito,J.L.,*Iran at the Crossroads*,New York 2001,p.53.

③ Hiro,D.,*Holy Wars:The Rise of Islamic Fundamentalism*,p.149.

④ Milani,M.M.,*The Making of Iran's Islamic Revolution*,p.193.

穆萨维出任政府总理。①"哈梅内伊当选总统,标志着伊斯兰革命进入新的阶段。从 1981 年 10 月起,欧莱玛不再只是国家的监护者和权力的影子,而是开始全面执掌政府机构。"②1985 年 5 月,伊朗举行大选,哈梅内伊获得全部 1422 万张选票中的 1220 万张选票,再度当选总统。③

伊斯兰革命造就了伊朗新兴的政治精英,什叶派现代伊斯兰主义阵营则是新兴政治精英的核心成分。什叶派现代伊斯兰主义阵营尽管来源各异,成分复杂,却在对抗诸多反对派政治势力的过程中表现出强烈的凝聚倾向。80 年代初,随着诸多教俗政治反对派势力的相继衰落,什叶派现代伊斯兰主义阵营逐渐出现裂痕,进而形成左翼激进派与右翼保守派之间的矛盾冲突。

以穆萨维、卡鲁比、贝赫什提、蒙塔泽里为首的左翼激进派代表下层民众的共同愿望,倡导社会平等和经济自给,要求实行国家的经济垄断、国有化和进一步的土地改革,主张强化政府的经济干预,通过社会财富的重新分配实现伊斯兰教的公正原则,同时支持输出伊斯兰革命和对伊拉克的战争直至推翻萨达姆政权。

以麦赫达维·卡尼、贾纳提和努里为首的右翼保守派代表富商、地主和教界上层的既得利益,支持严格遵循伊斯兰教法和实行法基赫制度,强调维护私有财产不受侵犯,同时倡导自由经济和开放政策,反对政府的经济干预以及国家垄断、国有化和土地改革,强调与西方世界的必要联系,主张政治解决与伊拉克的战争,对输出伊斯兰革命持消极态度。④

左翼激进派占据议会的多数席位,右翼保守派控制宪法监护委员会进而否定议会通过的多项改革法案,霍梅尼则凌驾于左翼激进派与右翼保守

---

① Zabih, S., *Iran Since the Revolution*, p.151.

② Wright, R., *The Last Great Revolution*, New York 2000, p.17.

③ Esposito, J.L., *Iran at the Crossroads*, p.53.

④ Moslem, M., *Factional Politics in Post-Khomeini Iran*, p.48.

派之上,实行折中的政策,调和什叶派现代伊斯兰主义阵营内部的矛盾冲突。至80年代中期,左翼激进派与右翼保守派之间的矛盾冲突不断加剧,两伊战争、对外开放和经济政策成为双方对立的焦点。

1987年,在哈梅内伊和拉夫桑贾尼的建议下,霍梅尼宣布取缔政党,进而解散伊斯兰共和党。[①]1988年,确定国家利益委员会成立,负责仲裁议会与宪法监护委员会之间的分歧和争执。[②]

阿亚图拉蒙塔泽里曾经于1985年被霍梅尼提名为法基赫的继承人。80年代后期,蒙塔泽里屡屡公开抨击法基赫政府的极端化政策,其与霍梅尼之间的意见分歧日渐凸显,成为继沙里亚特玛达里之后什叶派欧莱玛上层持不同政见者的代表人物。1989年2月,蒙塔泽里呼吁法基赫政府反思伊斯兰革命10年来的挫折和教训。同年3月,蒙塔泽里被取消作为法基赫继承人的资格。[③]

4

伊斯兰革命的特定环境即宗教性和民众性,决定了后革命时代伊朗社会的神权统治和激进倾向。然而,神权统治和激进倾向并非后革命时代伊朗社会的实质内容。巴列维王朝覆灭后出现的权力真空导致诸多政治势力的激烈较量,现代化进程的延伸则构成后革命时代伊朗历史发展的基本方向。

1979—1989年,霍梅尼无疑是伊朗政治舞台的核心人物,此间可称霍梅尼时期。霍梅尼时期,伊斯兰化可谓伊朗社会的突出现象。恢复伊斯兰教

---

① Milani,M.M.,*The Making of Iran's Islamic Revolution*,pp.198-200.

② Hooglund,E.,*Twenty Years of Islamic Revolution:Political and Social Transition in Iran since 1979*,New York 2002,p.26.

③ Menashri,D.,*Post-revolutionary Politics in Iran:Religion,Society and Power*,pp.23-24.

法与强化伊斯兰教的意识形态,成为霍梅尼时代伊斯兰化的基本举措。法基赫政府推行的伊斯兰化举措,旨在否定巴列维王朝时期的世俗化倾向,进而排斥巴列维王朝君主独裁的政治传统,构成伊斯兰革命的逻辑延伸。霍梅尼时期伊斯兰化的最直接的体现,是关于妇女服饰的严格规定。1981年,议会颁布法律,要求所有妇女必须身着伊斯兰服饰。伊斯兰化的相关举措,还包括禁止饮酒、限制西方的音乐和电影、实行男女的性别隔离。1982年,最高司法委员会宣布,废除自1907年以来实行的所有非伊斯兰法律,伊斯兰教的沙里亚和阿亚图拉颁布的宗教法令构成法官审理案件的唯一依据。伊斯兰革命前把持司法机构的世俗法官被什叶派欧莱玛取代,伊斯兰教的经学院取代德黑兰大学法律系成为培训法官和律师的主要机构。[①]伊斯兰化的教育政策,表现为各级各类学校建立伊斯兰学生组织,支持政府的伊斯兰化政策,教科书按照伊斯兰教的思想进行修订。伊斯兰化的外交政策,表现为伊斯兰革命的输出和在境外从黎巴嫩到波斯湾诸国和巴基斯坦建立什叶派伊斯兰革命党,旨在扩大伊朗伊斯兰共和国的国际影响,进而遏制伊拉克的萨达姆政权。[②]

巴列维王朝覆灭后,巴扎尔甘领导的临时政府实行温和的经济政策,保护私人财产所有权,反对扩大国有化和政府的经济干预,强调私人经济的主导地位。上述经济政策显然与当时的激进政治环境不符。进入80年代,伊斯兰化的经济政策逐渐取代温和的经济政策,成为激进政治环境的逻辑结果。土地改革、国有化运动和政府干预的扩大构成霍梅尼时期伊斯兰化经济政策的主要内容,平民主义和国家主义则是伊斯兰化经济举措的宗旨所在。

1979—1986年,法基赫政府八次颁布土地改革法令,将伊斯兰革命期

---

① Milani,M.M.,*The Making of Iran's Islamic Revolution*,p.200.

② Keddie,N.R.,*Modern Iran:Roots and Results of Revolution*,pp.257–258.

间没收的土地和无人耕种的荒地以及部分大地主的土地有偿分配给缺乏土地的贫困农民耕种。至 1985 年底,实际转让土地 68 万公顷,其中包括荒地 47 万公顷、新政权没收土地 5 万公顷和大地主的土地 16 万公顷, 近 9 万户农民获得土地。根据 1986 年第八次颁布的土地改革法令,涉及耕地共计 80 万公顷,约占全国耕地 1300 万公顷的 6%,获得土地的农民约 12 万户,而全国共有农民 450 万户。[①]此间,地权差异呈逐渐缩小的趋势。据统计,1975—1983 年, 耕地面积不足 1 公顷的贫困农户从 73 万户上升为 86 万户,在农户总数中所占的比例从 30% 上升为 34%,占有土地总面积从 26 万公顷上升为 31 万公顷, 在全部耕地中所占的比例从 1.6% 上升为 2.3%; 耕地面积 1—10 公顷的中等农户从 129 万户上升为 144 万户,在农户总数中所占的比例从 52% 上升为 54%, 占有土地总面积从 513 万公顷上升为 555 万公顷,在全部耕地中所占的比例从 31% 上升为 41%;耕地面积 10—50 公顷的富裕农户从 43 万户下降为 34 万户,在农户总数中所占的比例从 17% 下降为 13%,占有土地总面积从 750 万公顷下降为 569 万公顷,在全部耕地中所占的比例从 46% 下降为 44%; 耕地面积超过 50 公顷的大地产从 2.6 万户下降为 1.5 万户, 在农户总数中所占的比例从 1.1% 下降为 0.6%,占有土地总面积从 353 万公顷下降为 82 万公顷,在全部耕地中所占的比例从 21% 下降为 13%。[②]另据资料统计,1988 年,拥有土地不足 2 公顷的农户超过农户总数的 40%, 拥有土地 2—5 公顷的农户占农户总数的 25%,拥有土地 5—10 公顷的农户占农户总数的 17%,拥有土地 10—20 公顷的农户占农户总数的 11%, 拥有土地超过 20 公顷的农户占农户总数的 6%。地权的分散和小农经济的广泛存在,构成伊斯兰共和国时期伊朗乡村农业的突出现象。自 20 世纪 80 年代中期开始,法基赫政府着力推广合作

---

① Rahnema,S.,*Iran after the Revolution:Crisis of an Islamic State*,p.101.

② Schirazi,A.,*Islamic Development Policy:The Agrarian Question in Iran*, p.253.

化的农业发展政策。至1998年,伊朗共有农业合作社635个,拥有耕地180万公顷,包括来自2160个自然村和13.2万农户。[1]

1979年颁布的伊斯兰共和国宪法,明确规定国家控制矿山、水利、电力、铁路、航空、金融、外贸和大型骨干企业。经济实体的国有化和政府广泛的经济干预,成为霍梅尼时期伊朗经济生活的突出现象。1979—1982年,37家私人银行和10家私人保险公司被收归国有。[2]1982年,"被剥夺者基金会"从伊斯兰革命法庭接收203个矿山和企业、472家贸易公司、101家建筑公司、238家商业机构和2786处地产;政府直接控制的非石油领域工业企业,占工业企业总数的14%,占工业劳动力总数的68%,占工业生产总值的71%。相比之下,1976年巴列维政府直接控制的工业企业仅占全部工业企业的3.5%。[3]1983年,法基赫政府制定国民经济发展计划,主要内容包括实现主要工业部门和金融领域的国有化,控制物价和严格管理进出口贸易,强调经济自给和消除失业现象以及向民众提供基本的社会福利保障。物资供应的配给制、生活必需品的价格补贴和没收财产的重新分配,成为法基赫政府争取下层民众支持的重要举措。国有化政策的实施,导致政府雇员和国有企业人数的明显上升趋势。1976—1986年,政府雇员数量增长超过100%。1986年,国有企业工人约占工人总数的三分之一。[4]

"在乡村人均收入不及城市人均收入二分之一的社会,在10%的富人拥有40%的财富而10%的贫困人口仅仅拥有1%的财富的社会,在富人炫耀财富而令穷人极度反感的社会,伊斯兰教倡导的公正经济原则在民众中产生着极大的吸引力。"霍梅尼时期推行的伊斯兰化经济政策,旨在扶贫抑

① Hooglund,E.,*Twenty Years of Islamic Revolution:Political and Social Transition in Iran since 1979*,pp.110–111.

② Niblock,T.& Murphy,E.,*Economic and Political Liberalization in the Middle East*,London 1993,p.221.

③ Rahnema,S.,*Iran after the Revolution:Crisis of an Islamic State*,p.105,p.101.

④ Alizadeh,P.,*The Economy of Iran:the Dilemmas of an Islamic State*,p.126.

富、遏制贫富分化和保障下层民众的物质利益。伊斯兰共和国宪法规定：伊朗革命的目的在于解放被压迫者和被剥夺者，财富的集中和利润的极度追求应当受到谴责。霍梅尼宣布：资本家之资本和财富的过度膨胀不应成为合法的现象，法庭应当没收那些损害全体穆斯林福利的个人财产。[1]然而，法基赫政府的诸多举措并未从根本上改变社会财富的分配状况，亦未消除社会贫困和缩小贫富差距。城市人口中 10% 的最富有家庭与 10% 的最贫困家庭之间消费支出的比例，1977 年为 31:1，1980 年缩小为 18:1，至 1983 年重新恢复为原有的比例。[2]

5

"伊朗的革命不同于其他诸多革命的鲜明特征在于教界的核心作用。历史上的许多革命亦曾包含宗教色彩的意识形态，革命之后教界的统治则是伊朗的特有现象。"[3]然而，将伊斯兰革命视作伊朗现代化进程的逆向运动，进而将法基赫制度取代巴列维王朝的君主制度视作历史的倒退，尚显片面。将霍梅尼时期伊朗经济的萎缩归因于法基赫政府的伊斯兰化举措，亦不足以令人信服。历史的发展体现为诸多因素相互制约的矛盾运动，尽善尽美的结局只能出现于理想之中。

霍梅尼时期，法基赫制度和神权政治无疑具有极权主义的明显倾向。霍梅尼作为克里斯玛式的宗教领袖，俨然是伊斯兰革命的象征和伊斯兰共和国的化身，凌驾于国家和社会之上，行使绝对的统治权力，而议会和总统处在从属于宗教领袖的软弱地位。但是，法基赫制度并非"严厉的中世纪式

---

[1] Alizadeh,P.,*The Economy of Iran:the Dilemmas of an Islamic State*,p.102.

[2] Rahnema,S.,*Iran after the Revolution:Crisis of an Islamic State*,p.99,pp.108–109.

[3] Keddie,N.R.,*Modern Iran:Roots and Results of Revolution*,p.240.

的神权制度",其本质亦非"传统主义的神权政治"。霍梅尼时期法基赫制度的极权政治倾向,根源于当时特定的历史环境,与伊斯兰革命期间尖锐的政治对抗、下层民众的广泛参与和由此形成的狂热氛围以及霍梅尼作为民主斗士的社会形象密切相关,平民主义和国家主义则是伊斯兰革命期间狂热和激进的政治倾向在经济领域的逻辑延伸。

综观世界历史,狂热和激进的政治倾向与下层民众的广泛参与两者之间具有明显的内在联系。下层民众的广泛参与导致狂热和激进的政治倾向,是迄今为止诸多政治革命中的普遍现象,亦是新秩序诞生之际的阵痛。法国大革命堪称现代化进程中政治运动的典范,同样包含着下层民众的广泛参与、狂热和激进的政治氛围、新旧势力的激烈较量、政局的混乱、经济的濒临崩溃以及社会重新整合的复杂过程。20世纪的许多第三世界国家在剧烈的政治动荡和政治革命之后亦曾经历或长或短的经济滑坡。经济的滑坡作为社会对立和政治冲突的逻辑结果,是后革命时代存在于诸多国家的普遍现象。

霍梅尼时期,激烈的权力角逐和动荡的政治局面对于伊朗的经济生活无疑具有负面的影响,美国的经济制裁、石油收入的锐减和长达八年的两伊战争则是严重破坏伊朗经济的首要因素。尽管如此,法基赫政府在诸多方面取得的成就,如农业生产的长足进步、乡村电气化程度的明显提高、灌溉系统的进一步完善、教育的广泛发展、数千公里道路的铺设和中下层民众社会地位的改善,亦是不可否认的客观事实。1979—1986年,铁路长度从4600公里增至5800公里。1979—1985年, 公路里程从6.3万公里增至14万公里。1978—1985年,发电量从7000兆瓦增至1.2万兆瓦。1976—1986年,人均用电量从350千瓦时增至650千瓦时。[1]

妇女身着伊斯兰传统服饰,在巴列维时代意味着对于世俗君主之独裁

---

① Amirahmadi,H.,*Revolution and Economic Transition*, New York 1990, p.96,p.95.

统治的消极反抗,而在霍梅尼时期则成为强制性的宗教规定。然而,关于妇女服饰的宗教规定不足以证明法基赫政府回归传统的复古倾向。1963年政治风波期间,包括霍梅尼在内的什叶派欧莱玛确曾普遍反对巴列维国王给予妇女选举权。在伊斯兰革命胜利的前夕,霍梅尼则明确表示,即将诞生的伊斯兰国家不仅应当保证妇女享有政治权利和社会权利,而且应当给予妇女真正的自由和尊严。

与巴列维时代相比,自霍梅尼时期开始,更多的妇女走出家庭,走进学校,走向社会。"与君主制的时代相比,下层妇女的经济社会地位得到提高。与革命前相比,青年妇女获得更多的受教育的机会,特别是在城市的棚户区和遥远的乡村。"①伊斯兰革命前夕的1976年,女性的入学率为36%;至1996年,女性的入学率达到72%,大体相当于同时期土耳其的女性入学率而超过同时期巴基斯坦的女性入学率达1倍之多。在乡村地区,女性入学率的增长幅度尤为明显。②1999年,初等学校的女性入学率超过95%。高等学校的几乎所有课程均向女性学生开放,高等学校女性学生的人数甚至超过男性学生。女性在高等学校的学生总数中所占的比例,1978年为28%,1998年增至40%,1999年达到52%。③另据资料统计,在1996年的6.3万名伊斯兰经学院学生中,女性学生约1万人,占学生总数的16%,其中90%来自城市。1986—1996年,乡村男性识字率从60%上升为77%,乡村女性识字率从36%上升为62%;乡村女性识字率的上升幅度明显高于乡村男性识字率的上升幅度。④

80年代中期,女性劳动力约占劳动力总数的11%,服务业构成女性首

---

① Hooglund,E.,*Twenty Years of Islamic Revolution:Political and Social Transition in Iran since 1979*,p.59,p.16.

② Keddie,N.R.,*Modern Iran:Roots and Results of Revolution*,pp.286.

③ Jahanbegloo,R.,*Iran:Between Tradition and Modernity*,Oxford 2004,p.167.

④ Hooglund,E.,*Twenty Years of Islamic Revolution:Political and Social Transition in Iran since 1979*,p.64,p.98.

要的从业领域。①进入 90 年代,随着新经济政策的实施和经济自由化的长足发展,政府逐渐解除对于妇女参与公共活动的诸多限制,女性的就业率明显提高。在教育和医疗卫生领域,女性分别占从业者总数的 46% 和 42%。②"就从事的职业而言,越来越多的伊朗妇女成为律师、医生、教授、记者、工程师、经纪人、企业家、体育教练和电视主持人。"③

与此同时,女性的政治参与范围不断扩大。④巴列维时代,参与政治的伊朗妇女主要局限于上层社会。自霍梅尼时期开始,日益增多的中下层妇女逐渐成为伊朗政治生活的重要参与者。在伊斯兰革命后召开的第三届议会中,妇女占有 3 个席位;在第四届议会中,妇女占有的席位增至 9 个。⑤1996 年,约 200 名妇女竞选第五届议会席位,13 名妇女成为议员;女性候选人法耶兹·哈什米所得票数仅次于努里, 高居德黑兰选区议员候选人的第二位。1997 年 5 月,238 人参与总统竞选,其中包括 8 名女性,是为伊朗历史上前所未有。女性总统候选人阿扎姆·塔里甘尼声称:"竞选总统是我的合法权利……宪法监护委员会如果尊重伊斯兰教的原则,不应当否认我作为女性竞选总统的资格。宪法监护委员会成员应当看到当今世界伊斯兰教的潮流。例如在孟加拉这样的伊斯兰国家,女性可以成为总统和内阁总理。"尽管宪法监护委员会拒绝承认女性竞选总统的合法性,总统竞选的积极参与无疑反映出女性政治地位的明显提高。与此同时,女性选民成为总统候选人哈塔米与努里竞相争夺的对象。哈塔米在竞选总统期间明确表示,支持提高女性的社会地位和政治地位,主张修改旨在强化性别差异和

---

① Alizadeh, P., *The Economy of Iran: the Dilemmas of an Islamic State*, p.236.

② Hooglund, E., *Twenty Years of Islamic Revolution: Political and Social Transition in Iran since 1979*, p.16.

③ Wright, R., *The Last Great Revolution*, p.137.

④ Jahanbegloo, R., *Iran: Between Tradition and Modernity*, p.166.

⑤ Ehteshami, A., *After Khomeini: The Iranian Second Republic*, London 1995, p.62.

歧视女性的现行法律,强调女性在科学、社会和政治领域的重要作用。相比之下,努里被许多女性选民称作塔里班式的原教旨主义者。女性选民的积极参与和广泛支持,则是哈塔米得以当选总统的重要原因。伊朗学者扎里·沙迪塔拉布因此指出:"在伊朗,选举提供了女性决定男性命运的为数不多的机会,而女性选民约占全部选民的半数。"①

哈塔米当选总统后,埃伯特卡尔出任伊朗首位女性副总统,女性政治家沙贾伊和卡迪瓦尔出任总统特别顾问。在同年举行的议会中期选举中,女性议员增至14人。②1999年,女性约占伊朗政府雇员的三分之一,约5000名妇女获准参与地方议会竞选,其中约300名妇女进入地方议会。③在德黑兰城市议会的15个席位中,女性候选人获得3个席位。④

6

1979—1981年,伊朗国内的政治局势颇显动荡,历经3次总统选举,先后5人出任内阁总理。相比之下,1981—1989年,伊朗国内的政治局势渐趋稳定,哈梅内伊长期出任总统,拉夫桑贾尼长期出任议会议长,穆萨维长期出任内阁总理。⑤1989年4月,霍梅尼针对新的政治局势和社会环境,在弥留之际授意组建包括25人在内的宪法修改委员会,委托哈梅内伊主持修订1979年颁布的伊斯兰共和国宪法。⑥1989年6月霍梅尼去世后,哈梅内

---

① Hooglund,E.,*Twenty Years of Islamic Revolution:Political and Social Transition in Iran since 1979*,pp.57-58.

② Esposito,J.L.,*Iran at the Crossroads*,p.83,p.86,pp.87-88.

③ Wright,R.,*The Last Great Revolution*,New York 2000,p.137.

④ Esposito,J.L.,*Iran at the Crossroads*,p.89.

⑤ Menashri,D.,*Post-revolutionary Politics in Iran:Religion,Society and Power*,p.47.

⑥ Roy,O.,*The Failure of Political Islam*,London 1994,p.177.

伊继承法基赫的职位。同年 7 月,修订后的新宪法以 97%的压倒性多数通过全民公决。

1989 年修订的新宪法,在沿袭 1979 年伊斯兰共和国宪法确定的基本原则即法基赫制与共和制的同时,降低出任宗教领袖的条件限制,明确规定法基赫的权力范围,同时取消内阁总理职位,强化总统的行政权力和议会的独立地位。[1]根据 1989 年修订的新宪法,国民议会改称伊斯兰议会,宪法监护委员会成员由 12 人增至 68 人,选举产生,任期 6 年。[2]1989 年修订的新宪法规定,总统产生于全民选举,任期 4 年;议会由 270 人组成,4 年选举一次,实行非政党制的议会选举,负责批准内阁成员;宪法监护委员会负责批准议会通过的法律和监督议会选举;设立 20 人组成的确定国家利益委员会,确定国家利益委员会由总统主持,委员会成员由法基赫任命,负责制定国家的长期性政策以及裁决议会与宪法监护委员会的立法争执。[3]

后霍梅尼时期伊朗现代化进程的主要特征,在于政治多元化、经济自由化和社会生活开放化。教俗二元的政治体制以及法基赫与总统的权力分享,构成 1989 年宪法的核心内容。自 1979 年伊斯兰共和国成立起,欧莱玛成为伊朗政坛举足轻重的社会势力。1979—2000 年,2 位法基赫、3 位总统、4 位议长和 1 位总理出自欧莱玛。根据 1989 年宪法,法基赫的权力包括统率武装力量、宣布战争与缔结和约、任命最高法官、掌管安全机构以及国家电视与广播系统。然而,法基赫不得超越宪法的框架行使其他的权力。1989年宪法赋予总统的权力,包括任免内阁成员、制定国家政策、主持国家安全会议和确定国家利益委员会。[4]

1989 年 6 月,拉夫桑贾尼以 230 票赞成、1 票反对、10 票弃权的压倒性

---

① Ehteshami,A.,*After Khomeini:The Iranian Second Republic*,p.35.

② Abrahamian,E.,*A History of Modern Iran*,p.183.

③ East,R.& Joseph,T.,*Political Parties of Africa and the Middle East*,Essex 1993,p.122.

④ Ehteshami,A.,*After Khomeini:The Iranian Second Republic*,p.47,p.49,p.51.

优势当选议会议长。同年 7 月,伊朗举行总统选举,拉夫桑贾尼获得全部
1419 万张选票的 1347 万张选票,以 94%的得票率当选为伊朗伊斯兰共和
国的第五任总统。如果说"伊斯兰威权主义"构成霍梅尼时期的突出特征,
那么拉夫桑贾尼出任总统期间可谓从"伊斯兰威权主义"向"伊斯兰实用主
义"转变的阶段。与霍梅尼时期的前三届议会相比,1992 年产生的第四届议
会在人员构成方面出现明显的变化。第三届议会的 82 名议员连任第四届
议会议员,其中自第一届议会起连任的议员只有 12 名,另外 181 名议员则
为首次当选。①在第三届议会,议员平均年龄为 42 岁,具有宗教教育背景的
议员人数为 113 人;相比之下,在第四届议会,议员平均年龄下降为38.5
岁,具有宗教教育背景的议员人数下降为 49 人。②

在 1993 年 6 月举行的总统选举中,拉夫桑贾尼、塔瓦克里、贾斯比和
塔赫里 4 人参与总统竞选,分别获得 63%、24%、9%和 2%的选票。③拉夫桑
贾尼获得全部 1670 万张选票的 1056 万张选票,当选伊朗伊斯兰共和国第
六任总统。④与 1989 年的 94%的得票率相比,拉夫桑贾尼在 1993 年的支持
率明显下降。

根据伊朗伊斯兰共和国宪法,总统任期不得超过两届。1997 年举行新
的总统选举,约 200 人竞选总统,其中包括 9 名女性候选人。经过宪法监护
委员会的审查,包括努里和哈塔米在内的 4 人获准参加总统竞选。⑤哈梅内
伊和右翼保守派支持努里,拉夫桑贾尼与左翼激进派支持哈塔米。⑥在全部

---

① Ehteshami,A.,*After Khomeini:The Iranian Second Republic*,p.54,p.55,p.62.

② Baktiari,B.,*Parliamentary Politics in Revolutionary Iran:the Institutionalization of Factional Politics*,p.219.

③ Ehteshami,A.,*After Khomeini:The Iranian Second Republic*,p.69.

④ Esposito,J.L.,*Iran at the Crossroads*,p.53.

⑤ Keddie,N.R.,*Modern Iran:Roots and Results of Revolution*,p.269.

⑥ Downes,M.,*Iran's Unresolved Revolution*,p.133.

3200 万选民中,2900 万选民参与投票,投票率达到 91%,明显高于1993 年 57%的投票率。①总统选举的结果是,哈塔米获得 2010 万张选票,当选伊朗 伊斯兰共和国的第七任总统。②努里获得 700 万张选票,竞选总统落败。③根 据哈梅内伊的提议,拉夫桑贾尼出任确定国家利益委员会主席。④

7

后霍梅尼时期,法基赫制度依旧构成伊朗政治生活的基本框架。总统 无疑是内阁和行政部门的核心人物,法基赫为首的教法学家则控制包括议 会、司法机构、宪法监护委员会在内的诸多重要权力部门以及安全机构和 武装力量,在国家生活的诸多领域具有根深蒂固的势力和广泛的影响。哈 梅内伊宣称:"我将尽最大的努力捍卫法基赫制度……决不容忍削弱法基 赫理论进而削弱整个伊斯兰秩序的任何企图。"⑤然而,哈梅内伊并不具有 作为克里斯玛式人物的特殊影响,亦不具备霍梅尼所享有的不可替代的绝 对地位。1989 年霍梅尼去世后,"伊朗不再处于教法学家的绝对统治之下, 亦不再处于教条思想的绝对控制之下。随着时间的流逝,法基赫制度似乎 在一些方面做出相应的调整,亦面临着来自公众的挑战"⑥。

与霍梅尼时期相比,后霍梅尼时期的伊朗出现诸多政治势力相互抗衡 的局面,进而形成宗教政治与世俗政治的对抗与消长,法基赫的绝对权力 逐渐削弱,议会地位提高,民众选举的政治影响不断扩大,民选总统开始成

① Menashri,D.,*Post-revolutionary Politics in Iran:Religion,Society and Power*,p.86.

② Esposito,J.L.,*Iran at the Crossroads*,p.53.

③ Keddie,N.R.,*Modern Iran:Roots and Results of Revolution*,p.270.

④ Daniel,E.L.,*The History of Iran*,p.236.

⑤ Milani,M.M.,*The Making of Iran's Islamic Revolution*,p.224.

⑥ Menashri,D.,*Post-revolutionary Politics in Iran:Religion,Society and Power*,p.165.

为政治舞台的核心人物,法基赫、议会与总统之间的权力分配呈多元化的趋势,欧莱玛占据的议会席位随之呈下降的趋势。在 1980—1984 年的第一届议会中,欧莱玛拥有 137 个席位,占全部议会席位的 48%;相比之下,在 1992—1996 年的第四届议会中,欧莱玛仅拥有 65 个席位,占全部议会席位的 24%。[①]"保守势力已经难以阻止伊朗政坛的多元化进程,而伊朗政坛的多元化进程正是建立在共和制政治理念的基础之上"。"1997 年的总统选举、1999 年的地方选举和 2000 年的议会选举,标志着伊朗的选举政治进入新的成熟阶段。选举环境相对宽松,内务部和宪法监护委员会的干预程度明显削弱。"[②]

法基赫政府自 1981 年起解除党禁,然而政党政治缺乏必要的法律基础,世俗政治和民众参与主要表现为总统选举和议会选举。根据伊朗伊斯兰共和国宪法,宪法监护委员会负责审查竞选资格,总统竞选和议会竞选处于教法学家的控制之下。1992 年,伊朗举行第四届议会选举,3150 名候选人中超过 1000 名候选人被宪法监护委员会剥夺竞选资格,其中许多人来自左翼激进派,结果右翼保守派取代左翼激进派成为议会中的多数派,右翼保守派的努里出任议长。[③]在 1996 年的第五届议会选举中,约 5000 人宣布参与竞选 270 个议会席位,其中 40%的竞选者被宪法监护委员会剥夺竞选资格。[④]

1997 年竞选总统期间,哈塔米以自由派和改革者的形象登上伊朗的政治舞台,被选民寄予改革现行体制的厚望,西方媒体则将哈塔米称作"阿亚图拉戈尔巴乔夫"。哈塔米倡导社会公正、思想自由和政治宽容,强调政府

① Baktiari, B., *Parliamentary Politics in Revolutionary Iran: the Institu tionalization of Factional Politics*, p.241.

② Downes, M., *Iran's Unresolved Revolution*, p.146, p.152.

③ Ehteshami, A., *After Khomeini: The Iranian Second Republic*, p.62.

④ Keddie, N.R., *Modern Iran: Roots and Results of Revolution*, p.72.

是人民的仆人而不是人民的主宰者。①哈塔米于 1997 年当选总统后在议会发表就职演说,强调坚持公正、反对独裁和促进公民自由,其间 30 余次提及人民,却未提及法基赫制度,仅有 1 次提及哈梅内伊是伊斯兰革命和伊斯兰共和国的领袖。哈塔米的就职演说引起教界上层的非议。阿亚图拉贾纳提告诫哈梅内伊,应当遵循安拉、先知、伊玛目、法基赫和人民的排列顺序。阿亚图拉叶兹迪声称,只有法基赫是穆斯林民众的领袖,其他人无权治理国家。巴丹齐安声称,哈塔米之所以当选总统,是因为伊朗 2000 万选民遵从精神领袖的意愿。②左翼激进派与右翼保守派之间的矛盾对立日趋尖锐,议会成为双方角逐的主要政治舞台。

90 年代末,伊朗政坛的不同政治声音日趋显见。宗教领袖哈梅内伊延续霍梅尼时期的基本原则,强调伊朗伊斯兰共和国与"世界最大的暴君"即美国之间的深刻对立。阿亚图拉穆罕默德·叶兹迪声称,私人领域和公众领域的活动必须遵循伊斯兰教的准则。相比之下,哈塔米在 1997 年就职演说以及其后发表的言论中,强调宗教不应成为自由的障碍,国家和民众必须遵守法律的准则,公民的尊严和权利应当受到保护,不同文明之间应当对话而不应当对抗,伊朗政府愿意在相互尊重的基础之上改善与西方世界的关系, 真正的伊斯兰教与西方世界倡导的包括自由、民主和人权在内的政治原则并不存在根本的对立。③与此同时,哈塔米逐渐放松新闻审查,允许媒体公开批评政府实行的若干政策,自由、民主、法治、妇女权利甚至法基赫制度成为诸多媒体讨论和争执的焦点话题。在缺乏议会政党的特定环境下,新闻舆论提供了不同社会阶层表达政治诉求的重要形式,直至成为诸多派别激烈交锋的政治工具。④

---

① Menashri, D., *Post-revolutionary Politics in Iran: Religion, Society and Power*, p.80, p.82.

② Esposito, J.L., *Iran at the Crossroads*, p.46.

③ Hooglund, E., *Twenty Years of Islamic Revolution: Political and Social Transition in Iran since 1979*, pp.19–20.

④ Menashri, D., *Post-revolutionary Politics in Iran: Religion, Society and Power*, p.326.

1999 年 2 月,伊朗举行伊斯兰革命后的首次地方议会选举,约 40 万人参与竞选,哈塔米的支持者在全国范围内赢得 71%的选票和全部 815 个席位中的 579 个席位。[①]2000 年春第六届议会选举期间,伊朗政坛出现自由化和政治改革的强烈呼声,波及范围之广,影响之大,前所未有。在 1996 年第五届议会选举中,40%的竞选者被宪法监护委员会剥夺竞选资格;相比之下,6850 人宣布竞选第六届议会的议员,被宪法监护委员会剥夺竞选资格者仅占其中的 10%。所谓的改革派以压倒性多数的选票,赢得超过三分之二的议会席位。[②]

8

霍梅尼时期,伊朗经济经历明显波动的状态,总体上呈递减的趋势,两伊战争则是导致伊朗经济形势恶化的首要因素。据统计,两伊战争期间,伊朗超过 50%的城市和多达 4000 个村庄以及 30 万个家庭受到程度不同的影响,6 万人失踪,5 万人被俘,伤残者超过 50 万人,250 万人失去家园,经济损失接近 6000 亿美元。伊朗西部与伊拉克接壤的胡齐斯坦、巴赫塔兰、伊拉姆、库尔德斯坦和西阿塞拜疆 5 个省人口稠密,是两伊战争期间遭受损失最大的地区。两伊战争期间,52 座被战火席卷的城市大都分布在上述 5 省,上述 5 省 30%的村庄亦遭到战火的蹂躏。[③]两伊战争导致伊朗的基础设施遭到严重破坏,国内生产总值持续呈现负增长的状态,物资短缺,财政赤字,失业率居高不下,人均收入明显下降。[④]据统计,1977—1989 年,伊朗

---

① Menashri,D.,*Post-revolutionary Politics in Iran:Religion,Society and Power*,p.99.

② Menashri,D.,*Post-revolutionary Politics in Iran:Religion,Society and Power*,p.310,p.314.

③ Amirahmadi,H.,*Revolution and Economic Transition*,pp.63–64.

④ Daniel,E.L.,*The History of Iran*,p.228.

国内生产总值年均增长率为-1.5%,1989 年的国内生产总值仅与 1973 年的国内生产总值持平。①另据统计,与 1977 年相比,伊朗国内生产总值1980年减少16%,1984 年增长 6%,1988 年减少 17%,1990 年减少 24%;工业生产总值 1980 年减少 20%,1984 年增长 1%,1988 年减少 15%,1990 年增长 3%。伊朗经济长期依赖石油生产;伊朗的石油收入 1983 年为 210 亿美元,1985年下降为 140 亿美元,1986 年下降为 60 亿美元,1988 年只有 10 亿美元,1990 年上升为 180 亿美元。石油收入的下降导致伊朗政府的严重财政赤字,1986 年财政赤字达到 50 亿美元。按照 1982 年的官方比价计算,伊朗的人均收入从 1977 年的 29 万里亚尔下降为 1989 年的 15 万里亚尔。城市人口的失业率,从 1977 年的 4.4%上升为 1984 年的 13.4%,1988 年达到 18.9%。②

两伊战争结束后,伊朗的经济形势逐渐好转。1989—1994 年 5 年间,伊朗经历革命后和战后的经济重建过程。1989—1994 年,国内生产总值年均增长 7.3%,其中农业产值年均增长 5.9%,石油工业产值年均增长 8.9%,制造业产值年均增长 8.7%,电力工业产值年均增长 12.7%,建筑业产值年均增长 5.5%,服务业产值年均增长 7.4%。自 1990 年起,海湾地区的紧张局势导致国际市场的石油价格急剧上涨,伊朗的石油产量随之逐年上升。1989 年,伊朗的石油日产量为 256 万桶,日均出口石油 165 万桶。1997 年,伊朗的石油日产量达到 360 万桶,日均出口石油 262 万桶。③伊朗政府的石油收入,1980 年仅为 130 亿美元,1990 年增至 170 亿美元,2000 年达到 300 亿美元。④

霍梅尼时期,强调政府干预的经济政策,尤其是将自给自足的经济发展战略作为捍卫国家主权的重要保障。霍梅尼在 1984 年明确告诫国民:

---

① Baktiari,B.,*Parliamentary Politics in Revolutionary Iran:the Institutionalization of Factional Politics*, p.193.

② Rahnema,S.,*Iran after the Revolution:Crisis of an Islamic State*,p.102,p.110,p.109,p.113.

③ Alizadeh,P.,*The Economy of Iran:the Dilemmas of an Islamic State*,p.66,p.93.

④ Abrahamian,E.,*A History of Modern Iran*,p.169.

"我们只有在经济上实现自给自足,才能确保政治上的独立,而只有发展农业生产,才能确保实现自给自足的经济战略。"[1]1989 年拉夫桑贾尼出任总统后,伊朗政府逐渐放弃政府干预的经济政策,积极推行自由化的经济政策,取消价格控制,扩大自由贸易,削减生活必需品的物价补贴,调整产业结构,开放资本市场,鼓励私人投资,出售国有企业。[2]与此同时,伊朗政府将波斯湾的克什姆和基什两处岛屿划为自由贸易区,吸引国外投资。[3]1984年,伊朗政府恢复德黑兰股票市场;至 1991 年,近 400 家国有企业的 1200亿里亚尔的股份上市出售。1990 年,伊朗政府开始允许外汇的自由兑换。[4]1993 年,伊朗政府正式宣布贬值里亚尔,进而实行单一汇率的外币兑换。[5]伊朗政府的上述举措,旨在修补两伊战争造成的创伤,扩大国内生产,逐步完善市场化的经济秩序,进而实行从进口替代的内向型经济模式向国际分工的外向型经济模式的转变。1995 年议会通过的第二个五年计划和 1997 年哈塔米当选总统,标志着伊朗国家政策从意识形态至上向经济建设优先的进一步转变、从封闭的进口替代模式向开放的出口外向模式的进一步转变。

巴列维政府长期奉行优先发展工业的经济政策,农业的发展速度相对缓慢。相比之下,法基赫政府将农业视作发展的"轴心",在制定最初的两个五年计划中强调农业优先的经济政策,争取在 10 年内实现农产品的自给自足。法基赫实行间接参与的农业发展政策,增加农业信贷和乡村基础设施的建设投资,提高农产品价格,进而明显加快农业生产的增长速度。[6]与

---

[1] Schirazi, A., *Islamic Development Policy: The Agrarian Question in Iran*, p.89.

[2] Alizadeh, P., *The Economy of Iran: the Dilemmas of an Islamic State*, p.115.

[3] Keddie, N.R., *Modern Iran: Roots and Results of Revolution*, p.264.

[4] Ehteshami, A., *After Khomeini: The Iranian Second Republic*, p.105.

[5] Rahnema, S., *Iran after the Revolution: Crisis of an Islamic State*, p.120.

[6] Hooglund, E., *Twenty Years of Islamic Revolution: Political and Social Transition in Iran since 1979*, pp.115–116.

1977 年相比，农业产值 1980 年增长 17%，1984 年增长 43%，1988 年增长 61%，1990 年增长 81%，1992 年增长 104%。[①]1977—1993 年，主要农作物小麦的播种面积由 546 万公顷增至 719 万公顷，大麦的播种面积由 128 万公顷增至 196 万公顷，水稻的播种面积由 46 万公顷增至 59 万公顷。[②]1977—1997 年，小麦的年产量由 550 万吨增至 1000 万吨，大麦的年产量由 120 万吨增至 270 万吨，水稻的年产量由 140 万吨增至 270 万吨，马铃薯的年产量由 70 万吨增至 310 万吨。[③]1976—1987 年，伊朗总人口由 3370 万增至 4950 万，农业劳动力由 360 万下降为 320 万，而农业产值在国内生产总值中所占的比例由 9%上升为 18%。[④]

20 世纪初，城市人口约占伊朗总人口的五分之一。自白色革命开始，伊朗的城市化进程明显加快，城市人口在伊朗总人口中所占的比例从 1956 年的 31%增至 1976 年的 47%。[⑤]伊斯兰共和国建立后，延续城市化的进程；城市人口在伊朗总人口中所占的比例从 1976 年的 47%上升为 1986 年的 54%，1996 年达到 61%。[⑥]另一方面，巴列维王朝时期，首都德黑兰的人口增长速度明显超过其他城市。伊斯兰革命后，德黑兰人口的增长速度逐渐下降，而其他城市的人口增长速度逐渐加快。1976 年，伊朗城市总人口的 29%分布于德黑兰，德黑兰的人口相当于第二大城市伊斯法罕的 6.7 倍。1986 年，德黑兰人口在城市总人口中所占的比例下降为 22%，相当于第二大城市马什哈德的 4.1 倍。[⑦]1971—

---

① Rahnema，S.，*Iran after the Revolution：Crisis of an Islamic State*，p.110.

② 《帕尔格雷夫世界历史统计》，亚洲、非洲和大洋洲卷（1750—1993），第 200—211 页。

③ Shakoori，A.，*The State and Rural Development in Post-Revolution in Iran*，p.123.

④ Amirahmadi，H.，*Revolution and Economic Transition*，p.134.

⑤ Bonine，M.E.，*Population，Poverty and Politics in Middle East Cities*，p.258.

⑥ Alizadeh，P.，*The Economy of Iran：Dilemmas of an Islamic State*，New York 2000，p.181.

⑦ Sharbatoghlie，A.，*Urbanization and Regional Disparities in Post-Revolutionary Iran*，Boulder 1991，p.145.

1991 年,德黑兰的年均人口增长率为 2.9%,其他城市的年均人口增长率为 5.5%。①另据资料统计,1980—1990 年,德黑兰人口从 453 万增至 648 万,马什哈德人口从 67 万增至 176 万,伊斯法罕人口从 66 万增至 113 万,设拉子人口从 43 万增至 97 万,阿瓦士人口从 33 万增至 72 万。②城市化进程的突出现象是外来移民人数的增长。70 年代中期,城市外来移民的境况日趋恶化,德黑兰尤其明显。外来移民大都分布于城市的棚户区,缺乏必要的社会保障,处于无助的状态。与此同时,宗教机构和宗教组织的作用逐渐扩大,为无助的移民提供帮助和救济,进而产生广泛的社会影响。伊斯兰革命后,移民的浪潮继续。1976—1986 年,伊朗人口从 3370 万增至 4990 万,增长 48%;城市人口从 1570 万增至 2700 万,增长 72%;乡村人口从 1800 万增至 2260 万,增长 26%。城市化速度明显超过全国人口和乡村人口的增长速度。③城市化进程的加快,导致国内市场粮食需求的明显增长。1978—1990 年,小麦年产量大体持平,国内市场的小麦需求从 590 万吨上升为 1060 万吨,小麦进口从 120 万吨上升为 530 万吨。④1984—1991 年,伊朗政府用于支付粮食进口的资金从 37 亿美元增至 53 亿美元。1996 年,伊朗主要粮食作物产量 2550 万吨,满足国内市场 73% 的需求。⑤

城乡差距与人口流向两者之间无疑具有内在的逻辑联系。白色革命期间,伊朗经济社会生活的突出现象是城乡差距的明显扩大。伊斯兰共和国建立后,政府不断增加乡村农业的财政投入。伊斯兰革命后的最初 10 年,乡村投资超过政府财政投资的四分之一。与此同时,城乡差距逐

---

① Bonine,M.E.,*Population,Poverty and Politics in Middle East Cities*,pp.259–260.

② 《帕尔格雷夫世界历史统计》,亚洲、非洲和大洋洲卷(1750—1993),第 42—46 页。

③ Bonine,M.E.,*Population,Poverty and Politics in Middle East Cities*,p.261,p.263.

④ Ehteshami,A.,*After Khomeini:The Iranian Second Republic*,p.100.

⑤ Engelmann,K.E.& Pavlakovic,V.,*Rural Development in Eurasia and the Middle East*,Washington 2001,p.225.

渐缩小。1965 年,每户乡村家庭的平均收入相当于每户城市家庭平均收入的 45%;1985 年,乡村家庭的平均收入相当于城市家庭的 55%。[①]1976—1986 年,7 岁以上城市人口识字率从 65%上升为 73%,年均增长率 7.7%,乡村人口识字率从 31%上升为 48%,年均增长率 17.7%。1976—1986 年,每 10 万人拥有的小学数量,城市从 367 所上升为 432 所,净增 65 所,乡村从 452 所上升为 680 所,净增 228 所;每 10 万人拥有的初中数量,城市从 163 所上升为 189 所,净增 26 所,乡村从 44 所上升为 128 所,净增 84 所;每 10 万人拥有的高中数量,城市从 99 所上升为 114 所,净增 15 所,乡村从 6 所上升为 20 所,净增 14 所。1976—1986 年,城市用电家庭从 85%上升为 88%,乡村用电家庭从 24%上升为 53%;城市使用自来水的家庭从 84%上升为 97%,乡村使用自来水的家庭从 14%上升为 64%;乡村婴儿死亡率从 115‰下降为 45‰。1976—1986 年,乡村铺面公路从 1 万公里增至 3.4 万公里,占公路总里程的比例从 16%上升为 24%。政府公职人员的数量,城市从 140 万增至 258 万,乡村从 27 万增至 88 万。公共建设项目的政府拨款,城市从 134 亿里亚尔增至 252 亿里亚尔,乡村从 50 亿里亚尔增至 139 亿里亚尔。1977—1982 年,农业生产用电量在全部用电量中所占的比例从 3.3%增至 5.3%;是为乡村电气化程度提高的重要标志。1977—1984 年,农业产值在国内生产总值中所占的比例从 8.6%增至 12.8%。[②]1999 年,乡村铺面公路达到 6.7 万公里,使用自来水的乡村家庭超过 85 万户,约 2.7 万个自然村和超过 70%的乡村人口实现电气化。随着城乡差距的逐渐缩小,乡村人口流入城市的数量出现下降的趋势。1977—1986 年的十年间,乡

---

①　Hooglund,E.,*Twenty Years of Islamic Revolution:Political and Social Transition in Iran since 1979*,p.104,p.6.

②　Sharbatoghlie,A.,*Urbanization and Regional Disparities in Post-Revolutionary Iran*,pp.97—98.

村人口流入城市的总数为360万。相比之下,1987—1996年的十年间,乡村人口流入城市的总数仅为190万。[1]

---

① Hooglund,E.,*Twenty Years of Islamic Revolution:Political and Social Transition in Iran since 1979*,p.105,p.101.

本书引用的参考文献

一、中阿文部分

阿宝斯·艾克巴尔·奥希梯扬尼:《伊朗通史》,叶奕良译,经济日报出版社,1997年。

艾哈迈德·爱敏:《阿拉伯伊斯兰文化史》,第5册,史希同译,商务印书馆,2001年。

马赫德维:《伊朗外交四百五十年》,元文琪译,商务印书馆,1982年。

《马克思恩格斯选集》,人民出版社,1972年。

《马克思恩格斯全集》,人民出版社,1973年。

B.R.米切尔编:《帕尔格雷夫世界历史统计》,亚洲、非洲和大洋洲卷(1750—1993),贺力平译,经济科学出版社,2002年。

曲洪:《当代中东政治伊斯兰:观察与思考》,中国社会科学出版社,2001年。

热拉德·德·维利埃:《巴列维传》,张许萍、潘庆龄译,商务印书馆,1986年。

希提:《阿拉伯通史》,马坚译,商务印书馆,1979年。

伊本·阿希尔:《历史大全》,开罗,1884年。

张俊彦主编:《中东国家经济发展战略研究》,北京大学出版社,1987年。

二、英文部分

Abrahamian, E., *A History of Modern Iran*, Cambridge 2008.

Abrahamian, E., *Iran: Between Two Revolutions*, Princeton 1982.

Abrahamian, E., *Khomeinism: Essays on the Islamic Republic*, California 1993.

Afary, J., *The Iranian Constitutional Revolution: 1906–1911*, New York 1996.

Afshar, H., *Iran: A Revolution in Turmoil*, London 1985.

Alizadeh, P., *The Economy of Iran: the Dilemmas of an Islamic State*, London 2000.

Amid, M.J., *Agriculture, Poverty and Reform in Iran*, London 1990.

Amirahmadi, H., *Revolution and Economic Transition*, New York 1990.

Amjad, M., *Iran: From Royal Dictatorship to Theocracy*, New York 1989.

Ansari, A.M., *Modern Iran Since 1921: The Pahlavis and After*, London 2003.

Arjomand, S.A., *The Turban for the Crown: the Islamic Revolution in Iran*, New York 1988.

Avery, P., Hambly, G.& Melville, C., *The Cambridge History of Iran*, Vol.7, Cambridge 1975.

Azimi, F., *Iran: The Crisis of Democracy*, New York 1989.

Baktiari, B., *Parliamentary Politics in Revolutionary Iran: the Institutionalization of Factional Politics*, Florida 1996.

Banani, A., *The Modernization of Iran: 1921–1941*, Stanford 1961.

Bashiriyeh, H., *The State and Revolution in Iran: 1962–1982*, Kent 1984.

Bayat, A., *Street Politics: Poor People's Movement in Iran*, New York 1997.

Bayat, M., *Iran's First Revolution*, Oxford 1991.

Beaumont, P.& McLachlan, K., *Agriculture Development in the Middle East*, London 1985.

Benard, C., *The Government of God: Iran's Islamic Republic*, New York 1984.

Bonine, M.E., *Population, Poverty and Politics in Middle East Cities*, Florida 1997.

Chehabi, H.E., *Iranian Politics and Religious Modernism*, London 1990.

Clawson, P.& Rubin, M., *Eternal Iran: Continuity and Chaos*, New York 2005.

Cleveland, W.L., *A History of the Modern Middle East*, Boulder 2004.

Cronin, S., *The Making of Modern Iran: State and Society Under Riza Shah 1921–1941*, London 2003.

Daniel, E.L., *The History of Iran*, London 2001.

Downes, M., *Iran's Unresolved Revolution*, Aldershot 2002.

East, R.& Joseph, T., *Political Parties of Africa and the Middle East*, Essex 1993.

Ehteshami, A., *After Khomeini: The Iranian Second Republic*, London 1995.

Engelmann, K.E.& Pavlakovic, V., *Rural Development in Eurasia and the Middle East*, Washington 2001.

Esposito, J.L., *Iran at the Crossroads*, New York 2001.

Farazmand, A., *The State, Bureaucracy and Revolution in Modern Iran*, New York 1989.

Fardust, H., *The Rise and Fall of The Pahlavi Dynasty*, Dehli 1999.

Fischer, M.M.J, *Iran: From Religious Dispute to Revolution*, Harvard 1980.

Floor, W., *Traditional Crafts in Qajar Iran(1800–1925)*, California 2003.

Foran, J., *A Century of Revolution Social Movements in Iran*, Minnesota 1994.

Foran, J., *Fragile Resistance: Social Transformation in Iran from 1500 to the Revolution*, Boulder 1993.

Frye, R.N., *The Golden Age of Persia, the Arabs in the East*, London 1975.

Gelvin, J.L., *The Modern Middle East: A History*, Oxford 2005.

Grunwald, K.& Ronall, J.O., *Industrialization in the Middle East*, New York 1960.

Hamilton, A., *The Middle East Problem*, London 1909.

Heikal, M., *The Return of the Ayatollah: The Iranian Revolution from Mossadeq to Khomeini*, London 1981.

Hiro, D., *Holy Wars: The Rise of Islamic Fundamentalism*, New York 1989.

Holt, P.M., Lambton, A.K.S. &Lewis, B., *The Cambridge History of Islam*, Cambridge 1970.

Hooglund, E., *Land and Revolution in Iran 1960–1980*, Texas 1982.

Hooglund, E., *Twenty Years of Islamic Revolution: Political and Social Transition in Iran since 1979*, New York 2002.

Hourani, A., *A History of the Arab Peoples*, London 1991.

Issawi, C., *An Economic History of the Middle East and North Africa*, New York 1982.

Jahanbakhsh, F., *Islam, Democracy and Religious Modernism in Iran 1953–2000*, Leiden 2001.

Jahanbegloo, R., *Iran: Between Tradition and Modernity*, Oxford 2004.

Jaydan, J., *History of Islamic Civilization*, New Delhi 1978.

Kamrava, M., *The Modern Middle East: A Political History since the First World War*, Berkeley 2005.

Kamrava, M., *The Political History of Modern Iran: From Tribalism to Theocracy*, Connecticut 1992.

Karshenas, M., *Oil, State and Industrialization in Iran*, Cambridge 1990.

Katouzian, H., *State and Society in Iran: The Eclipse of the Qajars and the Emergence of the Pahlavis*, London 2000.

Katouzian, H., *The Political Economy of Modern Iran*, London 1981.

Kazemi, F., *Peasants and Politics in the Modern Middle East*, Miami 1991.

Kazemi, F., *Poverty and Revolution in Iran*, New York 1980.

Keddie, N.R., *Iran: Religion*, Politics and Society, London 1980.

Keddie, N.R., *Modern Iran: Roots and Results of Revolution*, Yale 2003.

Keddie, N.R., *Roots of Revolution: An Interpretive History of Modern Iran*, New York 1981.

Kennedy, H., *The Early Abbasid Caliphate*, Princeton 1981.

Kennedy, H., *The Prophet and the Age of the Caliphate*, London 1986.

Khater, A.F., *Sources in the History of the Modern Middle East*, Boston 2004.

Kurzman, C., *The Unthinkable Revolution in Iran*, Harvard 2004.

Lapidus, M.A., *A History of Islamic Societies*, Cambridge 1988.

Lenczowski, G., *Iran Under the Pahlavis*, Stanford 1978.

Lombard, M., *The Golden Age of Islam*, North Holland 1975.

Majd, M.G., *Resistance to the Shah: Landowners and Ulama in Iran*, Florida 2000.

Mansfield, P., *A History of the Middle East*, London 1991.

Martin, V., *Creating an Islamic State: Khomeini and the Making of a New Iran*, London 2000.

Menashri, D., *Post-revolutionary Politics in Iran: Religion, Society and Power*, London 2001.

Mez, A., *The Renaissance of Islam*, Patna 1937.

Milani, M.M., *The Making of Iran's Islamic Revolution*, Boulder 1994.

Moaddel, M., *Class, Politics, and Ideology in the Iranian Revolution*, New York 1993.

Moghadam, F.E., *From Land Reform to Revolution*, London 1996.

Morgan, D., *Medieval Persia 1040-1797*, New York 1988.

Moslem, M., *Factional Politics in Post-Khomeini Iran*, New York 2002.

Najmabadi, A, *Land Reform and Social Change in Iran*, Salt Lake City 1987.

Nashat, G., *The Origins of Modern Reform in Iran: 1870-1880*, Illinois 1982.

Nattagh, N., *Agriculture and Regional Development in Iran*, Cambridge 1986.

Niblock, T.& Murphy, E., *Economic and Political Liberalization in the Middle East*, London 1993.

Ochsenwald, W., *The Middle East: A History*, Boston 2003.

Parsa, M., *Social Origins of Iranian Revolution*, London 1989.

Rahnema, S., *Iran after the Revolution: Crisis of an Islamic State*, London 1995.

Roberts, M.H.P., *An Urban Profile of the Middle East*, London 1979.

Roy, O., *The Failure of Political Islam*, London 1994.

Schirazi, A., *Islamic Development Policy: The Agrarian Question in Iran*, Boulder 1993.

Schirazi, A., *The Constitution of Iran: Politics and the State in the Islamic Republic*, London 1997.

Shakoori, A., *The State and Rural Development in Post-Revolution in Iran*, New York 2001.

Sharbatoghlie, A., *Urbanization and Regional Disparities in Post-Revolutionary Iran*, Boulder 1991.

Shariati, A., *Awaiting the Religion of Protest*, Tehran 1991.

Sidahmed, A.S.&Ehteshahmi, A., *Islamic Fundamentalism*, Boulder 1996.

Vali, A., *Pre-Capitalist Iran*, London 1993.

Wagstaff, J.M., *The Evolution of the Middle East Landscapes*, New Jersey 1985.

Wellhausen, J., *The Arab Kingdom and Its Fall*, London 1973.

Wright, R., *The Last Great Revolution*, New York 2000.

Yapp, M.E., *The Making of the Modern Near East 1792–1923*, London 1987.

Zabih, S., *Iran Since the Revolution*, London 1982.

索　引